国家职业技能等级认定培训教材
国家基本职业培训包教材资源

供应链管理师

（一级）

指导委员会
主　任　　任豪祥
副主任　　熊　梦
委　员　　何明珂　　刘志学　　刘伟华　　王　佐　　童昌华

编写委员会
主　编　　郭肇明　　史文月
副主编　　黄　颖
编　者　　陈　希　　陈　阅　　李　丹　　刘　晨　　何　涛
　　　　　韩秀梅　　齐　智　　王普玉　　王若珊　　袁国良
　　　　　余思嘉　　张皓谦　　张　艳

审定委员会
主　审　　李俊峰
副主审　　聂　华
审　稿　　付娜娜　　张晓梅　　胡英杰

中国劳动社会保障出版社

图书在版编目(CIP)数据

供应链管理师:一级/人力资源社会保障部教材办公室,中国物流与采购联合会组织编写. -- 北京:中国劳动社会保障出版社,2023

国家职业技能等级认定培训教材

ISBN 978-7-5167-5732-1

Ⅰ.①供… Ⅱ.①人…②中… Ⅲ.①供应链管理-职业技能-鉴定-教材 Ⅳ.①F252.1

中国国家版本馆 CIP 数据核字(2023)第 043552 号

中国劳动社会保障出版社出版发行

(北京市惠新东街1号 邮政编码:100029)

*

保定市中画美凯印刷有限公司印刷装订 新华书店经销

787 毫米×1092 毫米 16 开本 16.25 印张 304 千字
2023 年 4 月第 1 版 2023 年 12 月第 2 次印刷

定价:43.00 元

营销中心电话:400-606-6496

出版社网址:http://www.class.com.cn

版权专有 侵权必究

如有印装差错,请与本社联系调换:(010)81211666
我社将与版权执法机关配合,大力打击盗印、销售和使用盗版图书活动,敬请广大读者协助举报,经查实将给予举报者奖励。

举报电话:(010)64954652

前　言

为加快建立劳动者终身职业技能培训制度，大力实施职业技能提升行动，全面推行职业技能等级制度，推进技能人才评价制度改革，促进国家基本职业培训包制度与职业技能等级认定制度的有效衔接，进一步规范培训管理，提高培训质量，人力资源社会保障部教材办公室和中国物流与采购联合会组织有关专家在《供应链管理师国家职业技能标准（2020年版）》（以下简称《标准》）制定工作基础上，编写了供应链管理师国家职业技能等级认定培训教材（以下简称等级教材）。

供应链管理师等级教材紧贴《标准》要求编写，内容上突出职业能力优先的编写原则，结构上按照职业功能模块分级别编写。该等级教材共包括《供应链管理师（基础知识）》《供应链管理师（三级）》《供应链管理师（二级）》《供应链管理师（一级）》4本。《供应链管理师（基础知识）》是各级别供应链管理师均需掌握的基础知识，其他各级别教材内容分别包括各级别供应链管理师应掌握的理论知识和操作技能。

本书是供应链管理师等级教材中的一本，是职业技能等级认定推荐教材，也是职业技能等级认定题库开发的重要依据，适用于职业技能等级认定培训和中短期职业技能培训。

本书面向中国供应链发展实践，以真实案例阐释供应链理论体系在中国的新应用和新发展。深度剖析了中国供应链发展中的痛点与难点问题，系统性地呈现了平台型企业、制造型企业、流通企业等的供应链实践。

中国物流与采购联合会黄颖负责全书的结构安排和总体编写，编写过程中得到了国内大量知名企业的鼎力支持，包括杭州巨量引擎网络技术有限公司、汇孚集团有限公司、罗森伯格亚太电子有限公司、上海万向区块链股份公司、深圳安吉尔饮水产业集团有限公司、深圳市易流科技股份有限公司、物产中大欧泰有限公司、云南云天化股份有限公司、浙江天畅供应管理有限公司、浙江物产经编供应链有限公司、中铁物贸集团有限公司等（以首字拼音为序）。

本书在编写过程中得到北京市职业能力建设指导中心的大力支持与协助，在此一并表示衷心感谢。

目 录 CONTENTS

职业模块 1　战略管理 ·· 1

 培训课程 1　供应链战略制定 ·· 2
  学习单元 1　供应链战略制定方法 ·· 2
  学习单元 2　供应链方案设计 ··· 19
 培训课程 2　供应链风险管理 ··· 32
  学习单元 1　供应链风险评估体系构建 ··· 32
  学习单元 2　供应链风险管理策略 ··· 39
 培训课程 3　供应链绩效管理体系制定 ·· 51
  学习单元 1　供应链绩效指标 ··· 51
  学习单元 2　供应链绩效管理制度 ··· 56
 培训课程 4　供应链质量管理体系制定 ·· 61
  学习单元 1　供应链质量体系构成 ··· 61
  学习单元 2　供应链质量评估与管理体系 ·· 65

职业模块 2　计划管理 ·· 73

 培训课程 1　供应链协同计划制订 ·· 74
  学习单元 1　制定供应链协同策略 ··· 75
  学习单元 2　供应链产销协同方案设计 ··· 86
 培训课程 2　销售与运营计划流程管理 ·· 92
  学习单元 1　S&OP 流程设计 ·· 92
  学习单元 2　S&OP 实施绩效评估 ··· 104
 培训课程 3　战略库存管理 ··· 111
  学习单元 1　供应链战略库存策略制定 ··· 112
  学习单元 2　供应链战略库存实施方案设计 ··· 121

职业模块 3　采购管理 ·· 125

培训课程 1　供应链采购管理体系制定 ·································· 126
学习单元 1　制定企业采购管理制度 ··································· 126
学习单元 2　制定企业采购管理流程 ··································· 130

培训课程 2　供应链战略寻源策略制定 ·································· 135
学习单元 1　制定战略寻源的流程 ····································· 135
学习单元 2　设计战略寻源方案 ······································· 138

培训课程 3　采购合规体系制定 ·· 143
学习单元 1　制定采购合规管理体系 ··································· 143
学习单元 2　制定采购合规评价体系 ··································· 152

职业模块 4　生产管理 ·· 157

培训课程 1　生产策略制定 ·· 158
学习单元 1　制定生产模式策略 ······································· 159
学习单元 2　设计生产计划优化方案 ··································· 168

培训课程 2　物料管理策略制定 ·· 172
学习单元 1　制定物料控制模式 ······································· 172
学习单元 2　制定联合库存管理策略 ··································· 175
学习单元 3　制定安全库存策略 ······································· 176

培训课程 3　产品与服务开发协同 ······································ 178
学习单元 1　产品与服务开发策略 ····································· 179
学习单元 2　产品与服务开发优化项目方案设计 ························· 183

职业模块 5　物流管理 ·· 187

培训课程 1　物流运营策略制定 ·· 188
学习单元 1　制定物流运营策略 ······································· 188
学习单元 2　制定物流考核评价体系 ··································· 192

培训课程 2　逆向物流体系设计 ·· 196
学习单元 1　设计逆向物流网络体系 ··································· 196
学习单元 2　制定逆向物流管理策略 ··································· 201

培训课程 3　物流外包战略制定 ·· 206

学习单元1　选择物流运营模式 ·· 206
　　学习单元2　制定物流供应商选择策略 ·· 211

职业模块6　创新管理 ·· 217
培训课程1　供应链创新管理 ·· 218
　　学习单元1　制定供应链创新策略 ··· 218
　　学习单元2　供应链创新项目开发与管理 ····································· 221
培训课程2　供应链金融业务规划 ··· 225
　　学习单元1　供应链金融业务发展策略制定 ································· 225
　　学习单元2　供应链金融商业模式与实践案例 ······························ 229
　　学习单元3　供应链金融业务风险控制 ······································· 232
培训课程3　供应链数字化战略制定 ··· 236
　　学习单元1　供应链数字化战略 ··· 237
　　学习单元2　供应链大数据战略 ··· 241
　　学习单元3　区块链技术在供应链上的应用 ································ 247

职业模块 ❶ 战略管理

培训课程 1　供应链战略制定
　　学习单元 1　供应链战略制定方法
　　学习单元 2　供应链方案设计
培训课程 2　供应链风险管理
　　学习单元 1　供应链风险评估体系构建
　　学习单元 2　供应链风险管理策略
培训课程 3　供应链绩效管理体系制定
　　学习单元 1　供应链绩效指标
　　学习单元 2　供应链绩效管理制度
培训课程 4　供应链质量管理体系制定
　　学习单元 1　供应链质量体系构成
　　学习单元 2　供应链质量评估与管理体系

培训课程 1

供应链战略制定

情景描述

年底了，全国排名前十的橡胶供应企业 OT 公司的供应链总监张卫华坐在办公桌前思考着即将召开的年终工作会议，这次会议上不仅需要总结一年来的工作成绩，更需要向公司的高层汇报下一年的工作计划，在半年前召开的公司战略分析会上，董事长提出了"延长价值链，对接双循环"的发展战略目标。张总整理了一年来公司业务发展的情况，针对下一年乃至今后几年的公司战略发展，陷入了沉思……

针对公司未来的发展战略，如何从供应链层面整合更多的资源，成为公司供应链总监需要认真思考的问题。

学习单元 1　供应链战略制定方法

新知学习

制定供应链战略前需要对供应链的环境进行充分的分析，才能制定出符合实际情况的战略。因此本单元首先阐述了供应链环境是什么，然后对供应链环境中的主要信息来源进行分析，利用供应链环境分析工具形成供应链环境分析报告。在此基础上，得出供应链的战略目标，并将目标分解为若干可执行的任务，最后形成了具体的供应链战略。

一、供应链战略环境

在中国传统文化中，强调"天时、地利、人和"的观点，在制定供应链战略时，首先需要对供应链战略环境进行分析，与企业战略环境分析不同的是，供应链战略环境所包含的分析范畴和对象都更为广泛，至少覆盖公司的上游供应商以及下游客户，甚至还需要延伸到二级供应商以及终端消费者。

中国古代战略经典著作《孙子兵法》中对于战略环境的分析堪称经典，其基本原则是增加环境的正面影响，减少负面影响，增加竞争的比较优势。

需要注意的是，供应链战略不同于军事战略。军事战略强调在对抗中取得胜利，因此是非赢即输的竞争，这经常用于体育对抗性比赛等目标高度确定的环境，而供应链战略不是零和博弈过程，随着技术、认知与地理空间的扩张，供应链战略更倾向于在合作过程中取得双赢。

在理解供应链之前，需要掌握企业的核心使命——通过产品或服务创造价值增值。在社会分工不断细化的环境下，通过合作的形式共同实现价值增值。随着技术水平、信息技术以及物流技术的提升，合作行为逐渐从内部转向了企业间合作。迈克尔·波特提出的价值链思想认为，每一项活动都应该是一个增值的过程，通过不同合作方的协作，共同实现将原材料转化为最终能够被消费市场接受的产成品。每个企业或者环节的价值都取决于其价值增值能力。

环境分析的视点从企业自身利益最大化角度转移到实现供应链整体利益最大化，在共同利益的角度下分析企业的战略决策行为。

供应链总监所考虑的问题就不仅是如何解决自身的盈利问题，而是如何解决企业供应商与客户的问题。

二、供应链战略环境分析的信息来源

1. 供应链战略环境分析的信息类型

在战略环境分析中所使用的信息称为战略信息，即与制定供应链战略相关的文件、数据、资料等。

（1）宏观信息。宏观信息主要包括了来自国家的宏观战略规划、市场经济景气程度、产业布局、金融货币政策、进出口状况等。

（2）中观信息。中观信息主要包括行业发展状况与趋势、主要市场的需求状况、技术发展状况等。

（3）微观信息。微观信息主要包括企业自身的竞争力情况、上下游伙伴情况、竞争者情况、企业的发展战略目标等。

2. 战略环境分析的信息来源

战略环境分析的信息可以从不同的来源获取，例如企业自身经营状况报告、供应商与客户的主要资料、竞争对手的产品/服务/市场占有率、公开的媒体信息、银行等第三方机构、研究论文、公司年报、行业协会报告、展会等。

3. 信息获取途径

传统的信息获取途径主要包括市场问卷调查、公开来源的二手信息、专门聘请第三方机构进行的专题调查等。

在新的大数据环境下，供应链战略环境分析可以借助大数据手段获取不同来源、多维度的信息，例如，可以通过电商平台的销售情况了解竞争品的市场销售数据，通过社交媒体获得对某品类产品的客户意见评价数据，通过无人机/卫星等获取主要竞争对手运营数据，等等。

因此，供应链战略分析人员需要掌握更多的新技术、新方法来获取战略分析数据。

三、供应链战略环境分析的工具

1. 宏观形势分析（PESTEL）模型

宏观形势分析包含国际、国内、产业环境等，通过对宏观形势的了解，掌握当前供应链发展所面临的基本面，为后续的产业/行业分析提供基础。例如，在面对新基建加大投资力度，自主研发要求进一步提升，以及扩大内循环发展等大环境下，供应链总监需要分析这些因素对供应链所产生的影响。

通用分析模型为PESTEL，PESTEL分析源自PEST分析，是政治（political），经济（economic），社会（social）和技术（technological）四个英文单词的首字母，是一个用于评估四种外部环境因素的工具。每个PEST因子可以表示约束或机会。在此基础上还进一步增加了法律（legal）与环境（environment）分析。PESTEL分析框架如图1-1所示。

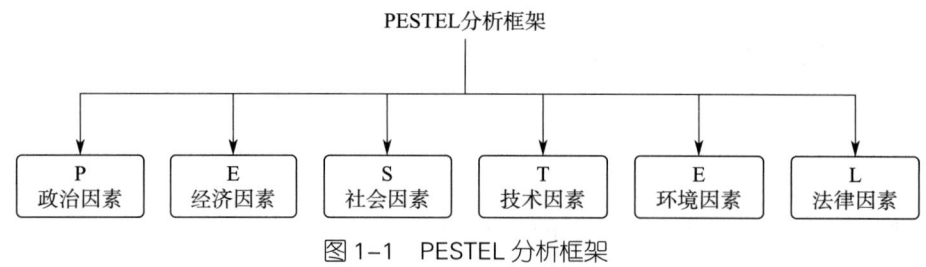

图1-1 PESTEL分析框架

2. 产业/行业发展态势分析

行业的生命周期指行业从出现到完全退出社会经济活动所经历的时间。行业的生命周期主要包括四个发展阶段：创业阶段、成长阶段、成熟阶段、衰退阶段，如

图 1-2 所示。每个行业都要经历一个由成长到衰退的发展演变过程。

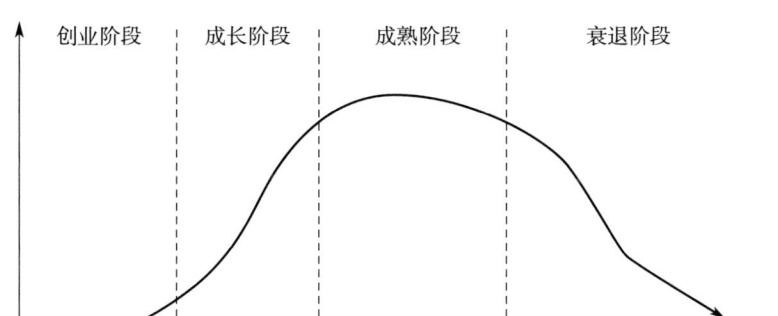

图 1-2　行业生命周期

"五力分析"也被称为"五力框架",它确定了塑造企业的五种竞争力量。这些力量包括:来自新进入者的威胁、替代产品的威胁、客户的力量、供应商的力量和行业竞争,这些力量都影响着市场竞争强度和吸引力。五力分析有助于确定商业环境中的压力所在。五力分析模型如图 1-3 所示。

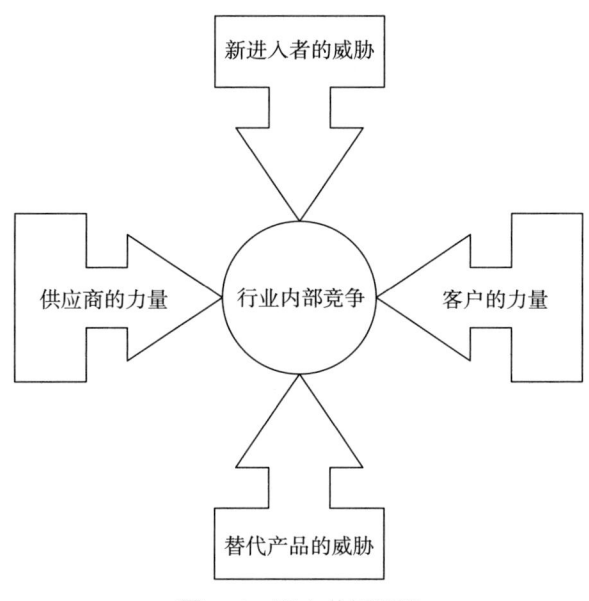

图 1-3　五力分析模型

3. 企业竞争能力分析

在宏观环境与行业环境分析之后,供应链总监需要进一步对本企业展开深度研究,以掌握自身的优势,分析如何才能更好地整合供应链资源,实现供应链整体效率的提升。

(1)价值链(value chain)分析。价值链模型将企业各种活动分为主价值链和辅助价值链，目的是展示企业的基本增值过程，对价值增值过程进行分析，价值链系统将企业与上下游的连接关系清晰地展示出来，有利于找到企业与上下游的链条中的增值与不增值环节，从而优化企业流程，如图1-4所示。价值链的五项主要增值活动如下。

1）内向物流：收货、入库、库存控制。

2）生产运作：将投入转化为产品（如组装和制造）的创造价值活动。

3）外向物流：向客户提供成品所需的活动，包括仓储、库存管理、订单履行和运输。

4）营销：与使客户购买产品相关的活动。

5）服务：维护和提高产品价值的活动，如客户支持和保修服务。

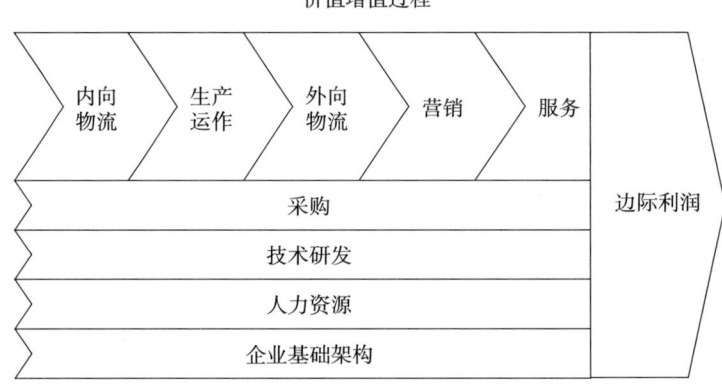

图1-4 价值链分析

（2）企业核心竞争优势分析（VRIO）。VRIO分析框架是基于资源视角分析的战略工具，用于分析组织内部特征与绩效之间的关联。组织从内部视角寻找竞争优势的来源，并形成可持续的竞争能力。企业内部资源可以定义为"所有资产、能力、组织流程、公司属性、信息和知识，由公司控制，使其能够提高效率和效益"。资源通常分为有形（如设备、机械、土地、建筑物和现金）和无形（如商标、品牌声誉、专利和许可证）或实物、人力和组织资源等类别。为了让公司将这些资源转化为可持续的竞争优势，资源必须具备四个属性，这称之为VRIO框架，如图1-5所示。

价值（value）：资源必须是有价值的。当资源能够提高公司效率和效益时，它们被视为是有价值的。评估资源或投资是否有价值的另一种方法是评估其净现值（NPV），这意味着投资于资源的成本应低于预期的未来现金流。如果一家公司拥有的资源都不具有相对价值，那么可能会在竞争中处于劣势。

稀缺性（rare）：如果资源在行业中具有稀缺性，根据供求定理，掌握了这种稀缺资源的组织拥有竞争优势，至少是短期竞争优势。

不可模仿性（inimitable）：资源应该满足的另一个标准是，它们应该很难模仿或替代。不可模仿的资源包括：独特的自然或历史条件、社会关系、独特的技术发展路径等。

全组织支持（organized）：公司需要有效整合和协调资源的能力。

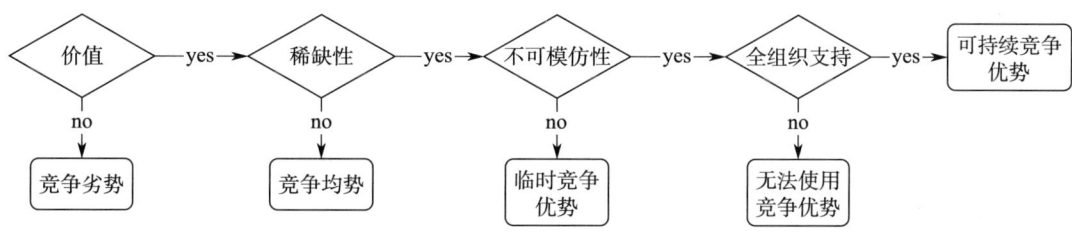

图 1-5　核心竞争优势分析框架

（3）SWOT 分析。SWOT 分析是评估公司内部和外部环境的最常用工具之一，也是公司战略规划过程的一部分，如图 1-6 所示。SWOT 是优势（strengths）、劣势（weaknesses）、机遇（opportunities）和威胁（threats）的缩写。SWOT 分析分为两大类：内部因素和外部因素。

内部因素是企业的优缺点，优势是赋予企业竞争优势的特征，而劣势是公司为提高绩效而需要克服的特征。

内部因素包括：公司文化、公司形象、运营效率、运营能力、品牌意识、市场份额、财务能力、关键员工、组织结构等。

外部因素是公司的机会和威胁。机会是公司在外部环境中看到的元素，它将来可以追求这些元素来创造价值。威胁是外部环境中可能阻碍公司实现其目标或使命或创造价值的因素。

外部因素包括：社会变化、顾客、竞争对手、经济环境、政府法规、供应商、合作伙伴、市场趋势等。

优势 优于竞争对手的特征	劣势 劣于竞争对手的特征
机遇 外部环境中能够为企业创造获利能力的战略要素	威胁 外部环境中对企业业务产生威胁的要素

图 1-6　SWOT 分析

四、制作供应链环境分析报告

供应链的环境分析报告主要从宏观环境、产业环境和微观环境三个方面进行分析，使用上一部分所列出的战略分析工具，以结构化的思维模式展开环境分析。

供应链环境分析报告示例如下。

×××企业供应链环境分析报告

一、公司情况简介
对企业简况、产品与服务情况、未来发展远景目标、战略方向进行阐述。

二、宏观外部环境分析
使用PESTEL工具分析六个方面的宏观环境要素。

三、产业环境分析
使用生命周期分析工具分析行业目前所处的生命周期阶段。根据五力模型分析当前的产业状况。

四、竞争优势分析
采用价值链分析研究企业价值增值过程以及与上下游之间的关系。
使用VRIO分析模型评估企业竞争优势。
将内外部因素结合，使用SWOT工具进行环境分析。

五、总结
对企业目前所处的供应链战略环境给出总体意见。

五、供应链战略的目标

供应链战略是从企业战略的高度来对供应链进行的全局性规划，覆盖了供应链活动相关的决策模型，与整体企业竞争战略具有一致性，其中包括原料采购、产品寻源、能力规划、需求管理、供应链协同与沟通、供应链履约支付等。供应链战略突破了企业战略局限于企业内部的困境，通过在整个链条上进行规划，实现企业以及整个供应链生态化发展。

供应链战略目标是供应链整体价值的最大化。供应链所产生的价值来自为客户创造的总收益与供应链上消耗的总成本的差额。从产业链的角度看，产业链越长，所能够创造的价值增值环节就越多，越能够创造供应链的价值。例如，在基础农产品上从种植到消费产业链很短，因此，所能够创造的价值增量也较小；而对于复杂工业品，如从石油到成衣，这一产业链条长度远远超过农产品，因此价值增值大，能够在全供应链上带来更多的机会。

目标的制定是后续战略规划、政策制定等一系列活动的基础。供应链战略目标是一种在环境分析的基础上，制定的企业较长时期的行动目标，因此需要具有相对稳定性。

 **相关链接**

如何在数字化转型时代制定供应链战略框架

面向数字化转型的供应链战略制定框架体系，通过确定供应链战略目标，能够更好地确认供应链的发展方向，并匹配相应的战略。

1. 以客户为中心的交付服务

（1）以客户为中心不仅仅是一个愿望，它需要与数字化供应链能力相结合，为特定的细分市场提供服务。

（2）非接触式供应链中尽可能提供自动化流程，并进行例外管理，让供应链管理者能够专注于以客户为中心的增值活动与流程。

（3）为了提升预测的准确性，需要从多个数据来源实时捕捉需求信息，这些来源包括结构化数据（订单、POS、IoT等）和非结构化数据（文本、电子邮件、社交媒体、情绪分析、预测算法等），组织必须汇集所有信息，以提供真实的需求情况，促进业务绩效的改善和服务水平的提升。

（4）技术推动了供应链业务流程的变革，流程必须对供应链的供求以及变化做出灵活响应，使改进的流程可以跨越链条上的合作伙伴，以满足客户交付为目标，协调供应链上的所有事务。

2. 精准化业务预测

（1）预测的前沿是建立和管理数字化孪生网络，使用物联网数据保持物理实体与设计、制造、部署的数字孪生体之间的实时同步连接。

（2）使用数字孪生体可以在任意时间、地点查看业务流程的运营情况，并实现远程实时化决策。

（3）利用数字孪生技术可以在业务实际运行前进行仿真和预测，为业务运营提供宝贵的意见。

3. 智能自动化

（1）智能自动化的下一个阶段将生产从规模化转入到大规模定制。

（2）领先的企业正在重构设计、制造以及物流流程。一个关键的趋势是从流水线向柔性制造单元的转变。

（3）组织可以更好地以小批量制造个性化产品，实现敏捷制造、配送与交付的一体化。

（4）在不承担库存成本的情况下，为了最大限度地提高灵活性，组织能够实现按需生产，例如，使用3D打印技术可以实现远程、单一批量的按需交付。

4. 供应链可视化

（1）在供应链上实现可视化能够带来更强的协调性与合作能力。

（2）供应链可视化能够将供应链不同环节中影响交付的例外事件（如交通堵塞、事故以及异常天气）的影响降到最低程度。

（3）可视化供应链能够在合作伙伴、生产设施、物流中心等节点构成的复杂网络之间进行灵活的协同。

六、供应链战略目标分解

供应链战略目标需要与企业的发展战略、竞争战略具有高度一致性。企业的竞争战略研究了在竞争中取得优势的途径，需要从终端客户视角分析企业价值创造的过程。而企业的供应链战略目标研究了如何从商流、物流、信息流、资金流的角度实现上下游资源的整合与合作。

对于供应链战略目标，需要进行逐步自上向下的细化，促进战略目标向执行策略转化，如图1-7所示为某计算机系统制造企业的战略目标分解示例。

七、供应链战略的内容

在企业所能够掌控的决策空间里，通过资源配置的调整不断优化绩效的过程称为帕累托改进，而在缺少外部资源的条件下，企业的改进空间存在着限制。因此，企业可行的选择分为：（1）不断增加资源的投入，打破资源瓶颈限制；（2）通过与外部资源实现交换与协作，充分利用外部资源力量来实现更广范围的优化。因此，企业所能够掌控的供应链资源越多，企业优化和提升的空间也就越大。

1. 供应链组织交互过程

在供应链战略中存在着多个相互关联但是界面却相对清晰的子过程，它们涉及了企业内外部的资源流动与整合过程，如图1-8所示。

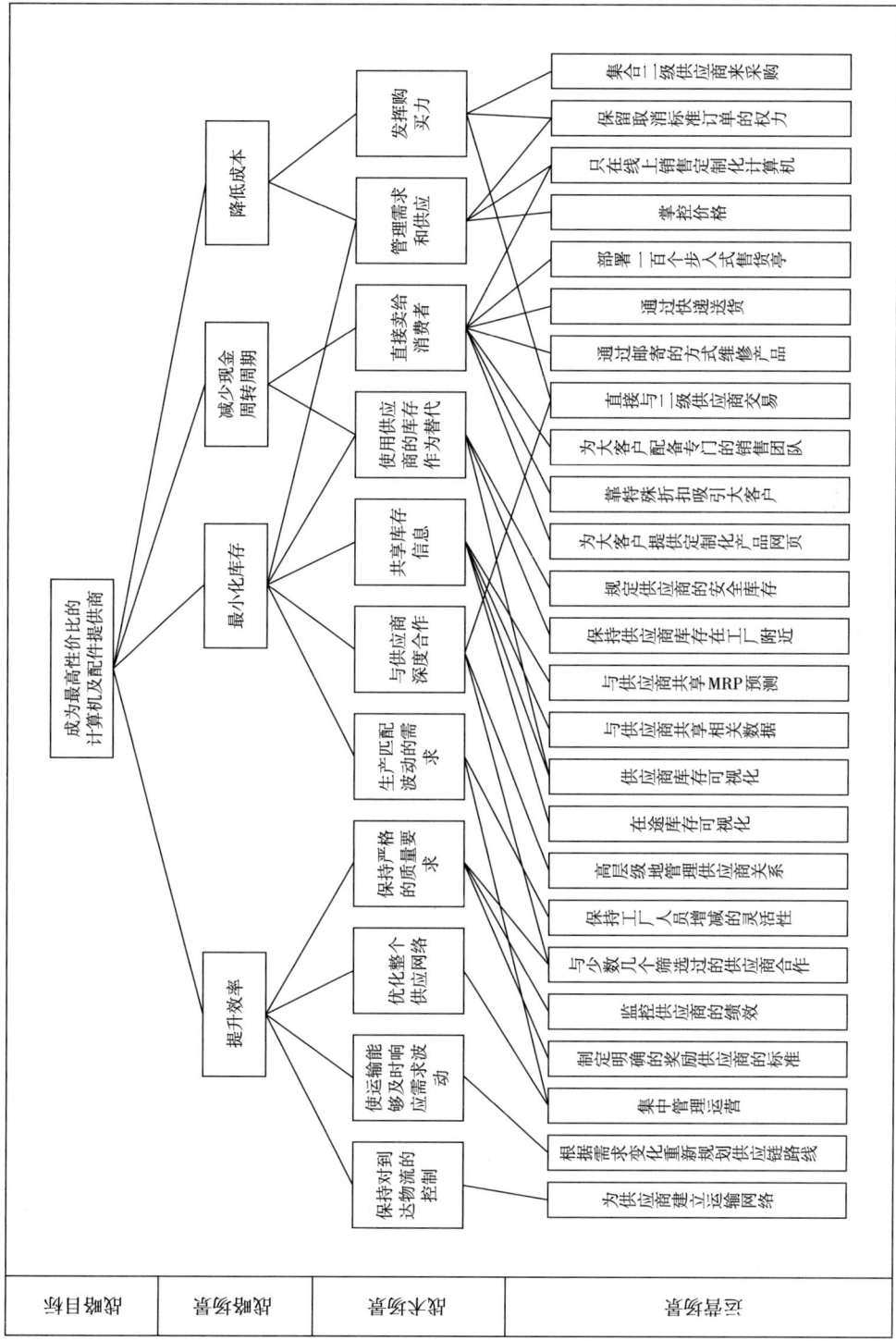

图1-7 供应链战略目标分解

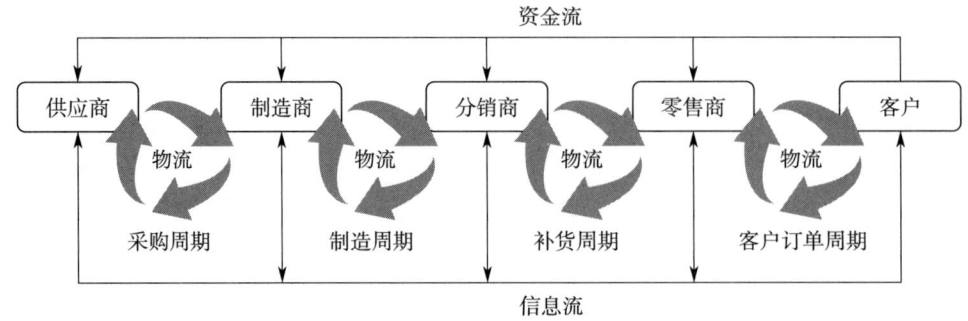

图 1-8 供应链组织间交互过程

2. 供应链推拉战略

供应链上需求确定性程度较高的产品一般具有品种少、批量大、生产周期较长的特点，对供应链的效率要求高，如资源类产品（石油、煤炭、电力等）；而需求不确定性高的产品一般具有多样化、批量灵活、订货提前期短等特点，此时对供应链的响应性要求高，如生活消费品、电子产品等。

因此，对于不同类型的需求，需要有不同的响应策略：对于效率要求较高的产品，采用推动式供应链战略；而对于响应性要求较高的产品，则可以采用拉动式战略。而这一划分也并非绝对，在企业中需要综合平衡成本和服务两方面因素，选择推拉结合的供应链战略模式，如图 1-9 所示。

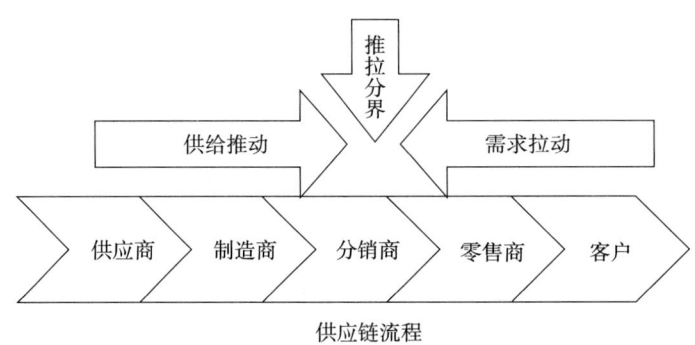

图 1-9 供应链推动/拉动战略

3. 精益性/敏捷性供应链战略

以效率为核心的供应链战略往往采取预测驱动方法，通过高效的计划体系展开供应链节点间协作，以降低销售、生产、物流、供应等成本，实现成本竞争优势，这在供小于求的环境中较为有效。

以响应性为核心的供应链战略一般采取订单拉动的模式，通过提高生产、供应、物流、销售的柔性和速度，实现对客户个性化多样化需求的快速反应。这适用于供大于求的市场环境。

从供求关系角度进一步对供应链战略进行分析，可以得到供应链分类矩阵，如图 1-10 所示。

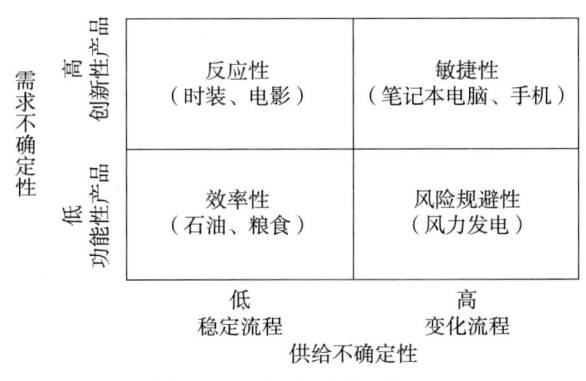

图 1-10 供应链分类矩阵

因此，企业需要根据产品与服务的特征以及市场特征，选择适合的供应链战略。

纺织行业的供应链平台化发展战略

1. 纺织品的前世今生

与普通民众生活息息相关的事情就是衣食住行。其中，服装被放在了非常重要的位置。从市场中买到的服装千差万别，可供选择的品种众多，人们普遍认为服装的材料是棉毛麻，而真实的情况是，对于大多数成衣以及纺织品，用到的材料大量来自石油。例如，女士的雪纺裙、丝袜、免烫衬衫，等等，均离不开化学纤维原料。

服装面料中的聚酯纤维、粘纤、锦纶、氨纶都是石化工业产品。

因此，真正决定服装产业供应链的，通常不是下游某个服装品牌，而是上游的化纤原料供应。从上游的石化行业到下游的纺织服装行业，中间起到转换和链接作用的供应链中游就是聚酯行业。

2. 聚酯产业链概况（选择产业链中的细分行业环节）

聚酯产业链是化工供应链中的一个重要组成部分，产业链的概况如图 1-11 所示。

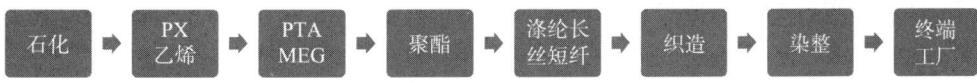

图 1-11 聚酯产业链上下游

聚酯上下游产业链总体运行周期较长，产业链表现为倒金字塔形，即：上游参与者集中、规模大、进入门槛高，下游参与者分散、规模小、进入门槛低，在20世纪90年代至2015年，整个产业链都处于中高速发展的过程中，行业收获经济高速增长的红利，在这个阶段中，上下游投资活跃，需求活跃，贸易流通活跃，市场参与者众多，市场的繁荣也将产业规模推向高峰。

但长期大规模的产能投入，使得整个产业链上各个链段的产能都处于过剩状态，并且伴随着国内外的宏观经济环境变化，行业市场竞争环境恶化，部分工厂关停或破产，贸易流通环节降温，值得注意的是关停、破产的工厂无疑是综合竞争力薄弱的，流通环节的参与者也被倒逼退出或转型，由传统的聚酯贸易商转向委托加工合作，转向供应链综合服务。

2015年以后，聚酯行业在国家的供给侧结构性改革政策中又一次发生巨变，行业的集中度进一步增强，即大型企业或通过重组兼并，或通过资本优势技改扩能，或通过向上游配套发展，获得竞争优势和市场红利，小企业则被退出或重组，市场参与者进一步减少，有形的贸易流通继续缩减，企业借道金融市场进行原料和产品的套期保值、投资。至此，聚酯行业上下游的不对称性更加明显，中上游的兼并可能还将继续，贸易参与者的生存状况也将更加困难。

3. 经编纺织产业概况

经编是织造工艺的一种，位于聚酯产业链的中下游环节。经编产业是纺织行业的重要支柱，其上游是化纤制造业和棉纺业，下游为服装、家纺、工业等领域。经编针织物主要应用在如下方面。

（1）衣着用经编织物：内外衣、围巾、袜子、手套、蚊帐、毛巾等。

（2）装饰用经编织物：窗帘、帷幔、床罩、台布、沙发布、地毯等。

（3）产业用经编织物：车用内装饰、渔网、防护网、育秧网、护林网、帘子布、篷帐布、土工布、医用绷带、人造血管等。

过去十年，中国经编产业规模、效益保持稳定快速增长，年均增长率超过10%，而中国已经是全球最大经编产业集中地，高端经编机械占全球总量的86%以上，且占比仍在持续提高。

中国经编产业从20世纪80年代至90年代起步就呈现出了较强的地域特点，目前我国形成了福建、广东、浙江、江苏四个产业链配套较为完整的经编产业聚集区域，集聚了80%左右的经编产能。

4. A供应链公司的战略选择

A供应链有限公司就是在这一大背景下成立的，历经聚酯产业链动荡发展的十年，相比于布局重资产的石化企业，选择了一条轻资产的运营和发展路径。发展初期，A供应链公司选择了聚酯原料贸易，随着竞争加剧，开始向聚酯化纤制造企业的委托加工贸易发展，在上游原料领域寡头垄断态势逐渐形成的条件下，转而聚焦产业链中下游相对分散的纺织行业，提供供应链综合服务平台服务，为中小型企业创造产业生态，逐渐发展成综合性的大型轻资产供应链服务集团。

公司聚焦聚酯产业链中经编纺织这一细分行业，面向区域产业集群，提供供应链金融、价格管理、智能制造、仓储物流等全方位的供应链集成服务。

（1）区域产业集群现状。区域集聚效应显著的经编产业为打造智慧供应链集成服务平台，构建产业生态提供了良好的产业基础。

××经编园区拥有入园企业近千家，85%以上的园区企业从事经编相关行业，其中经编制造企业500多家，拥有经编机设备5000多台（套），经编产品年产量占全国行业总量的20%左右，产品涵盖了服饰面料、家纺面料、产用篷布、灯箱布等，形成了从原料、织造到深加工、成品较为完善的产业链结构。

虽说大量企业入驻了园区，形成了产业的集聚，但是与"集群"的产业生态要求，还有不小的距离。具体问题表现如下。

1）目前园区内企业间关联性弱，缺乏综合性服务企业。经编园区虽然已具备较完整的经编产业链，但上下游企业关系较为松散、关联性弱，从原料到生产，再到销售以及配套的运输仓储业务等，企业间相互较独立。园区内缺乏一个综合化的服务企业将产业上下游企业串联起来，从全产业链的角度去优化和配置产业资源。

2）信用体系建设尚不完善，企业信用信息监控滞后。园区内企业征信体系主要限于银行对企业资金的监管，其生产经营状况、业务往来缺少监控，经编企业的信用通常被归置为零。普惠金融在落地中常常由于信息不对称、监管不连续，导致贷后风控难、坏账管理难。

（2）行业痛点。聚酯产业链较长，各环节环环相扣，相关产业多属于资金密集型的重资产行业，固定资产投入较大，投资周期较长。而近几年国际贸易摩擦不断，给我国经编纺织产品的出口贸易带来了冲击。经编企业由于其小、散的行业特点，存在如下普遍的经营痛点。

1）采购成本高，对上游话语权弱。经编生产企业多为中小企业，大部分年产值在2000万元到1亿元之间，而上游基本上都是规模较大的化纤企业，在原料采购方面议价能力弱，付款条件、提货时间苛刻。

2）缺乏配套中心仓库，物流运输成本高。经编园区内缺乏中心仓库，原料和成品都存储在工厂内，而厂区面积较小，仓库配置设施相应地被弱化。同时，单一企业规模小、产量小，物流服务价格议价能力较弱，物流单价相对较高。

3）流动资金配置要求高，融资成本高，渠道单一。经编企业普遍采用赊销的方式，应收账款账期为1～3个月，使得工厂的流动资金配置要求较高。融资方面主要是通过厂房和设备抵押贷款、信用担保融资，流动性资产融资基本没有，融资成本高的在基准利率基础上上浮30%～50%。

4）市场抗风险能力弱，受行情影响大。经编企业缺乏独立创新和研判能力，行情变动对经编企业冲击大，行情下跌时经编企业难以独立抵抗市场风险。

5）生产智能化程度低，生产管理相对落后。多数经编企业设备自动化程度不高，瑕疵点等生产问题多依赖人工检测，产品质量难以保证。同时，生产管理数据缺失，企业管理大多停留在传统作坊管理阶段，对生产能耗、有效开机率、次品率等缺乏统计管理，企业的用人效率、生产成本、产品品控、产销库存管理等有很大的优化空间。

（3）A供应链公司的应对策略。上述经编园区存在的问题及经编企业的痛点，在中国经编产业内普遍存在，依靠经编园区内单一企业难以解决，需要综合化服务企业整合经编产业及上下游资源，解决经编企业融资难、融资贵、价格管理能力弱、产业信息不对称、同行之间互动难、自成体系成本高等问题。

基于此，A供应链有限公司聚焦经编产业园区，发挥自身在供应链内外部资源和资金上的独到优势，与集团在聚酯产业链上下游其他环节的布局形成联动效应，辐射上下游，围绕园区产业信息建设、智慧供应链金融体系的切实需求，打造经编智慧供应链集成服务平台，通过智能化赋能实体，利用大数据重构产业信用体系。

【案例任务要求】

（1）请根据案例提供的信息以及网络查阅，阐述某一种服装产品的成分构成、尝试绘制服装的供应链。

（2）为什么从石化行业到纺织品行业呈现倒金字塔结构？请描述其内在逻辑。

（3）请从产品生命周期的视角分析，经编纺织行业目前处于生命周期的哪个阶段，为什么？

（4）请使用VRIO（即value、rare、inimitable、organized）框架分析A供应链公司的核心竞争力表现在哪些方面。

问题（4）的参考答案如下。

value：通过供应链服务，解决经编园区产业配套上、经编企业自身发展上的痛点需求。

rare：低成本资金，是供应链金融切入区域市场的"利器"；而集团在产业链上下游的多维度布局，形成的产业链联动效应和产业上的话语权，对于长期价格管理、柔性生产等深度赋能的产业综合服务而言是稀缺的供应链资源。

inimitable：公司在聚酯产业链数十年的深耕，几乎伴随了聚酯产业链从国外向国内转移到国内逐步蓬勃发展的全过程，积累了丰富的、不可模仿的产业经验和行业资源，也积累了丰富的供应链运营经验和模式，这份对产业和流通的理解，是互联网企业、市场新进竞争对手无法模仿的。

organized：在经编纺织行业运营的供应链集成服务平台，可以与集团在聚酯产业链上下游其他环节的布局形成联动效应，辐射上下游，形成公司资源在供应链上的全面协同。

某大宗品供应链平台公司的战略分析

1. 宏观环境 PESTEL 分析

P："十四五"规划明确提到：加快发展现代产业体系，推进产业基础高级化、产业链现代化。2020年中央经济工作会议指出，增强产业链供应链自主可控能力，建设现代物流体系。中央财经委员会第八次会议强调，统筹推进现代流通体系建设，培育壮大具有国际竞争力的现代物流企业，为构建以国内大循环为主体、国内国际双循环相互促进的新发展格局提供有力支撑。

E：受疫情冲击，2020年全球经济深度衰退，预计将出现4.5%~5%的萎缩，疫情、债务、通胀以及资产泡沫等风险仍需警惕，全球经济前景面临高度不确定性，下行风险较大。全球贸易保护主义仍在升级，主要经济体央行纷纷降息，全球货币宽松再度来袭，金融市场高流动性和高泡沫并存，全球经济可能呈现低增长、高通胀、低利率等特征。我国经济由高速增长向高质量发展转变，具有超大规模市场优势和内需潜力以及产业基础和发展潜力，"十四五"期间经济增速在每年5.8%左右。

S：传统产业与数字经济融合发展成为连接市场、满足消费者需求、更好服务消费者的重要方式，产业发展从由生产驱动转变为由消费者需求驱动，这是大势所趋。我国供应链服务的发展较为缓慢，早期多数企业都没有形成供应链管理的思维，近十年才开始涌现A、B等供应链服务企业。近几年物流外包现象在我国越来越普遍，特别是以电商带动的消费物流迅猛发展，为生产环节供应链升级创造了条件。

T：云计算、移动互联网、大数据、人工智能等数字技术的快速创新与应用驱动供应链创新发展，有助于提高供需匹配效率，减少传统贸易由于中间流通环节复杂所导致的信息不透明问题。近年来，全球信息技术飞速发展，我国数字经济不断繁荣，IT基础设施建设规模不断扩大，年均增速在20%以上，光纤网络、无线通信等IT基础设施能力已达世界先进水平。大数据和云计算的发展使得云IT基础设施建设比重不断增长，2019年我国公有云IT基础设施投资规模855亿元，私有云IT基础设施投资规模545亿元。

E：供应链管理服务是目前经济发展的主要趋势之一，越来越多的企业将会采用供应链管理服务的方式来强化自身效益，主要的价值体现在可缩短客户交易时间，降低交易成本，提升企业供、产、销的整体运行效率等方面。目前，国内物流及供应链外包比例不超过15%，而在美国该比例已超过70%，由此可见，我国仍然有非常大的市场空间。

L：国家对供应链服务管理较为重视，为了加速推动行业的发展，分别出台了《关于积极推进供应链创新与应用的指导意见》《物流业发展中长期规划（2014—2020年）》《关于促进商贸物流发展的实施意见》《关于加快发展生产性服务业促进产业结构调整升级的指导意见》等文件。

2. 五力模型分析

（1）现存产业间的竞争：高。

1）我国头部企业为 A、B、C、D 等国有企业。

2）定位"中游"：多赛道、大空间、小企业、市场集中度低。

3）传统认知下的"差赛道"：低净利率、高杠杆、高波动、低现金流。

4）产业链整合深度及资金成本、增值服务是重要的竞争因素。

（2）进入障碍：高。

1）需要巨额资本和高端行业人才的密集型产业。

2）因接近产品系列的接近程度，规模经济、范围经济效果高。

3）需要形成品牌、资金、技术和服务网络的优势。

（3）替代品的威胁：低。

没有明显威胁的替代品。

（4）购买者议价能力：一般。

1）主要服务对象为制造企业或贸易商。

2）制造企业对价格敏感，除大企业可囤货外，中小企业批量多频购买行为不确定。

3）贸易商存在单边行情风险，资金压力明显。

（5）供应商议价能力：弱。

1）因构成产业链上下游不同环节间的差异，存在多种产品的供应商。

2）与供应商间长期合作形式多，一般为现款交易。

3）通过对供应商的金融、物流等赋能，解决货源、质量和成本问题。

【总结】本单元研究了供应链的战略环境。与制定企业战略类似，企业需要进一步拓展战略视野，从供应链的高度看待企业当前及未来的战略选择问题。供应链战略制定需要遵循《孙子兵法》中所说的"知己知彼，百战不殆"。不仅需要知道自身的目标是什么，更需要了解企业所处的环境，即"时"和"势"的问题。在制定战略时，把握大方向、大趋势，沿着正确的方向发展，"得道多助，失道寡助"，方向正确了，才能在一条供应链上整合更多的资源，实现更好的发展。

学习单元 2　供应链方案设计

情景描述

2020 年以来，全球疫情的发展导致了供应链异常事件的频发。由于中国的疫情控制得当，工业生产率先得到恢复，但是不少企业在产品出口时遇到了难题，大量采用集装箱运输的产品由于货柜滞留在欧美国家，导致产品出口一柜难求，货运价格持续上涨。作为一家有着北美及欧洲业务的外贸企业，该如何应对国际供应链波动带来的风险，又应该如何设计供应链体系呢？

新知学习

在制定了供应链战略的基础上，企业需要有可行的供应链方案。针对不同类型的企业，既有供应链自营的方案，也有选择第三方服务的供应链方案。因此需要清楚了解供应链的网络结构、企业类型等内在特征，根据供应链方案设计的一般架构，实现从顶层设计到细节设计的全过程。针对面广量大的中小企业，需要了解供应链的方案，并且寻找专业的供应链服务方，实现企业供应链体系的实施。在此过程中，无论是供应链的需求方还是供应链服务的提供方，都需要有专业的供应链管理人才。供应链服务需求方需要能够准确地提出供应链的需求、目标，寻找合适的服务提供商；供应链服务提供方需要有专业的供应链服务规划设计能力，响应并履行供应链服务。

一、供应链的网络结构

一个典型的供应链结构，是一种由核心节点企业和非核心节点企业共同构成的非对称网络结构。核心企业主导着供应链的运营，而非核心企业依附在核心企业周围，形成高效资源流动的生态体系。

供应链的核心企业可以称为供应链的运营商，是整合上下游的链主企业，为合作伙伴提供更好的整体解决方案。

1. 资源垄断型供应链

由于资源垄断性导致供应链上核心企业由资源拥有者担当。其可以主导资源在市场上的供给以及价格因素，供应链呈现典型的发散状特点。如石油行业的供应链，由油气资源的垄断性集团所控制，决定了资源开采强度、市场投放速度以及技术更新水平等，如图1-12所示。

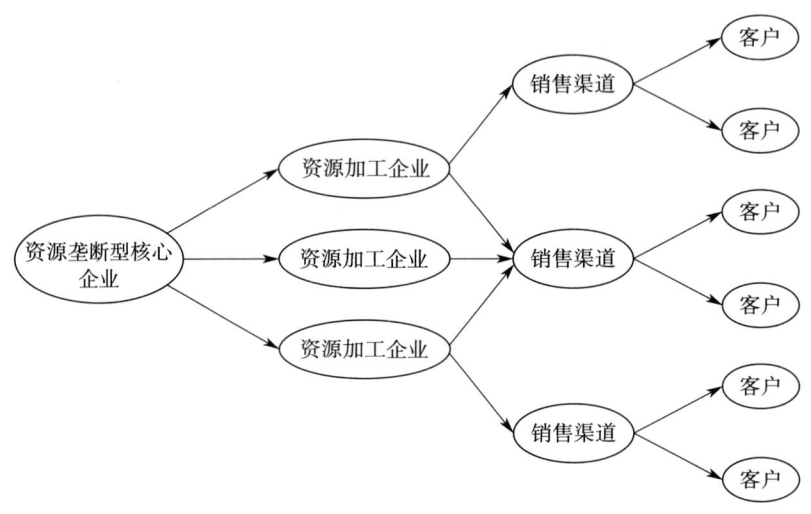

图1-12 资源垄断型供应链

2. 技术垄断型供应链

某些企业在技术上成为垄断性的供应商，由于较高的技术门槛或者巨大的投资，导致市场上必须依靠这些企业提供核心产品或者技术授权。这一类的企业如半导体核心器件供应商，由于在市场上缺少足够的竞争对手，在专业领域内具有独占性优势。技术垄断型供应链如图1-13所示。

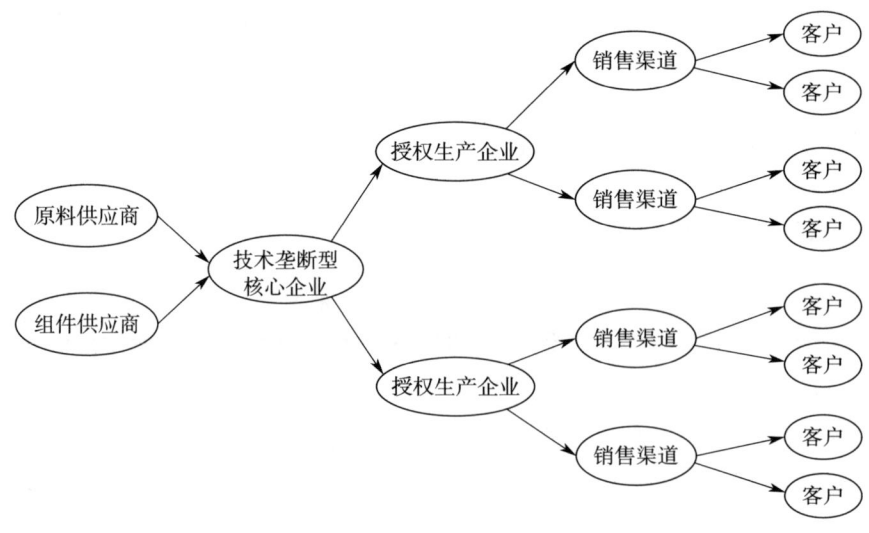

图1-13 技术垄断型供应链

3. 生产主导型供应链

部分企业是市场上唯一或少数的集成生产者,需要大量的配套企业为其提供产品组件,其直接面对市场客户,中间不需要经过市场渠道,因此基本上属于订单驱动式生产,如飞机、大型船舶制造行业。生产主导型供应链模式如图 1-14 所示。

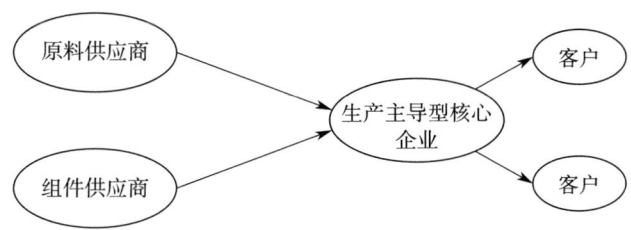

图 1-14　生产主导型供应链

4. 市场主导型供应链

大量快消品领域中,由于生产企业无法直接面对分布广泛的消费市场,因此必须依赖终端销售渠道,而渠道的连锁化、品牌化导致销售巨头控制了供应链上的生产与市场,成为供应链上的主导。市场主导型供应链如图 1-15 所示。

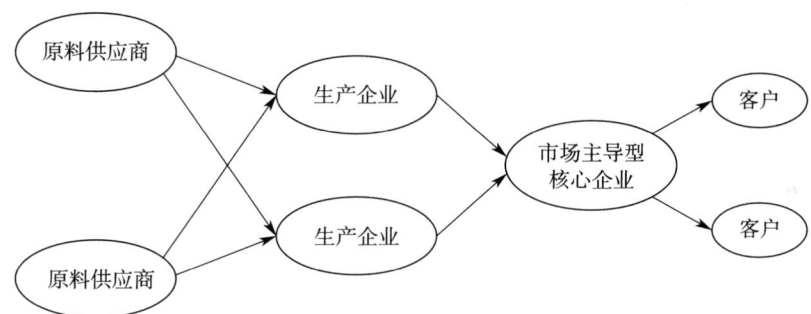

图 1-15　市场主导型供应链

5. 平台主导型供应链

随着电子商务技术的发展,一批专业化的供应链平台服务商涌现了出来,这些企业以专业化的供应链服务为主要途径,整合上下游资源,构建上下游的资金流、物流、商流平台。其目的是为上下游构建有效的双边市场,促进交易的发生,提供金融、物流、供应链信息平台等服务,实现供应链上企业的共赢。平台主导型供应链如图 1-16 所示。

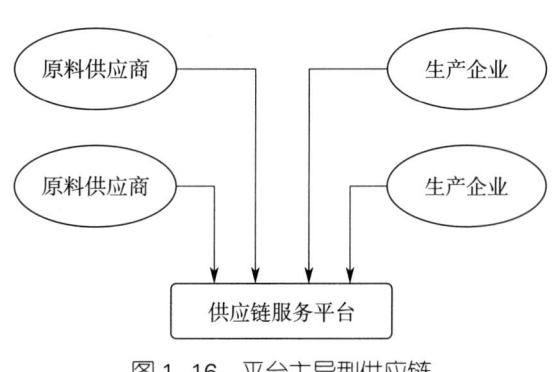

图 1-16　平台主导型供应链

二、供应链企业类型

供应链作为一个专业领域，其重要性日益提升，因此，越来越多的企业开始依赖专业化的供应链服务，或者将企业的相关部门转化为供应链部门，通过供应链为企业提供新的竞争力支持。

1. 供应链综合物流企业

提供仓干配一体化服务，核心竞争力在于解决企业物流、交付问题，为客户提供最佳物流设计方案。例如，对于电子商务企业，需要专业化的供应链企业提供一体化的物流解决方案，在订单数据流的驱动下，通过云仓体系和仓配一体化服务，实现低成本的物流服务，实现 LaaS（logistics as a service，物流即服务），企业可以将物流业务外包给专业化供应链公司，提高企业在核心竞争力上的投入，而无须过多地关注物流能力建设。

2. 供应链贸易企业

提供前端采购、后端渠道类分销的贸易执行服务，核心竞争力更侧重于上下游的渠道网络。该类型供应链企业是在传统贸易商基础上发展而来的。

通过原先长期的贸易合作关系，企业掌握了生产厂商、各级分销商和零售商等资源网络，在前端采购以及后端分销过程中具有较强的竞争优势，同时对于新客户及品牌商的入驻更具有吸引力。

3. 供应链咨询企业

供应链咨询企业提供解决方案、综合咨询服务，核心竞争力在于为客户提供供应链解决方案的咨询服务以及供应链系统等，企业本身较少参与产品运作，以轻资产运行的咨询服务为主，辅以配套服务，如报关检疫、物流方案等。该类型企业对专业知识、技术方面能力要求高，较高的技术管理水平形成了企业的核心资产。

三、供应链方案设计架构

供应链架构设计需要自上而下地进行，因此，需要在理解企业战略目标以及战略分析的基础上，构建供应链体系，并且针对企业的不同目标设计集成架构方案。不同类型的供应链在需求上会有较大差异，因此，需要给出一个通用模型，引导企业在供应链设计过程中进行参考。供应链方案设计架构如图1-17所示。

供应链方案设计中包含了四个阶段的设计工作。

1. 战略顶层设计

顶层设计阶段，需要从供应链闭环角度设计从原始产品供应到产品终端消费，直至消费后的产品全生命周期管理。企业需要从可持续发展的角度设计供应链。

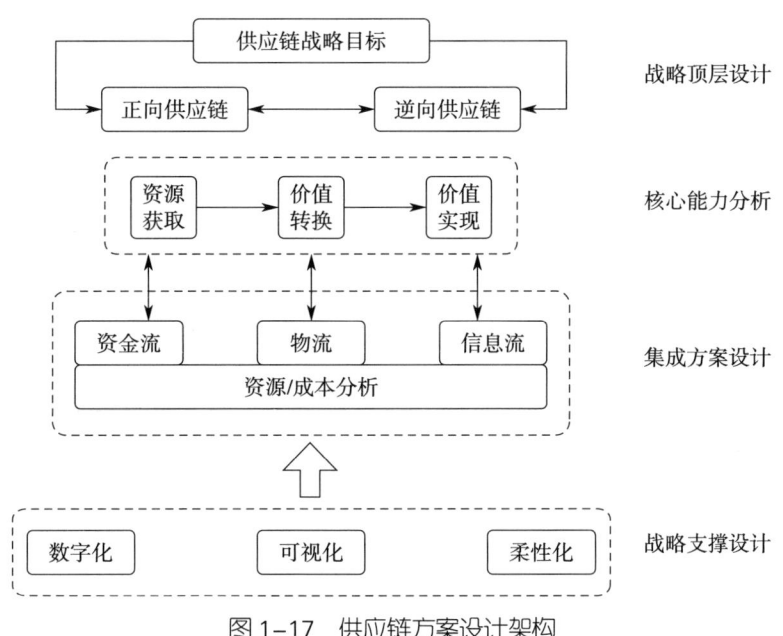

图 1-17 供应链方案设计架构

2. 核心能力分析

对于任何企业，经营活动都是一个投入产出的过程，概括来说分为三个阶段，资源获取→价值转换→价值实现。因此在供应链中，企业需要通过价值链分析了解自身的价值优势，选择最具有价值转换效率的角度切入，实现价值的最大化。

3. 集成方案设计

供应链上有资金流、物流、信息流三大流程，这几个流程是相互关联的，因此需要进行集成考虑，通过资源/成本分析，从战略视角决定是自营还是外包发展，以三大流程支撑企业核心价值的实现。

4. 战略支撑设计

供应链是企业之间的协同与合作。因此，通过数字化手段实现实体和信息的映射关系，通过流程的数字化孪生为供应链优化提供基础数据支持；通过可视化技术实现供应链上各合作伙伴能够基于共同的认知和理解进行协同决策，提高决策效率。在外部环境出现变化时，能够通过实时的信息获取进行上下游的联合应对，实现供应链的柔性化策略。

四、供应链服务模式

供应链服务（supply chain service）是将供应链活动作为一种高端服务的体现形式，为企业实现更高水平的供应链运营，以提升供应链的绩效为根本目标。

1. 供应链服务的提供方

供应链服务是高端服务业的一种，对于规模较大的企业，逐渐将企业内部的战略计划部门升格为供应链管理部门，统筹管理企业内部供应链协调以及外部供应链战略与计划。

规模较小的企业，往往从事较为单一的产品生产或者服务提供，因此，更加需要通过专业的第三方供应链服务企业提供供应链服务能力，协助企业完成供应链上的协调工作。

因此，供应链的服务提供可以包括两类：自营型供应链服务以及平台型供应链服务。

2. 供应链即服务（SCaaS）

SCaaS 的概念从 SaaS（software as a service 的缩写，意为软件即服务）的概念演化而来，对于不具备固定资源投入能力的企业，选择专业的供应链服务企业能够在较低投入的前提下实现供应链的服务保障。

企业已经对 SaaS 不陌生了，越来越多的企业开始选择云上的 ERP（enterprise resource planning 的缩写）系统、TMS（transportation management system 的缩写）系统以及 CRM（customer relationship management 的缩写）系统等，甚至企业的开票、库存管理等传统认为是企业内部的业务都可以在云端提供服务。

SCaaS 可以认为是多种 SaaS 服务的整合，通过打通数据壁垒，实现数据流的一体化，进一步推动供应链水平的提升。

3. 供应链即服务的优势

未来的数字化供应链将更加强化企业对外包服务的需求。企业面对一个高度变化的环境，仅仅依靠自身难以独立完成所有的工作，只有那些规模足够大的企业才能拥有足够的专业知识、资源和资金来实现供应链的内部化运营。因此，广大的中小企业将更多地采用平台化的、数字化的供应链服务。这对于中小企业是一个快速实现转型发展的绝佳途径。

转向利用 SCaaS 可以实现端到端的全球供应链电子化连接，提高企业的适应性和灵活性，更好地实现供应链资源管理。

当企业选择采用多种不同的第三方服务时，例如将运输业务外包给一家服务商、将仓储外包给另外一方，同时管理多个不同的第三方服务，对企业而言，是一个巨大的挑战。这对于一站式 SCaaS 平台而言，是更大的机会，通过供应链控制塔平台的开发，将不同的资源进行整合，实现数据的透明化与可视化，协助企业更好地了解自身所获得的供应链服务，并更好地将资源集中于核心业务。

由上述分析可知，未来的供应链服务将成为共享服务的一种，企业需要提出供应链的需求，SCaaS 服务平台需要更多的专业服务人员提供一站式、一体化解决方案。而这些都将提供更多优质的供应链管理师就业岗位。

五、供应链方案设计案例

某供应链平台的供应链战略方案设计

1. 行业市场环境分析

（1）宏观政策。党的十九大报告中提到,"在中高端消费、创新引领、绿色低碳、共享经济、现代供应链、人力资本服务等领域培育新增长点、形成新动能"。这是党中央首次提出现代供应链概念,标志着"现代供应链"发展正式上升为国家战略。

2017年10月,国务院办公厅印发了《关于积极推进供应链创新与应用的指导意见》,这是国务院首次就供应链出台全面部署指导性文件,明确提出"到2020年……培育100家左右的全球供应链领先企业,重点产业的供应链竞争力进入世界前列,中国成为全球供应链创新与应用的重要中心"的发展目标。

国家"十四五"规划明确提到：提升产业链供应链现代化水平,坚持自主可控、安全高效,分行业做好供应链战略设计和精准施策。

2020年中央经济工作会议指出,"增强产业链供应链自主可控能力。产业链供应链安全稳定是构建新发展格局的基础。要统筹推进补齐短板和锻造长板""要大力发展数字经济,加大新型基础设施投资力度……建设现代物流体系"。

中央财经委员会第八次会议强调,培育壮大具有国际竞争力的现代物流企业,为构建以国内大循环为主体、国内国际双循环相互促进的新发展格局提供有力支撑。

（2）市场空间。供应链服务市场空间仍然巨大：《中国供应链管理服务行业市场前瞻与商业模式分析报告》显示,2018—2023年我国物流及供应链服务市场价值复合增长率将保持在10%左右,到2023年市场价值有望达到378万亿元。

社会物流需求稳步上升、效率逐步提高：2020年全国社会物流总额300.1万亿元,同比增长3.5%,其中工业品物流总额同比增长2.8%；物流业总收入保持增长,2020年物流业总收入10.5万亿元,同比增长2.2%；单位物流成本增速明显趋缓,2020年社会物流总费用与GDP的比率为14.7%,五年间下降了1.3个百分点。

国内外资本看好中国物流市场："2020胡润全球独角兽榜"中,全球共32家物流领域独角兽企业上榜,榜单中有16家企业物流与快递独角兽来自国内。

（3）行业趋势。增值服务供应链是主流趋势：增值服务供应链,为客户提供物超所值的供应链服务,帮助客户实现价值增值,提高市场竞争力,以此来增强客户黏度,达成长期稳定的战略合作。

大数据成为新的行业价值点：大数据可用于物流运营管理,而且会对消费者需求进行分析。供应链将会被数据驱动,信息逐步代替库存,S2B2b2C[①]模式的驱动更需要

[①] S2B2b2C 是 supplier to big B to small b to customer 的缩写,意思是供应商到大客户到小客户到消费者模式。

以数据为核心。

供应链平台生态圈将出现：供应链平台生态圈是以生态为基础的新型商业模式，具有长远的战略价值。而供应链上各环节企业与机构要加入平台生态圈来实现发展。

供应链金融扩大发展空间：2021年政府工作报告首次单独提及"创新供应链金融服务模式"，为我国供应链金融解决中小企业融资难问题明确了发展方向，供应链金融未来发展空间依然很大。

（4）行业分析（见表1-1）

表1-1 公司业务描述和优势分析

公司名称	营业收入（亿元）	净利润（亿元）	净利率	业务描述	优势分析
A	25	2	8%	专注于化工供应链	拥有全国七大区域布局的50万立方米化工仓库和危化运力，并与国内外知名化工企业形成长期合作关系
B	10	0.5	5%	专注于港口装卸业务	具备较强的进口木材分销、基础物流业务及进口代理能力，搭建形成较大规模的木材交易集散地
C	400	3	0.75%	专注于商品储存、物资配送、货运代理、商品销售	仓储网络覆盖世界主要经济区域，同时拥有国内外主要期货交易所交割库资质全牌照
D	70	2	2.8%	专注于商业信息服务、网上交易品服务、互联网技术服务	拥有针对多个垂直细分产业链打造的B2B信息服务平台、B2B电商平台；线上加线下的产品推广和服务增加了客户黏性
E	1200	2	0.16%	专注于钢铁及相关行业资讯服务和钢材现货交易服务，为基础的B2B电子商务服务	形成了以钢铁、矿石、煤焦为主体的黑色金属产业龙头，资讯业务拓展至全国30多个城市

2. 战略目标及定位

定位：成为最具价值的供应链集成服务商。

目标：构建以产业消费者为中心，客户定制需求驱动的敏捷生态型平台，到2025年，力争进入中国供应链管理服务行业20强，2~3个垂直细分产业的供应链集成服务领域保持"数一数二"地位，全面实现"111工程"，即形成1个贵金属产业互联网平台，1家公司成功进军资本市场，营业收入突破1000亿元。

财务目标：年营业收入增幅不低于×%，利润增幅不低于×%，净利率力争达到×%。

3. 战略发展路径

2021—2022年（快跑业务，升级模式）：2021年营收×亿元，净利润×亿元；2022年营收×亿元，净利润×亿元。

（1）A子公司以棉纺、塑化、贵金属的贸易业务为主，快速扩大规模体量，逐步向加工制造实体型和金融科技服务型企业升级。

（2）B子公司着力打造"运－仓－金"的供应链集成服务模式，以自建、租赁、战略合作等方式整合关键物流资源，赋能目标产业链业务拓展。

（3）整合外部人才智库资源，着力打造行业高端IT研发团队，促进平台向信息化、数字化、智能化发展。

（4）2023—2024年（资本孵化，成功上市）：2023年营收×亿元，净利润×亿元；2024年营收×亿元，净利润×亿元。

（5）以合伙制为核心，以轻资产整合品牌、人才、技术、资产等，通过合资公司模式形成贵金属开放共享的创业平台。

（6）打造B子公司IPO[①]上市主体，以"产业规模大、链条长、两端分散"标准选择新赛道，快速实现模式在垂直细分产业复制。

（7）以智慧供应链＋大数据发展金融科技服务，聚焦整合银行、保理、小贷等第三方资金，形成金融资源支持体系。

（8）2025年（平台建立，生态合围）：2025年营收×亿元，净利润×亿元。

（9）不单纯依靠融资性贸易为主要切入点，通过加工制造和金融科技服务夯实"运－仓－金"为核心的供应链集成服务模式。

（10）形成除产业上下游客户资源以外的资金提供方、技术支持方、物流服务商等资源体系，建立独立的产业供应链生态圈。

4. 核心商业模式

B子公司聚焦棉纺产业链农资商、棉农、轧花厂、棉花商、纺纱厂、纱线商、织布厂和坯布商等目标客户，探索"1+3+N"的供应链集成服务模式。

"1"：打造以网络货运、数字云仓、金融科技为核心的智慧供应链服务平台。

"3"：提供以"××智运"为核心的综合运输服务解决方案，以"××智库"为核心的仓配一体服务解决方案，以"××金服"为核心的供应链金融服务解决方案三大核心产品。

"N"：以棉纺产业链为试点，逐步向其他大宗商品产业链复制，实现为N条产业

---

①IPO是initial public offering的缩写，即首次公开募股。

链的 N 个链上节点企业提供供应链集成服务。

A 子公司以纱线作为产业链的切入点，不断向上游延伸至棉花、肥料，依托在新疆、长三角、珠三角的产业大仓布局，通过网络货运、多式联运等方式实现产、销、资源跨时空衔接及存储，利用智慧供应链形成大数据沉淀，为链上节点企业提供金融信息服务，解决资产端和资金端的对接，实现产业链上下游的融通，大大提升产业链的整体运营效率，构建一个共建共享的产业供应链生态圈。

5. 关键战略任务

打造三大核心产品：以"××智运"为核心的综合运输解决方案，以"××智库"为核心的仓配一体解决方案，以"××金服"为核心的供应链金融解决方案。

围绕目标产业链形成产业信息数据，逐步制定行业服务标准，构建良性的、优质的、可持续的生态平台。

减少全链交易环节、打通供销信息壁垒、降低企业综合成本、提升行业整体效能、重组产业价值生态。

（1）市场拓展。以仓为核：以数字云仓为核心，围绕棉纺、塑化两大目标产业链，快速布局长三角、珠三角、西南、西北地区的产业大仓，快速抢占主要消费市场。

抢抓资源：依托新疆公司和宁夏办事处，通过物流仓储、供应链金融、信息化平台等综合赋能，聚焦产业链条上电石、纱线等，快速整合关键上游厂家资源，提升议价能力。

模式创新：利用以合伙人机制为核心的分享机制优势，探索建立贵金属产业互联网平台，通过轻资产整合及合资经营模式快速推动项目落地。

无船承运：发挥无船承运平台先发优势，以浙江为突破点，从苏州、无锡等地快速切入周边水运市场，立足长三角向全国复制，第一时间抢占市场份额。

（2）盈利提升。不断延伸服务链，提升服务附加值：聚焦垂直细分产业链，探索"运－仓－金"为核心的综合供应链服务，增加客户服务触点，提高综合盈利能力，综合毛利率提升至 ×% 以上（贸易业务除外）。

聚焦差异化竞争，形成竞争壁垒：依托自身品牌优势快速获取 PTA、棉纱期货交割牌照，拓展准入门槛相对较高的业务蓝海市场，聚焦危险货物运输及电石、PVC[①]等环节，快速推动业务项目整合落地，建立"护城河"。

拓展增值业务，实现多点开花：加快发展以"智慧供应链＋大数据"为基础的信息数据服务，电子油卡、ETC[②]、在线保险等增值业务，快速做大业务规模，增加盈利点。

---

① PVC 是 polyvinyl chloride 的缩写，它是一种塑料材料，聚氯乙烯。
② ETC 是 electronic toll collection 的缩写，这里指的是 ETC 的支付设备。

探索多元化融资渠道，优化资产管理：引入外部融资渠道，探索票据等金融工具，同时提升资金管理能力，加强应收账款、票据的管理，提升现金流回笼能力，加速资金周转。

（3）智港推进。高效率推进建设进度：加快推动智港综合体项目建设，分两期建设占地×亩、×个×吨级泊位、年吞吐量×万吨的码头，抢占长三角地区核心物流载体资源。

高起点谋划功能布局：精准规划项目业态，打造以智慧港口、临港产业、智能仓储为一体的现代物流智慧综合体，推动商品混凝土、预制管桩、预制加气板材等临港产业布局。

高要求规划项目业态：围绕基础建材、内河航运快速启动业务探索，整合、沉淀产业链上下游资源，打造长三角地区最具影响力的建材中转枢纽。

（4）资源整合。

1）稀缺牌照

①围绕大宗商品产业链区域布局，发挥自身品牌优势，重点获取PTA和棉纱交割库等稀缺牌照。

②聚焦塑化产业链电石危化运输领域，获取重点业务区域经营性危险货物运输资质。

2）行业资质

①重点获取国家供应链创新与应用示范企业、国家5A级物流企业等行业资质，提升行业影响力。

②加大IT研发投入，重点申请成为国家高新技术企业，着力加强知识产权申请，提升平台科创属性。

3）人才智库

①依托相关人才政策，重点引进国际化高端行业人才。

②加大与××大学等校企合作，共建联合实验室，攻克平台智能化应用研究难题。

6. 关键保障要素

（1）文化引领。选人育人：以文化价值观作为选人用人的第一标准，入职3个月内员工每月组织开展文化价值观访谈，干部选拔把文化价值观融入选拔任用标准，选拔一支价值观正、能力强、素质好的干部队伍。

文化宣贯：依托公司内部文化载体，通过文化故事案例总结推广，有效推动文化传播与宣贯，做到文化价值观人人入脑入心。

标兵引领：积极开展内部文化标兵选拔活动，选拔一批具有典型代表意义的文化标兵，搭建载体讲述文化故事，示范引领传播正能量，全面传承优秀企业文化。

文化考核：明确文化价值观践行标准，深入推进文化价值观季度考核，并将考评结果应用于组织绩效考核中，组织开展文化价值观"一对一"面谈。

（2）组织变革。2021年（组织变革孵化期）：围绕产业链客户导向、内部扁平化管理、系统匹配统一、消除业务与职能部门墙。

2022—2024年（组织变革成长期）：聚焦外部产业市场，快速响应客户需求，高效安排人员协同，一线充分授权决策。

2025年（组织变革成熟期）：外部环境感知，洞察未来趋势，创造全新市场契机，形成变革创新文化与DNA。

（3）人才发展。加大核心关键人才和行业专家的引进力度，让他们通过项目管理快速融入团队，提高关键人才的存活率。

持续开展校园招聘，保持企业的活力和创新环境，注重年轻干部培养，保障干部平均年龄每年均有下降。

数量增长速度逐步放缓，质量上以核心关键人才的引进为重点，结构上逐年年轻化、高学历化。

（4）激励机制。增量利润分享机制：围绕职能支撑部门，以增量利润分享方式，激发团队内生动力，并按个人价值贡献实施内部二次分配。

项目跟投激励机制：以××××项目为试点，实施开展项目跟投制度，以"企业主投＋项目团队"跟投，与团队分享项目利润。

事业合伙人机制：聚焦前端业务部门，大胆探索合伙人机制，封闭运作、独立核算，实现优势资源互换、风险共担、利益共享。

员工持股计划：以IPO上市为契机，围绕核心骨干分类实施员工持股计划，与核心团队成员绑定长期利益。

（5）风险防控。风险体系全方位升级：推进覆盖内控、合规、审计、风险管理等全面风控体系建设，建立健全关键领域的制度流程，探索基于深度学习复杂模型的多业务场景决策机制。

风控能力多层次提升：加强风控团队建设，完善"业务风控员＋专职风控员＋外部专家"的"大风控"团队，依托内外部资源开展专业风险管理培训，提升风控管理能力。

科技手段多维度应用：借助IT技术、机器学习、人工智能技术探索智能风控，通过业务线上化、数字化、平台化，实现风险防控全程可视、可控、可追溯，提高风控管理水平。

风险宣传多形式教育：依托不同媒介载体，广泛开展风险防范宣传教育，提高全员风险防范意识，筑牢底线思维，强化红线意识。

【总结】本学习单元阐述了供应链方案的设计。企业的供应链方案是企业战略方案的重要组成。在方案设计时,需要优先考虑行业以及产品的特征属性,这往往决定了企业供应链的基本架构。在此基础上,需要参考一般的供应链方案设计架构,自上而下地展开。方案的设计需要明确,供应链的分析与设计是企业重要的战略,因此需要通过架构分析、情景分析以及模拟仿真等手段,提出可行的供应链运作方案。

培训课程 2 供应链风险管理

情景描述

周日清晨,一阵急促的手机铃声将××公司供应链总监张伟民从梦中惊醒。公司生产部小王在电话中着急地说:"张总,赶紧看一下供应商××发布的公告吧,由于未能达到国家环保要求,企业的某条生产线即将关停,它生产的是我们产品的重要部件啊,一旦断供,接下来的交付就成问题了。"

张总在手机上看到小王转发来的一张图片。他知道,与这家供应商已经合作了多年,无论在质量还是交货期上都是有保证的,一直以来在这个部件上保持了良好的合作,该产品也是独家供应品种。一旦缺货,公司面临开发新的供应商以及产品质量测试等一系列的任务,至少需要6个月的时间,接下来该怎么办呢?张总陷入了沉思……

学习单元1　供应链风险评估体系构建

风险管理是供应链管理中的重要组成部分,"凡事预则立,不预则废"。只有通过构建有效的风险评估体系,进行风险的识别、分析与评估,才能有效地将风险转变成

规范的、科学化的管控对象，降低供应链所面临的不确定损失。

一、供应链风险的定义

供应链是一个高度连接的环境，随着全球化连接密切程度的提升，供应链上遇到的风险性事件不断增加，而这些风险对供应链的运营往往带来较大的不确定性。

中华人民共和国国家标准《供应链风险管理指南》（GB/T 244020—2009）对供应链风险的定义为：供应链风险是指有关供应链的不确定性对目标实现的影响。它包括所有影响和破坏供应链安全运行，使之达不到供应链管理预期目标，造成供应链效率下降、成本增加，导致供应链合作失败或解体的各项不确定因素和意外事件。

针对供应链风险，需要采取一般性供应链风险管理模型，如图1-18所示。

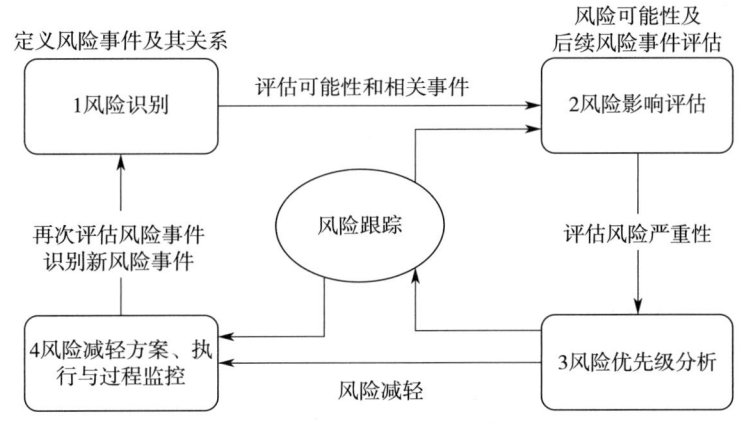

图1-18 供应链风险管理模型

对于供应链上的风险经过了识别、评估、分析、监控四个阶段，该过程由于风险的持续性，需要持续地对供应链风险进行监控与跟踪。

二、供应链风险的识别

风险识别是分析供应链的各个过程环节、每一个参与主体及其所处的环境，找出可能影响供应链的风险因素，识别风险源，掌握每个风险事件的特征、原因、相互关系以及潜在的后果。

风险识别的目的是根据可能促进、妨碍、降低或延迟目标实现的事件，生成一个供应链风险的列表。一般来说，供应链上的风险主要有如下来源：环境风险、供应风险、需求风险、流程风险、控制风险等。风险所带来的损失包括了风险大小以及风险暴露的概率。供应链上主要的风险来源见表1-2。

表1-2 供应链风险来源

风险分类	风险描述	风险表现
宏观风险	宏观环境的变化给整个产业链带来的潜在负面影响	地缘政治变化、环保政策、贸易壁垒、汇率波动、大规模罢工、极端天气等
外部供应链风险	在整个供应链上游或下游发生的各类风险	质量风险、产能不足/过剩、技术泄露、运营事故、合规风险、技术瓶颈、信息系统风险、财务风险
内部风险	由公司内部运营流程导致的潜在风险	产品开发延迟、库存挤压、生产安全、预测不准、管理费用高、设备故障、交期延长

 **相关链接**

与供应链相关的直接风险

● 洪水、风暴、丛林火灾和干旱等自然灾害。

● 传染性疾病大流行，如新型冠状病毒感染（COVID-19）、人类流感、猪流感或禽流感。

● 法律，如保险问题、解决争端、违反合同、不遵守法规和不承担责任。

● 全球事件，如流行病和空中交通中断。

● 技术，如计算机网络故障和使用过时设备等相关问题。

● 监管和政府政策变化，如水资源限制、检疫限制、碳排放限制和税收。

● 环境，如气候变化、化学品泄漏和污染。

● 工作健康和安全，如材料、设备或工作地点造成的事故。

● 财产和设备，如自然灾害、水管破裂、抢劫和故意破坏造成的损失。

● 安全，如盗窃、欺诈、知识产权损失、勒索、网络安全和欺诈。

● 经济和金融，如全球金融事件、利率上升、现金流短缺、客户不付款和成本上升。

● 人员配备，如劳资关系问题、人为错误、冲突管理和填补空缺的困难。

● 供应商，如其业务或行业内导致产品生产或原材料供应链中断的问题。

● 市场，如消费者偏好的变化和竞争加剧。

● 公用事业和服务，如电力、水、运输和电信的交付故障或中断。

请根据上述的风险模型，对风险进行分类。

与一般的企业内部风险相比，供应链风险还具有传递性、多样性和复杂性。

1. 传递性

传递性是供应链风险最显著的特征，也是由其自身组织结构所决定的。由于供应链由多个节点企业共同参与，根据流程的时间顺序，各节点的工作形成了串行或并行的混合结构，其中某一项工作既可能由一个企业完成也可能由多个企业共同完成。因此各环节环环相扣，彼此依赖和相互影响，任何一个环节出现问题，都可能波及其他环节，影响整个供应链的正常运作。因此在供应链上存在的风险往往由二级甚至三级合作方所引发。

2. 多样性和复杂性

供应链从构建起就面对许多风险，它不仅要面对单个成员企业所要面对的风险，如财务风险、人力资源风险、赊销风险等，还要面对由于供应链的特有组织结构而形成的企业之间的合作风险、道德信用风险、企业文化风险、信息传递风险及利润分配风险等。因此，供应链风险相比一般企业的风险，类型多、范围广，也更为复杂。

对于供应链风险的有效识别是管理供应链风险的前提，而设计并运用合理的识别手段是准确掌握供应链风险特征的重要保障。一个相对完整的风险识别工具组合有助于系统性地发现风险并进行预警。

风险识别就是发现影响组织的关键风险事件，并对其进行定性和定量的分析、归类，并进一步做出风险响应。主要的风险识别方法包括关键事件预警分析、历史数据分析、全景描述分析三种。

（1）关键事件预警分析。这种分析方法通常需要通过一系列的头脑风暴来识别可能对公司业绩产生影响的关键经济、技术、文化因素，然后对这些相关因素的未来状态进行估计，并一一列举出来，综合起来就形成了现实和潜在的风险因素组合。关键事件预警分析法在识别战略层面的风险时较为有效，尤其是由于新技术的出现、经济以及产业结构的变动所产生的风险。除此之外，这种方法同样应用于战术层面，并且在对现存的风险以及各种风险之间的关联进行分析的过程中也经常使用。

（2）历史数据分析。通过对历史数据的分析，可以在识别未来风险方面得到一些启示，以便及时发现可能产生重大负面效应的事件。历史数据分析的缺陷在于，它只能对曾经发生过的风险进行识别，而这可能使得未来发生的新型重大风险被忽略；另一方面的缺陷在于，重要的风险事件通常并不经常发生，这可能制约了人们对风险事件类型的认识，因此需要将在同类型公司中曾经发生的风险事件尽可能地包括在风险分析的历史数据中。

（3）全景描述分析。这是通过创建一个完整的业务流程图，将不同业务功能单元予以组合，进行可视化的集中展示。全景描述可以综合性地将一个组织或者供应链进行完整地解析与展示，为过程中的每一个步骤都提供详细的信息，包括目标、如何操作、谁来执行、出现突发事件如何应对等。一个完整的全景图可以将需要控制的偏差、潜在的风险点以及薄弱的环节都一一暴露出来，尤其是那种在组织以及部门间会相互动态转移的风险，其具有较强的识别能力。另一方面，全景分析对于识别由于执行不力带来的风险比较有效，与历史数据分析不同，全景分析可以在实际损失产生之前从全程的、整体的角度对可能存在的风险以及它的影响进行分析。

表1-3和表1-4是供应链风险列表的示例。

表1-3 供应链风险因素示例

风险因素	风险因素的解释
质量	按照顾客质量要求交付产品和服务的能力
环境和安全	对可能影响项目或方案的环境、健康和安全等因素的管理能力
工作环境	对可能影响产品符合性的温度、湿度、照明、清洁、防静电等工作环境因素的管理能力
地理、政治和道德	对可能影响项目或方案的社会、地理、政治、经济和道德因素的管理能力
财务	对影响项目或方案的财务因素的管理能力
顾客满意	影响顾客期望的因素
人力资源	影响质量和顾客信心的人力资源因素
改进活动	持续改进的能力
准时交付	根据顾客的进度要求提供产品和服务的能力
制造能力和潜力	按合同要求提供制造服务的能力
次级供应链控制	对供应链中所有次级供应商的管理和控制能力
设计能力和潜力	提供与合同要求一致的设计服务的能力

表1-4 产品风险因素示例

风险因素	风险因素的解释
安全等级	与政府主管部门的要求一致
涉及的特殊过程	参数受成分、几何尺寸影响的过程，或结果不能依靠检验进行确认的过程
设计复杂性	设计满足顾客要求的创新方案的能力
制造复杂性	制造满足设计意图的部件的能力

识别供应链风险需要及时和准确的信息。所需要的信息包括供应链上的历史数据（尤其是风险事件记录）、通过调查研究和信息情报搜集获得的企业外部信息等。组织采用的风险识别工具和技术应当适合于其目标、能力以及组织所面对的风险。一般可

采用"风险因素及管理表格"识别风险。

三、供应链风险分析与评估

1. 供应链风险分析

供应链风险的分析可以通过严重性和可能性两个维度进行。组织中为了能够规范风险识别与管理流程，需要进行风险登记。一般来说，应制定标准的风险登记表，由不同人员进行填写。

 **相关链接**

> 风险登记表的主要内容如下。
>
> （1）风险类别：需要对风险进行分类。一些常见的类别包括时间、资源、环境、范围和成本。
>
> （2）风险描述：对每种风险的简短描述。风险描述可以使阅读风险登记表的其他人员快速地获得风险梗概。
>
> （3）风险编号：用于识别和跟踪风险登记表中信息的唯一编号。分配风险编号以便快速定位和查找相关信息。
>
> （4）风险影响：简要描述风险可能如何影响组织或者供应链流程，需要确定哪些是同时发生的最紧迫的风险。
>
> （5）风险可能性：估计每种风险发生的概率或可能性。可以使用定性估计，如果有足够的信息，也可以使用定量估计。
>
> （6）风险损失：指特定风险一旦出现的潜在影响或后果。包含这些信息可以让组织中的其他人知道风险的严重程度以及应对方法。
>
> （7）风险等级：每种风险的水平或规模。可以结合每种风险的后果和可能性来得出排名。
>
> （8）风险触发因素：触发因素表明何时需要开始实施应急计划。
>
> （9）预防计划：为防止风险发生而创建的风险跟踪器。
>
> （10）应急计划：尽管做了各种预防工作，但风险仍有可能发生。因此需要具备备选方案。
>
> （11）风险所有者：风险发生时，指派管理风险的人。确保每个风险所有者都知道对应的应急计划，以便正确地执行相应的方案。
>
> （12）剩余风险：即使处理好后依然存留的风险。在这种情况下，可以将风险级别分配为"低"。

供应链风险后果和影响评价见表 1-5。供应链风险可能性评价见表 1-6。

表 1-5 供应链风险后果和影响评价

等级		确定风险的影响或后果		
		表现	计划进度	损失（C）
1	极低	极小或没有影响	极小或没有影响	极小或没有影响
2	低	可接受但会降低正面绩效表现（如盈利等）	需要更多资源，但能按时完成计划	$C<5\%$
3	中	可接受但会大大降低正面绩效表现（如盈利等）	关键计划目标的轻微延误，不能按时完成计划	$5\%\leq C<7\%$
4	高	可接受但导致无正面绩效表现	关键计划目标的较大延误，或关键实施路径受到影响	$7\%\leq C<10\%$
5	极高	不可接受	不能实现主要团队或主要项目的关键计划目标	$C\geq 10\%$

表 1-6 供应链风险可能性评价

等级	风险事件发生的可能性
1	不可能
2	不太可能
3	可能
4	非常可能
5	确定

根据表 1-5 和表 1-6 的信息，即可在风险登记表中对风险进行定位，如图 1-19 所示。

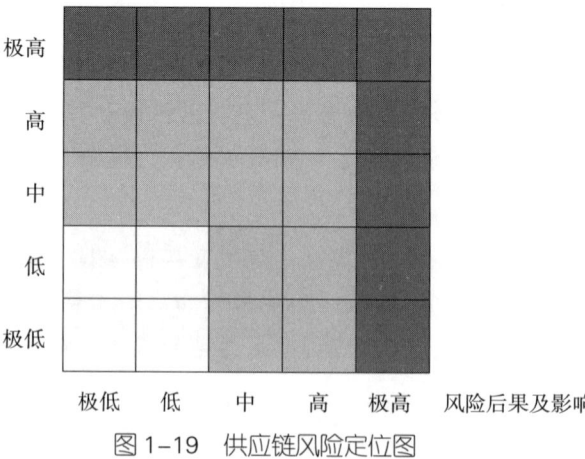

图 1-19 供应链风险定位图

2. 供应链风险评价

风险评价是将风险分析过程中确定的供应链风险等级与明确供应链环境信息时设定的风险准则进行比较，产生评价结果的过程。

在某些条件下，风险评价能够导致进行进一步分析的决定。风险评价还可能导致维持现有的风险控制，不采取任何其他措施的决定。这种决策受组织的风险偏好或风险态度和已经制定的风险准则的影响。

供应链风险的评价决定了后续的行动步骤，在未经评价时，默认的风险程度设置为高；通过分析后，可以调整供应链上风险事件的等级至合适的位置，后续单元将介绍管理风险的策略。

【总结】本学习单元首先定义了什么是供应链风险，广义上的风险是指由于不确定性所导致损失的可能性。供应链上所面临的风险事件要远远多于企业内部，因此需要通过有效的分类对供应链风险进行识别，同时应注意的是，供应链风险往往不是单点故障，极易引起各种连锁反应，特别是在供应链冗余度不断降低的环境下。此后需要通过对供应链的分析与评估，将供应链风险定位在风险登记表的合适位置，为下一阶段的风险管理做好准备。

学习单元 2　供应链风险管理策略

一家从事精细化工的企业在生产中需要使用一种特种化工原料，虽然该原料的使用量不大，但由于目前只能从欧洲进口，因此成本高。该企业根据 ABC 分类法则，将这种化工原料划分为 A 类物料，因此需要采取精细化管理模式，长期以来，该企业采用了备有少量库存、依赖空运进口的方式获取该物料。可是，由于冰岛出现了火山爆发，遮天蔽日的火山灰导致大量航班被取消，因此，该企业的原料供应成了大问题。

请问，如果您是这家企业的供应链总监，面对这样的环境，该如何应对？

上一个单元学习了如何构建风险评估体系，本单元将首先介绍风险管理的基本框架，再描述风险管理中常用的工具与策略，最后应用案例介绍供应链风险管理的主要应用。

一、风险管理框架

风险管理的价值得到人们越来越高的重视。特别是随着企业面向国际化的供应链运营，所面临的风险事件大大增加，因此必须有充分的风险意识，方能够在风险事件出现时将损失降到最低。

前一学习单元已经对风险的识别、风险分析与评估进行了阐述，之后就需要进行风险的管理了。一般的风险管理方法主要包括如下几个方面。

1. 风险接受

某些风险存在，但经过分析后发现降低风险的成本高于容忍风险的成本，在这种条件下，组织可以选择接受风险，并对风险进行持续监控。

例如，乘坐飞机会存在飞机失事的风险，但是由于风险出现的概率极低，因此多数人采取了风险接受的策略。

2. 风险规避

如果风险对于企业会造成财务损失、声誉损失等较大影响时，一般可采取规避策略，避免承担风险。但同时，风险规避往往也会导致企业潜在收益的损失，因此企业需要进行合理的权衡，往往在与企业价值观、底线相冲突的领域内采取这一策略。

例如，企业不应为了降低生产成本而选择雇用童工或者强迫工人劳动。

3. 风险转移

风险是一种可以被度量的、可交易的"商品"。市场中可以通过保险等途径将风险转移给专业的风险管理者，将企业所面临的风险转化为确定的风险管理成本，减少企业运营过程中的不确定性。

例如，在国际航运中，企业需要为运输中的商品进行投保，减少由于不确定性带来的货物灭失的风险。

4. 风险降低

风险降低是一种常见的限制风险的策略。通过风险的有效识别，对可能出现的风险提前组织相关的预案，是一种将风险接受和风险规避混合的策略。

例如，汽车制造商发现生产的汽车有可能在某些方面存在缺陷，但是如果不涉及安全等重大问题，企业一般不会采取产品召回措施，而是通过产品维修来解决问题。

二、供应链风险管理工具

供应链上的风险远大于企业风险，因此在管理风险过程中首先需要对供应链体系健康度进行评价，其次通过供应链战略生态体系的构建建立防护屏障，最后通过供应链技术手段提升风险预测与处理流程的有效性。

供应链覆盖了企业内外部的完整场景，如图1-20所示。

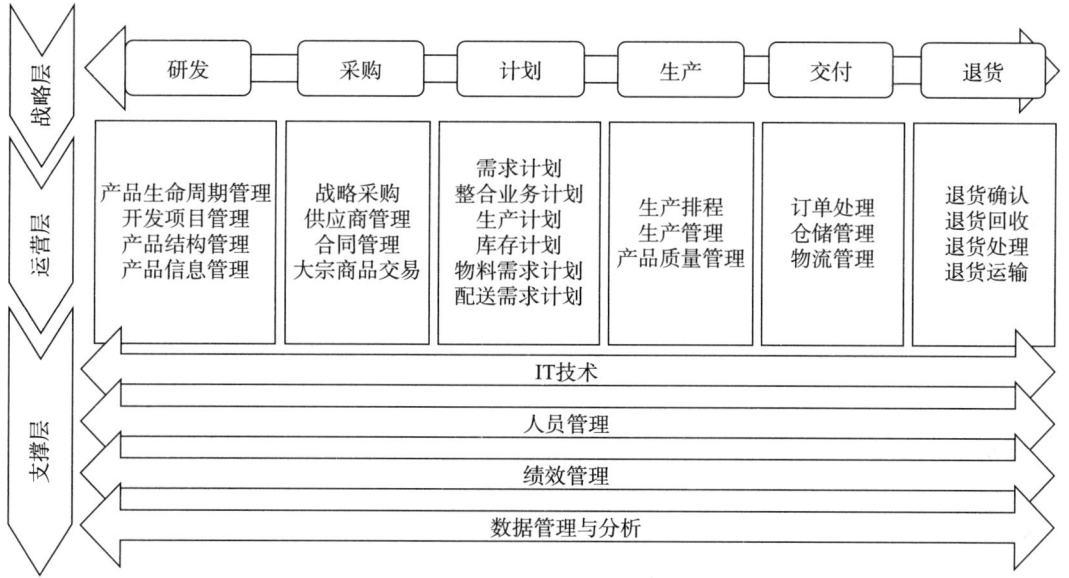

图1-20 供应链业务场景

常见的供应链风险问题主要出现在如下方面。

（1）业务场景分析滞后。

（2）物料需求与排产计划调整不及时。

（3）缺乏与供应链上合作伙伴的协同。

（4）缺乏端到端的库存透明度。

（5）资产透明度缺乏。

（6）供应链系统及网络安全性差。

通过供应链生态网络的构建，协助扩大供应链上合作的范围，通过利益相关群体的能力化解供应链风险。针对供应链上企业自身无法解决的问题，需要借助其他相关方实现风险的分散与协同解决。供应链上的利益相关者如图1-21所示。

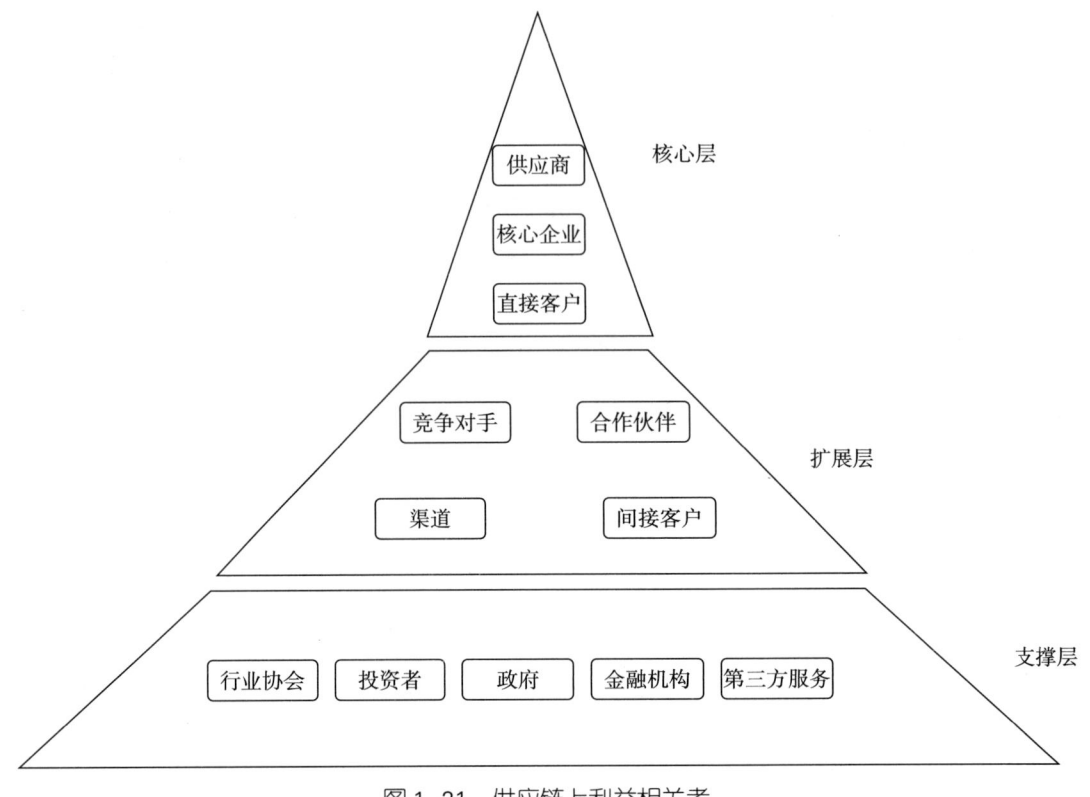

图 1-21　供应链上利益相关者

针对产业链上的潜在风险点（见图 1-22）提前制定预案，在风险出现时能够实现快速响应。

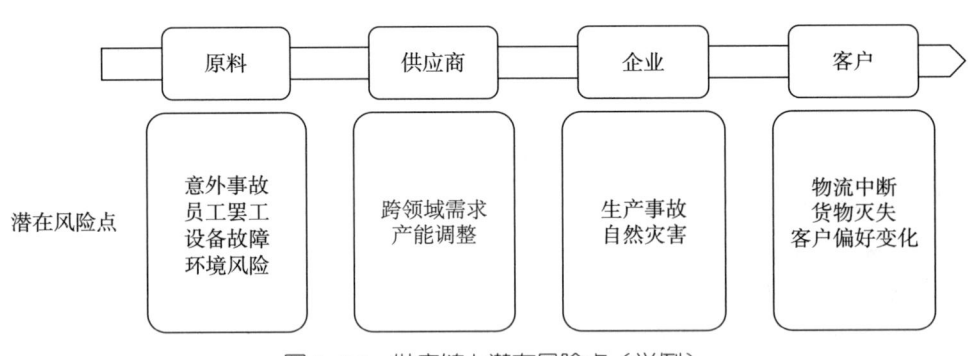

图 1-22　供应链上潜在风险点（举例）

风险管理中常使用的工具包括风险登记表、风险概率矩阵、风险分解结构等工具。

（1）风险登记表。风险登记表是一份文档，记录了各种风险管理过程的输出，通常以表格或电子数据表格的形式出现。它是一种把潜在风险事件和相关信息文档化的工具。

按照类别分类的风险：进行风险分类，可揭示风险的共同原因或特别需要关注的项目领域。在发现风险集中的领域之后,可提高风险应对的有效性。

需要在近期采取应对措施的风险清单:需要采取紧急应对措施的风险和可在今后某些时候处理的风险应分入不同的类别。

需要进一步分析与应对的风险清单:有些风险可能需要进一步分析,包括风险定量分析以及采取风险应对措施。

低优先度风险观察清单:在风险定性分析过程中把评定为不重要的风险放入观察清单中,进行进一步监测。

风险定性分析结果的趋势:在分析重复进行后,特定风险的分析结果可能出现某种明显趋势,从而需要采取应对措施,或者进一步进行分析,以确定风险是否变得比较紧迫或者比较重要。

(2)风险概率矩阵。风险概率指风险发生的可能性,而风险影响指风险发生后产生损失的大小。依据这两个要素可对具体的风险事件进行评价。

$$风险 = 风险发生概率 \times 风险影响$$

通过对风险的衡量,能够有效地做出对风险应对方式以及重视程度的评价。

(3)风险分解结构。风险分解结构 RBS(risk breakdown structure)列出了一个典型项目中可能发生的风险分类和风险子分类。按照一定的规则对风险进行分解,能够有效提醒风险管理人员认知风险的多样性。

三、供应链风险管理策略

风险应对是根据风险评价的结果,做出关于哪个风险需要应对的决策,并选择和执行改变供应链风险的措施。制定风险应对措施可能是一个循环的过程,包括以下几项内容。

(1)评估可能的风险应对措施,决定剩余风险是否可以承受。

(2)如果不可承受,制定新的风险应对措施。

(3)评估新的风险应对措施的效果,直到剩余风险可以承受。

对供应链上的风险,需要依靠一整套结构化的风险管控方式加以应对,有预案的条件下,能够尽最大可能化解风险。

供应链上的风险可划分为已知风险和未知风险两类。

1. 已知风险

已知风险可以准确识别,并且可以随着时间的推移进行测量和管理。例如,供应商破产所导致的供应中断风险就是一种已知风险,这可以通过供应商的历史财务数据以及交货情况加以估计。又如,供应链中的网络安全漏洞的风险通过定期扫描也能够及时发现,可以根据不同的风险等级估算企业所面临的信息系统安全风险等级。

每个组织需要对各种已知风险进行梳理,并且建立风险管理框架,确定衡量风险的指标。企业需要建立供应链风险管控团队，尽管这一团队是由组织中不同部门所构成的跨职能小组，但是其价值在于能够发现并及时提出风险管控的方案。

金融企业往往会聘请第三方进行风控管理，以不断强化企业的风险控制意识。

2. 未知风险

未知风险是不可能或者难以预见的风险。在现实中不可预见性风险经常会以出乎预料的方式出现，降低未知风险的概率，并提高它们发生时的响应速度对于保持竞争优势至关重要。建立强大的防御层，结合风险意识文化，可以给组织带来对抗未知风险的优势。况且，未知风险往往是系统层级的，给大量企业带来不确定影响，因此最具柔性、响应速度最快的企业往往能够利用风险所带来的机会，产生意想不到的绩效。例如，新冠肺炎疫情给全球所有企业以及供应链都带来了风险，良好的管控能够让企业更快恢复到疫情以前水平，并且由于部分企业退出竞争，风险管控良好的企业反而能够获得更好的成长空间。

管理已知风险的方法如下。

步骤1：识别和记录风险。

风险识别的典型方法是绘制和评估企业主要产品与服务的价值链。随后对供应链的节点进行评估，将风险记录在风险登记表中，实现实时跟踪。此时记录的信息既可以是数字化信息，也可以是非规则数据信息，以供后续阶段分析使用。

步骤2：构建供应链风险管理框架。

风险登记表包括了三个维度：风险对组织的影响程度、风险可能性、风险准备情况。

采用一致的风险评分方法对风险进行评估，能够有效区分出风险的优先级，使决策者能够识别出风险最高的产品与服务以及故障可能性最高的价值链节点。

步骤3：监控风险。

在建立风险管理框架后，需要对风险事件进行持续性监测。由于数字化工具的出现，传统需要人工处理的部分已经可以提供实时可视化的风险监控仪表盘，管理者能够在第一时间得到风险事件的量化指标，为应对风险提供了更为充分的准备时间。大多数风险在最初阶段都是可控的，但是由于未引起足够的重视，等到问题暴露出来时，企业已经没有时间去应对和解决，从而带来损失。因此，企业提前识别和监控风险，并且保障风险在可控范围内，是可持续运营的关键。

有效的监控系统需要根据组织的需求定制，围绕上述风险三维度框架构建。因此，企业可持续跟踪生产线上的偏差，对偏离控制图的数据进行质量风险预测。也有企业持续跟踪主要交付港口的天气状况，以预测交付时间是否会发生延迟。早期预警系统能够帮助企业用较小的代价来避免可能出现的风险损失。

具体的风险管理策略可参考《供应链风险管理指南》（GB/T 24420—2009）。

四、供应链风险管理案例

日本是一个地震等自然灾害高发的国家。因此,日本企业对于降低风险,保障企业持续运营具有较多的实际经验。

Nidec 是一家生产精密机电设备的企业。公司把降低风险,确保企业能够稳定、持续地创造利润作为风险管理的目标。因此在 Nidec 的风险管理中,最关键的就是要彻底排除任何可能威胁到产品的稳定供给、影响到公司稳定收益的风险隐患。Nidec 主要从生产、采购、销售三个方面来控制供应链的风险。

(1)生产分散化。Nidec 生产用于硬盘驱动的电机,其产量占全球市场份额的 80%,其中 62% 的生产能力集中在泰国。主要原因在于,全球生产硬盘的主要企业均在泰国设有工厂,出于对这种情况的考虑,决定在离客户最近的位置上设立生产网点,以求能更快、更好地为客户提供产品。

但是,2011 年 10 月泰国发生特大洪灾导致泰国的 6 个生产网点全部被迫停产。给顾客、供应商,甚至终端消费者造成无法估量的重大损失。

因此公司决定将硬盘电机分散到位于泰国、中国及菲律宾等 3 个国家的关联工厂进行生产,甚至又将在泰国的生产分散到该国国内的 3 个县共 7 个网点进行生产,以此降低自然灾害对生产终端造成的影响。

后续处理:洪灾之后,Nidec 开始重新调整硬盘用电机在各国工厂的生产比例。各地区生产比例的调整如图 1-23 所示。

	泰国	菲律宾	中国
过去的生产比例	62%	23%	15%
今后的生产计划比例	50%	35%	15%

图 1-23 各地区生产比例的调整

除此之外,公司还决定在各国的生产网点中配备一些能够对应全部产品的小批量生产所需的生产线。当类似泰国洪灾等紧急情况发生时,全球任何一个生产网点只需采取增加设备的方法就可以达到扩大生产、为终端客户提供产品的目的,有效地维护好集团公司与客户之间的信任关系。

在经历过重大风险事件的考验后,公司认识到一味地追求提高生产效率是远远不够的,还应该从风险管理的角度出发,充分做好应对风险的必要措施。

越是在企业面临紧急状况时,越是应该通过扩充生产能力等方法切实履行供货义务,从而建立在市场中的信誉和地位。

（2）多元化采购体系。生产电机时使用到的一个关键部件是磁铁。提供磁铁的供应商共有三家，分别位于日本与中国，其中一家在泰国设有生产网点。公司在选定供应商时，从供应商的数量、采购分配比例、生产区域的分散性等各个方面进行评估。当泰国发生洪灾后，在该国设有生产网点的日本磁铁供应商也随之陷入了无法正常供货的困境。针对突发事件，公司立即决定增加从中国供应商处的采购量，及时解决了磁铁供应量不足的问题。

在日本发生"3·11"大地震后，公司针对每一种部件详细地调查了该部件的供应商数量、生产地区、生产体系、采购分配比例等，结果发现某种特殊橡胶部件的供应商结构如图1-24所示。

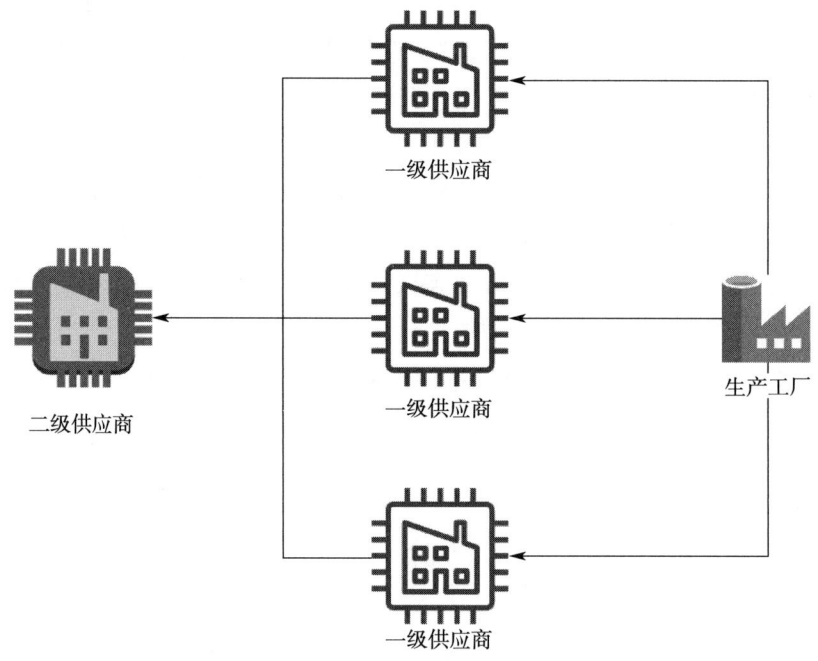

图1-24 部件供应商结构

在上图的模式下，企业的采购风险分散了吗？

其中有多家一级供应商存在，相反二级供应商却仅有一家。这一模式下，假如二级供应商出现供货中断，虽然公司通过多家一级供应商保障供应，但是依然无法化解供应风险。因此企业必须把公司的一级、二级甚至三级供应商风险纳入考量范围。

（3）客户与区域性风险。Nidec公司的主要利润来自硬盘用电机这一产品，在客户销售额排名中，前三位也是硬盘生产企业。

公司认为，从风险管理的角度看，过度依赖于单一产品，特别是随着固态硬盘（SSD）产品逐渐成为主流，公司必须在适当降低对硬盘用电机依赖的同时，拓展其他新业务领域。公司逐渐加大了对通用电机市场的开发与推广力度。为了达成这一目标，企业开展了一系列相关并购活动,增强了市场占有率。

其实并购这些企业也是无奈之举,原来生产硬盘电机的时候,由于计算机系统的高度标准化,硬盘电机可以在不同规格的硬盘中具有高度的通用性,因此只要单一产品的批量化生产就能够满足要求。而面向汽车、家电或者工业领域的电机则要复杂得多,例如,在汽车、洗衣机等不同的产品上,由于亚洲、美洲、欧洲等执行不同的规格标准,因此必须根据各个地区的不同,提供不同规格的电机产品。因此,在一地生产满足所有市场的需求变得不再可行,只能通过并购那些已立足该国、在该国开展经营活动的公司打入新市场。例如,通过并购法国的相关业务部门以及并购在SR电机方面拥有雄厚技术力量的美国爱默生公司的电机产业部门,扩大了公司在欧美地区的业务范围。

思考与回顾:

1)在上述Nidec的案例中,什么原因促使了公司加强风险管理?
2)从供应链上看,风险管理主要包括哪些方面?
3)分散化硬盘电机的生产为什么在Nidec公司是可行的?
4)多元化采购通过选择多个一级供应商能化解风险吗?
5)进入新的业务领域为了化解客户单一的风险,又会带来哪些新风险,应该如何应对?

 案例

PTA价格波动下,供应链客户的风险控制途径

聚酯产业链是一个上达石油大宗商品,下及纺织家纺生活必需品的长链条产业链,各环节价格受到国内外市场变化、行业内外及上下游变化、市场政策和市场情绪影响巨大,而价格的波动最后会对与日常生活息息相关的服装家纺领域产生巨大的影响。

因此,××供应链有限公司在为经编纺织生产企业提供供应链综合服务时,一项重要的供应链管理工作就是平抑价格波动、对冲市场风险。

2018年年中,聚酯涤纶生产的原材料PTA(精对苯二甲酸)的价格大幅度上涨,从7月2日的日均价5910元/吨,到9月11日,日均价已经高达9300元/吨,两个多月的时间涨幅高达57%,PTA的价格上涨甚至引起了媒体对聚酯产业链的关注。

而经编纺织的原料正是聚酯涤纶,暴涨的PTA价格引发了聚酯涤纶价格的疯狂上涨,牵动了无数纺织企业主和更下游面料商、服装企业的心。

如图1-25所示中的PTA(精对苯二甲酸)、MEG(乙二醇)为聚酯涤纶的生产原料;半光FDY 50D/24F(全拉伸丝)、半光POY 75D/72F(预取向丝)为聚酯涤纶产品,也是经编纺织的原材料;聚酯开机负荷指聚酯涤纶厂家的开工率。

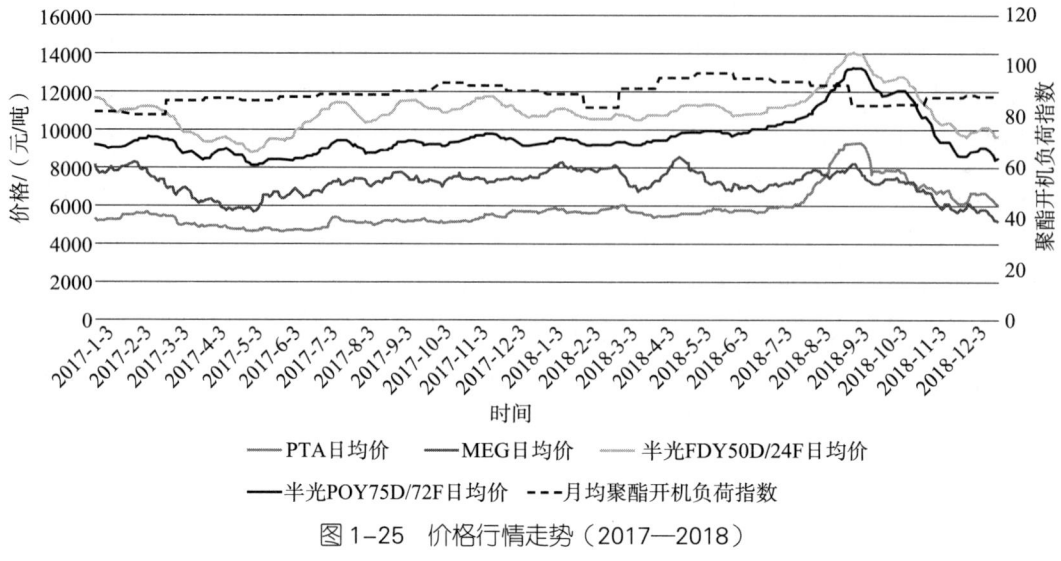

图 1-25 价格行情走势（2017—2018）

从上图可以很明显地看出，PTA 价格的上涨拉动了 FDY、POY 等聚酯涤纶产品价格的上涨，但到涨价行情后期，由于需求端大规模减产引发了聚酯涤纶厂家开机负荷的下降，进一步引发了聚酯涤纶另一种原材料 MEG 的价格下跌，最终在 9 月中旬，由需求端带动聚酯涤纶产品价格的下跌，又进一步牵动了 PTA 价格的回落，直到当年的 11 月，各产品价格和开机负荷才陆续修复。

这一波价格异动引发的风险分为两个阶段：涨价阶段的风险、跌价阶段的风险。

（1）价格上涨阶段

1）风险的识别。2018 年 7 月，PTA 价格持续上涨，到月底已涨价近 12%，聚酯涤纶产品价格受原料价格影响开始持续上涨，到月底涨价近 5%。而此时，聚酯工厂的涤纶产品库存却处于历史同期的最低水平，市场整体供不应求。而从期货行情来看，从 7 月 19 日行情启动，PTA 期货价直线猛涨，成为一段时间内期货市场最火的"明星"，大量资本涌入，进一步推高了 PTA 价格。从各个因素来看，PTA 价格、聚酯涤纶产品价格都有着进一步上涨的风险。

2）风险的评估。聚酯涤纶产品作为经编纺织的原料，经编企业对聚酯涤纶产品价格波动极为敏感。受仓储空间影响，经编企业普遍的原料备货时间为 7~15 天，而下游订单可能接单需要超过一个月的周期，原料备货和下游接单并不匹配。原料价格的大幅上涨，导致销售价、成本价出现了倒置，还没生产就亏损了。而对于新接订单，下游服装家纺接近终端消费市场，价格波动小，销售价格的上涨远远跟不上原料采购成本上涨的速度，供应链面临"拉断"的风险。

同时，6—8 月是经编纺织传统上销售的"淡季"，处于坯布的生产累库阶段，现金流都变成了产品积压在仓库中，现金流非常紧张。一旦由于原料行情的持续上涨引发下游对价格的恐慌而暂停接单、交货，很容易导致部分经编企业的现金流"撕裂"，引发供应链金融的违约风险。

3）风险的管理。××供应链有限公司扎根在聚酯产业链，行业的风险是企业经营的系统性风险，同时作为为经编纺织企业提供供应链服务的企业，也需要为客户企业提供风险管理工具，以平抑市场波动风险。××供应链有限公司提供的风险管理措施主要包括以下内容。

①行情资讯和走势研讨。借助自身在产业链和产业生态的资源，引入产业权威咨询机构和金融衍生品公司的资深专家，举行行情闭门会议，上下游实体企业的经营者、产业投资者、期货研究者共同研讨行情走势，交换行情信息，分享产业资讯。

②价格管理工具。面对价格持续上涨的风险和压力，××供应链有限公司提供价格管理服务，结合区域原料的特色，提供原料代理采购服务，经编纺织企业在接受下游订单的同时，支付一定比例的保证金，从××供应链有限公司锁定原料价格，从而直接锁定订单收益，对冲原料价格持续上涨时因备货不足带来的风险。

（2）价格下跌阶段

1）风险的识别。2018年7月31日，PTA和聚酯涤纶产品价格已经连续上涨两个月，相较于7月初的价格，PTA价格已经上涨超过50%，聚酯涤纶产品价格已经上涨近25%。而由于价格的持续剧烈上涨，下游开机率自8月底起显著下降。2018年9月4日，聚酯产业链下游的经编商会发布停产倡议书，倡导经编纺织企业停产放假。经编园区内的纺织企业也开始逐步降低生产负荷。

同时，聚酯涤纶生产的另一种原料MEG的价格开始逐渐走低，聚酯涤纶厂家的开机负荷也在8月随着几个厂区的停产检修出现显著下降。

政策角度上，从8月5日到8月22日，短短十余天时间内，郑商所发了7条关于PTA的公告，从风险警示到提高交易保证金，再到提高手续费，PTA的疯涨甚至引起了各大媒体对聚酯产业链的关注。

需求端显著收紧，政策端监管变严，PTA价格持续上涨后转向下跌的可能性越来越大。

2）风险的评估。一旦PTA和聚酯涤纶产品的价格暴涨后暴跌，将给经编纺织行业带来无法估量的冲击：大量的原料库存锁定在高价，一旦跌价就是巨量的亏损；大量在价格高位签订的订单，如果原料价格暴跌，下游客户极有可能选择放弃微薄的保证金（部分可能不到订单价格的20%），而抛下大量的高成本库存。这将对经编纺织企业的现金流和经编纺织行业的稳定性带来巨大的冲击。

（3）风险的管理。原料价格大跌就像一柄达摩克利斯之剑悬在聚酯产业链和经编纺织企业的头顶，针对于此，××供应链有限公司在开展行情闭门会议、发布后市预测之外，还提供了为特殊行情定制的供应链风险管理方案。

运用期货、期权等金融衍生品工具，结合建模分析对后市行情的分析，××供应链有限公司推出了原料采购"后点价"的供应链服务模式，实体生产企业先"借货"生产，在约定周期内的任何时间按照彼时价格进行后点价结算，帮助客户将采购成本置换为价格下跌后的价格，规避价格急跌时采购在价格高位的风险。

【总结】本学习单元首先建立了风险管理的框架，提出风险管理的常用工具，特别需要指出的是，随着数字化技术的发展，已经能够通过实时化的数据获取为风险管理提供更多新的风险管理方式，如风险指数的预测等。针对风险，组织需要能够采用合理的管控策略，提升应对风险的能力。

培训课程 3 供应链绩效管理体系制定

学习单元 1　供应链绩效指标

情景描述

如何设计合理的供应链绩效指标

A企业是一家以生产和销售大众服饰为主要业务的服装企业。它提出了自有品牌服装专业商店零售，完全集成制造、销售，包括材料采购、设计、产品开发、生产、配送、库存管理和最终销售等环节直接面对供应商和顾客的商业模式，消除供应链上的中间环节，这对于管控供应链提出了更高的要求。这种模式的难点在于管理供应链各个环节，合理控制物流、资金流和信息流，避免盲目扩张。

在原料采购环节，A企业与部分原材料供应商保持着长期良好的合作关系，以保证原材料供应的稳定，不仅原材料质量得以保证，并且价格也趋于稳定，保证了产品质量与价格低廉。

在供应商关系上，建立与制造厂商之间长期的稳定合作关系，达到互利和共赢的目的。

在库存管理上，利用终端POS销售的数据，实时了解产品的销售数据，每一种商品的生命周期被严格控制在18周，第1～3周：确认重点产品能否销售，能否受欢迎。第4～7周：推荐产品失败处理期减量减价；成功产品加量；基本产品进入销售期。第8～13周：基本产品与成功产品追求最大化销售。第14～18周：畅销品的处理期；下季度推荐产品试销期。这种方式下，确保了每个季度末的"零库存"目标。

在销售环节，采用直营模式，保障了零售终端的信息能够及时传递并迅速反应，避免加盟导致的销量扩张但失去控制的状况。

在物流交付上，大多数产品采用海运方式进行全球铺货，少量产品采用航空运输进行补货。

从供应链运营的角度分析，A企业建立了一套完整的供应链管理体系，成为短生命周期产品的供应链典范。

新知学习

供应链管理的好坏需要有客观的评价，而设立恰当的评价指标能够有效促进管理水平和绩效的提升。本单元围绕着绩效管理指标和绩效管理体系展开，强调了绩效管理对供应链战略的支撑作用。

供应链绩效指标是围绕着供应链的目标对供应链整体以及各个组成环节设立的标准。供应链绩效评价是对供应链上的整体运行绩效、节点企业绩效以及合作关系进行的评价。

良好的绩效评价体系能够有效促进供应链合作水平的提升，因此制定合理的供应链绩效指标成为管理绩效的重要前提。

一、供应链绩效管理指标构成

供应链绩效指标整体上可以分为两类：定性指标与定量指标。

定性指标包括顾客满意度、交付柔性、信息流与物流整合度、有效风险管理和供应商绩效等。

定量指标又可以包括两类：基于客户服务的指标和基于财务分析的指标。

1. 基于客户服务的指标

（1）周期时间。周期时间又称为提前期。可以被定义为业务流程中端到端的延迟。在供应链上，周期时间包括供应链提前期、订单到交付（OTD）提前期等。

OTD时间是从客户下订单到向客户交付产品的完整延迟时间。如果供应链上有库存，它就是配送准备时间和订单管理时间；如果供应链需要生产订单，就包括了供应商交货时间、制造交货时间、配送交货时间和订单管理时间的总和。

供应链提前期包括了供应链将原材料转化为最终产品所需的时间，以及将产品送达客户目的地所需的时间。因此，它包括供应商提前期、制造提前期、配送交付提前期，用于将原材料从供应商运输到工厂，以及将半成品/成品向下游交付的全周期。

由于供应商和制造工厂之间、工厂和仓库之间、分销商和零售商之间存在种种衔接活动，因此供应链提前期往往受到各衔接环节的效率制约。

（2）客户服务水平。客户服务水平是由多个不同的指标进行衡量的。

1）订单满足率。订单满足率是客户需求可以从可用库存中满足的部分。对于这部分客户需求，无须考虑供应商交货时间和制造交货时间。

2）订单缺货率。它是订单满足率的反面值，标记了因缺货而损失的订单部分。

3）延迟订单水平。这是另一个衡量标准，是等待满足的订单总数的指标。

4）准时交货率。这是客户订单中按时完成的部分，即在预定的时间内到货的比率。

为了最大限度地提高客户服务水平，重要的是最大限度地提高订单满足率，最大限度地减少缺货率，并尽量减少延迟订单水平。

（3）库存水平。由于库存成本导致了供应链总成本的增加，因此需要在满足需求的情况下尽可能控制库存水平。库存可以包括原材料库存、在制品库存、成品库存、备品库存。

每种库存的保有量都出于不同的原因，因此必须控制每种库存的最佳水平，在供应链中，库存水平的控制与供应链系统效率直接相关。

（4）资源利用率。在供应链网络中，使用到各种资源，而资源的利用效率决定了供应链的服务水平和整体价值产出率。

1）制造资源：包括机器、物料处理、工具等。

2）存储资源：包括仓库、ASRS[①] 系统等。

3）物流资源：包括卡车、铁路运输、航空货运公司等。

4）人力资源：由生产员工、研发人员等组成。

5）财政资源：包括周转资金、存货等。

在资源利用过程中，主要目标是尽可能高效率地使用资源以实现客户服务水平的最大化，减少提前期以及优化库存水平。

2. 基于财务分析的指标

为衡量与供应链相关的固定成本以及可变成本的措施称为财务分析。关键目标是通过保持较低的供应链成本来最大限度地增加收入。财务分析指标主要包括以下内容。

（1）原材料成本。

（2）销售收入。

（3）基于活动的成本，如材料处理、制造、组装率等。

（4）库存持有成本。

（5）运输成本。

---

① ASRS 是 auto storage and retrieval system 的缩写，即自动存取系统。

（6）过期存货的成本。

（7）延迟客户交付成本。

（8）供应商延迟交付的成本。

（9）客户退货的成本。

（10）向供应商退货的成本。

供应链上的财务衡量因素可以综合为以活动为基础的成本计量、库存成本、运输成本、企业间财务交易等。

二、供应链绩效管理体系

1. 关键绩效指标体系

供应链上绩效管理最常用的方法是关键绩效指标（KPI[①]）管理模式，通过设立多维度的 KPI，确保各个环节能够达到预定的目标。在 SCOR 模型中，列出的供应链绩效关键指标一共有 13 项，这些指标从供应链交货的可靠性、供应链的响应性、供应链的柔性、供应链的成本和供应链的资产管理效率等五个方面共同构成了供应链运营绩效的评价指标体系。

（1）交货能力（delivery performance）。按照客户要求的天数，或在客户要求的天数之前，或在原计划的交货天数之前执行订单的百分比。

（2）订货满足率（fill rate）。在收到订单的 24 小时内用库存发货的订单百分比。

（3）订货提前期（order fulfillment lead time）。从客户发出订单到收到订货实际所需的平均时间。

（4）订单完全执行率（perfect order fulfillment）。满足全部交货要求的订单完成百分比。按时，按质，按量，具有完整的和准确的单证，且没有产生货损。

（5）供应链响应时间（supply chain response time）。供应链系统对需求的非正常或显著变化的响应时间。

（6）生产柔性（production flexibility）。对上游企业：达到所能承受的非计划的 20% 增产能力所需要的天数。对下游企业：在没有存货或成本损失的情况下，在交货期 30 天之前企业所能承受的订货减少百分比。

（7）供应链管理总成本（total supply chain management cost）。供应链相关成本总和，包括管理信息系统、财务、计划、存货、物料采购和订单管理等成本。

（8）产品销售成本（cost of good sold）。购买原材料和加工制造成本，包括直接成本和间接成本。

（9）人均增值生产率（value-added productivity）。（产品销售总额 – 物料采购总成

[①] KPI 是 key performance indicator 的缩写。

本）÷用工总人数。

（10）担保成本或退货处理成本（warranty cost or returns processing cost）。物料、劳动力和产品缺陷的问题诊断成本，或退货处理成本。

（11）可供应存货天数（inventory days of supply）。以计提超储和过期损失之前的标准成本计算的存货总值。（原材料和在制品＋厂内制成品＋厂外制成品和样品＋其他）×365天÷产品销售成本。

（12）现金周转期（cash-to-cash cycle time）。存货供应天数，加上销售未付款天数，减去采购原料的平均付款天数。

（13）资产周转率（asset turns）。产品销售总额除以净资产总额。

2. 平衡计分卡体系

供应链上的平衡计分卡是一个战略管理系统，使传统的绩效管理从人员考核与评估的工具转变为战略实施的工具，并使企业管理者拥有了全面的统筹战略、人员、流程和执行四个关键因素的管理工具，从而可以使企业管理者从长期和短期、内部和外部多个角度平衡企业的持续发展。

需要引起注意的是，供应链上的平衡计分卡是一个战略执行工具，而不仅仅是一个业绩考核方式。

供应链平衡计分卡包含了以下三个层面。

第一层面为战略层面。反映客户、业务流程、可持续发展、财务四个维度。

第二层面为关键成功要素层。首先要根据公司供应链管理目标确定供应链整体价值评估重点，找出这些关键业务领域，设计关键成功要素，即关键成功要素层。

第三层面为关键业绩评价指标层。该层将关键成功要素分解为关键业绩评价指标，其中包含定量评价指标和定性评价指标，分别采用不同的评价方法进行计量。

（1）平衡计分卡的战略层

1）客户维度：客户是市场导向的供应链中最重要的驱动因素。供应链必须能够创造出适合客户的产品与服务，增加客户价值，满足或者超出客户的期望。

2）业务流程维度：供应链的业务流程需要进行持续的优化，以降低浪费、提高柔性响应能力，降低运营成本。在供应链上，通过上下游之间的协作，在一致目标的驱动下提升整体供应链绩效。

3）可持续性维度：供应链上的企业通过持续地学习成长，不断响应市场上新的技术与管理模式，积极采用更好的业务流程来实现改进。

4）财务维度：从财务指标的维度将企业运营的绩效以可衡量的数量化指标进行展示，来满足股东、投资者的期望。

（2）平衡计分卡的关键成功要素

1）客户维度：通过改进服务、缩短交付提前期、增加客户忠诚度以及提高客户价值等途径实现该指标价值的提升。

2）业务流程维度：通过新品开发，降低供应链运营成本，维持供应链产销均衡，消除非增值等待时间等途径不断优化供应链上的业务流程。

3）可持续性维度：通过供应链团队建设、供应链上社会责任延伸、跨组织团队协作等促进供应链可持续性的提升。

4）财务维度：通过增加利润、提升资本效率等手段增强供应链上财务指标的健康度。

（3）关键业绩评价指标层。这一维度将关键成功要素转化为KPI，每个指标对应着关键成功要素的不同维度，通过这一方法能够将不同的KPI纳入一个完整的体系中加以衡量。

【总结】本学习单元首先阐述了绩效管理指标的构成，需要通过定量和定性两类指标对供应链绩效进行考核与评价。其次，对供应链绩效管理体系进行了阐述，可以采用KPI体系法以及BSC平衡计分卡方法构建完善的供应链绩效体系。不过需要明确的是，指标体系是反映和衡量过去的情况，无法对现状及未来进行衡量，因此需要根据供应链环境的变化以及商业模式的不同，动态地审视和调整供应链的指标体系，持续地改善供应链的绩效水平。

学习单元2 供应链绩效管理制度

在供应链环境下，企业之间存在着密切的联系。有些供应链上的核心企业利用自身的优势地位，向供应商提出了许多苛刻的条件。例如，某汽车生产企业，对供应商付款提出了"60~90天账期+180天承兑"的要求，严重占用了供应商的资金，导致了供应商资金成本的增加。也有某企业规定了供应商每年的降本比例，直接要求供应商必须将价格降低到某个水平，过高的降本要求使供应商不得不降低工艺以及材料标准，最终导致产品品质的下降。

针对上述的情境，在供应链绩效管理中应如何决策实现可持续的供应链发展呢？

新知学习

在上一学习单元了解供应链绩效指标的基础上,本单元提出了绩效管理的标准以及制定管理制度的流程与方法,最后根据供应链管理的实际情况,提出了指标设计需要遵循的三个原则。

一、供应链绩效管理标准

供应链绩效需要通过标准化的可衡量、可比较的指标进行度量。因此,应对供应链绩效的关键指标进行标准化,见表 1-7。

表 1-7 供应链 KPI 定义的结构

名称	KPI 名称
标识	KPI 的唯一标识号
描述	KPI 的简要描述
范围	与本 KPI 相关的维度标识,包括质量、效率、成本维度和流程、产品、人员维度
公式	KPI 定义的数学公式
计量单位	描述 KPI 的基本单位或尺寸
值域	KPI 定义的逻辑上下界
趋势	KPI 的改进方向
时间	KPI 的计算时间。 ● 实时:在获取事件的每个数据之后,每次新数据获取之后 ● 按需:根据需求选取特定数据之后,特定数据选择需求之后 ● 定期:在某个间隔内完成一次,如每天或每年一次
用户	使用 KPI 的典型人群,使用本文件的用户群如下。 供应链业务人员:负责管理供应链整体业务的人员,主要涉及一些财务、计划相关业务 采购业务人员:负责管理采购业务的人员,具体相关业务包括采购订单处理、开支分析、需求确认、供应商评估、供应商选择、协议签订、供应商管理等 生产业务人员:负责管理生产业务的人员,具体相关业务包括设计、工业工程、信息管理、质量管理、生产管理、会计业务等 物流业务人员:负责管理物流业务的人员,具体相关业务包括物流运输、车队管理、仓储管理、物料处理、订单履行、物流网络设计、库存管理、供给与需求规划等,其中也包括逆向物流的部分
备注	与 KPI 相关的额外信息

订单延迟率见表 1-8。

表 1-8 订单延迟率

名称	订单延迟率（order delayed rate）
标识	ODR
描述	延迟交货订单数量（DDOQ）与总订单数量（OQ）的比例
范围	效率、流程
公式	$ODR = \dfrac{DDOQ}{OQ}$
计量单位	百分比
值域	0~100%
趋势	数值越低越好
时间	定期
用户	供应链业务人员、物流业务人员
备注	订单延迟率是衡量订单反应速度的指标，反映交货的延迟情况；在实际业务应用中可采用订单行数量进行计算

二、供应链绩效管理制度制定方案

供应链绩效管理制度需要针对不同的主体来制定具有针对性的管理方案，通过绩效管理实现供应链的战略目标。通过绩效的客观衡量、及时监督、有效指导、科学奖惩，调动供应链上各个环节的积极性和主动性，驱动目标的达成。供应链绩效管理分为三个环节：制定绩效管理计划及衡量标准；进行日常和定期的绩效指导；周期性评估、考核绩效并确定奖惩。

1. 供应链绩效管理体系构成

（1）供应链发展愿景与战略。

（2）供应链发展中长期目标。

（3）绩效计划方案。

（4）绩效管理流程与考核机制。

（5）绩效辅导与改进提升方案。

（6）绩效考核结果应用。

（7）绩效持续改进方案。

2. 供应链绩效体系制定流程

（1）成立供应链绩效管理体系制定小组，负责绩效体系的制定任务。

（2）分解供应链战略目标，将目标转化为可考核、可由具体部门或人员承担的指标任务。

（3）制订绩效计划。

（4）制定绩效管理办法。

（5）通过培训宣贯等途径征求意见并发布绩效管理办法，使绩效管理的对象知晓并理解。

（6）试行绩效管理制度。

（7）正式颁布执行绩效管理制度。

（8）根据环境变化定期审视并修正绩效管理制度中的疏漏。

3. 绩效管理制度的设计原则

（1）体现供应链的战略目标。

（2）使管理人员承担相应义务并积极参与。

（3）制定"正确的"绩效指标，避免指标设定引起目标短期化倾向。

（4）采用自动化流程采集数据并将其应用到绩效管理体系中。

（5）建立绩效管理制度与相关流程的整合。

（6）提供关于绩效管理的宣贯与培训，征得供应链上相关方的理解与支持。

（7）对绩效管理的实施进行持续的衡量与跟踪。

（8）持续改进绩效管理的流程。

三、供应链绩效指标设计的基本原则

1. 指标体系的平衡

在供应链绩效管理中，需要对考核指标设置上下限，维持指标在平衡的范围内。供应链管理者时刻需要考虑在多个不同的指标间进行权衡，例如，对于原料供应保障指标和仓储成本指标需要同时进行考核，以避免出现为了单一目标的最大化而牺牲其他方面。组织运行的目标是确保整体收益的最大化，而不是单一指标的突出。

2. 客户导向的考核方案

供应链绩效的根本来自终端市场客户的反映。供应链的各项考核指标都需要围绕着客户的需求展开。无论是竞争性定位还是需求定位，都需要考虑到在当前环境下，指标的达成能否满足客户的要求。例如，电商企业在交付指标方面，当客户的期望是实现24小时内交付时，供应链各个环节需要围绕这一需求做出及时的响应，并且分解到各个有关环节。

3. 全局性思维

"皮之不存，毛将焉附"，供应链的思维需要从整体角度考虑，而不仅仅局限于本企业的各项指标是否完成。例如，有的企业为了完成年度销售指标，提前将产品压到渠道中，从指标上看，完成了当年的销售任务，但是却破坏了供应链的均衡性；有的企业利用自身在供应链中的核心地位，要求供应商保有较高的库存水平，用转移的方式实现自身的"零库存"。供应链是基于相互间的合作行为创造更大的收益，而不是通过压榨合作方实现的收益转移行为。

【总结】管理学中说"考核什么，得到什么"。为了达成供应链的目标，组织需要制定全面、有效的考核指标体系，同时这一指标体系需要能够实现供应链长期稳定的发展要求。因此在制定绩效管理标准、设计绩效管理制度时，需要具备全局性思维，从更广的范围思考，达到均衡化、生态化发展的要求。

培训课程 4 供应链质量管理体系制定

学习单元 1　供应链质量体系构成

2014年7月20日,有媒体报道,作为几家大型快餐企业供应商的上海某食品有限公司,将过期8个月的、颜色发青的臭肉重新切片装进新包装,将"保质期"延长了1年。每天会有专人制作两套报表,以掩盖真实的生产日期。这一事件严重损害了消费者的健康和安全,作为供应链的下游的快餐企业,也遭到了严重的损失。

不难看出传统的企业质量管理已经需要从内部质量管控向着供应链质量管控发展,需要构建全链条的质量安全体系。

本单元围绕供应链质量的体系展开,主要阐述了供应链质量与传统质量的差异,对供应链质量的构成进行了描述与分析。

一、质量管理与质量体系

什么是质量?通俗的理解就是客户的满意。然而在实际工作中,需要将质量定义为客户实际所得与承诺获得之间的差异。如果客户实际所得低于预期的承诺,将会产生不满。而客户满意的标准就是达到或者超出了客户的期望。

为了实现有效的质量管理，国际标准化组织（ISO）定义了 ISO 9000 质量管理体系。ISO 9000 族标准是 ISO 在 1994 年提出的概念，是指由 ISO/TC 176（国际标准化组织质量管理和质量保证技术委员会）制定的国际标准。

采用 ISO 9000 认证的优势主要包括以下几个方面。

（1）获取认证是消除国际贸易壁垒的重要手段。
（2）节约了客户审核的成本与精力支出。
（3）促进品质稳步提升。
（4）有利于国际交流和技术合作。
（5）强化企业内部的管理水平和管理规范性。
（6）提升了企业的质量形象。

二、供应链质量的定义

供应链质量管理是对整个供应链范围内的产品质量的产生、形成和实现过程进行管理，实现供应链环境下产品质量控制与质量保证。

随着全球化程度的加深，客户所获得的产品往往需要来自全球不同国家与地区的供应商共同协作完成。为了保障终端客户最终获得的产品及服务能够满足期望，需要保证全环节的质量可控。供应链质量覆盖了供应链合作伙伴，针对中间产品及最终产品或服务的一致性测量，可确保产品或服务能够达到或者超过下游客户的期望。

三、供应链质量管理的挑战

当前供应链的深度和广度已经超出了大多数企业的估计。企业很难搞清楚自己产品的二级或三级供应商由哪些企业构成，这些企业存在什么样的风险均处于未知的状态。

例如，波音公司在开发梦想飞机的过程中出现了严重的交期延误，部分原因是企业对二级和三级供应商的工作几乎完全无法控制。另外一个例子是美泰公司曾发生过玩具大规模召回事件，起因是其承包商下的分包商的员工将美泰公司购买的油漆换成了有毒的铅超标油漆。又如三星 Galaxy 某款手机，其电池供应商在电池设计时存在缺陷，且绝缘胶带使用不足导致手机出现了严重的质量安全隐患。

在汽车行业，现代化的整车厂负责最后一道总装的工序。而车辆上所需要的数万个不同的零件、组件由分布在全球不同地区的供应商提供，零部件的质量对整车的质量会产生重要的影响。由于零部件质量存在隐患导致的车辆召回问题对企业的声誉与利润都会造成巨大影响。

为了解决供应链体系中的质量管理难题，大量方案从企业产品生产的生命周期角度进行分析，涉及设计、采购、制造、测量、市场品质、质量体系、质量成本、改进、协同监控等多个方面,还通过引入第三方质量认证机构对供应链合作伙伴的质量水平进行认证。

在供应链质量中,存在着类似牛鞭效应的涟漪效应,即多层级供应链会导致潜在问题随着层级的增加而放大。

牛鞭效应,是一种在需求预测驱动的销售渠道中被观察到的现象。在一般的商业活动中,客户的需求总是不稳定的,企业总是需要通过预测客户的需求来优化库存与其他资源的配置。而预测是建立在统计基础上的,一般来说是不可能完全精确的,所以企业在运营中常常会保留一些额外的库存作为安全库存。在供应链中,从下游到上游,从终端客户到原始供应商,每一个组成部分所需求的安全库存将会越来越多。在需求升高的时期,下游的企业将会增加从上游订货的数量,在需求降低的时期,下游的企业将会减少或者停止订货。而这种需求量的变化会随着供应链上溯而被放大。这种信息扭曲的放大作用在图形显示上很像一根甩起的牛鞭,因此被形象地称为牛鞭效应。最下游的客户端相当于牛鞭的根部,而最上游的供应商端相当于牛鞭的梢部,在根部的一端只要有一个轻微的抖动,传递到末梢端就会出现很大的波动。在供应链上,这种效应越往上游,变化就越大,距终端客户越远,影响就越大。

例如,在供应链流程中存在 3 个前后相互衔接的流程化生产过程,假如每一环节都具有 99% 的产品一致性,那么能够向终端市场提供产品时的一致性为 $99\% \times 99\% \times 99\% \approx 97\%$。因此,中间环节越多,涟漪放大效应越明显。

在本单元开篇的案例中,供应商的质量风险如果不能被及时发现并得以纠正,将导致下游的企业遭受连带损失。随着供应链上分工的细化以及供应链全球化的发展,供应链质量管理的难度不断提升,因此传统的供应链质量管理方法需要进一步优化,最为典型的特征是,需要从质量检验体系(QC)上升为质量保障体系(QA),其基本逻辑在于,高质量产品是通过特定的流程生产出来的,而质量检验体系是通过最后的检查进行把关的行为,是一种事后方案。

四、供应链质量的构成

1. 供应链质量的描述

对于质量的一般理解是期望和所得的差值。如果期望值高于所得,那么对于供应链上的客户来说,质量无法达到满意的要求。

供应链上的客户选择产品或服务的原因就是其具有达到甚至超过满足自身需求的质量。质量可以包括如下几个方面。

(1)功能性。产品或服务应该能够满足客户提出的一般性要求,在不同的细分市场上,客户对于产品的功能性要求是不同的。

（2）适应性与灵活性。为了迎合某一部分客户的特殊需求，产品在功能上的变化。

（3）耐用性。客户希望能够在合理的支付条件下得到满足期望寿命周期的产品与服务。

（4）独特性。拥有专利的独特功能与设计，使竞争脱离了高强度的价格竞争，因此对其质量的评价将得到更多客户的青睐。

（5）使用方便性。易于使用的产品或服务能够得到更多客户的正面质量评价与反馈。

（6）环境友好性。越来越多的客户希望能够采购环境污染代价较小的产品或服务。

（7）性能可靠性。产品的性能具有较强的一致性水平，能够达成产品/服务提供者的承诺。

（8）形象。产品和服务具有良好的品牌形象亦是质量的外显表现形式。例如，优质的供应商产品能够显著提升供应链的质量感知水平。

2. 供应链质量管理的特征

（1）由核心企业组织的供应链质量体系。供应链核心企业具有整合上下游企业共同制定质量标准体系的能力和责任。核心企业在供应链中的地位决定了能够将自身的标准、要求拓展至供应链的其他环节。

（2）供应链质量是一种分布式质量。供应链不同于企业内部管理所具有的强制性特征，供应链上的合作具有松散性特征，依靠双赢的目标实现合作。因此，在供应链合作伙伴的选择时需要将质量作为重要的评价指标。

（3）供应链质量需要将交付质量列入质量体系。供应链不仅包含各级生产组织，还包括了物流环节。物流环节质量决定了质量的"最后一公里"，客户以实际所得来评价整个供应链的成败，因此，需要充分重视物流环节的质量水平。

3. 供应链质量管理策略

（1）供应链质量管理需要合作伙伴间的协作与提升。供应链质量的提升离不开各个环节在各自专业领域内水平的提升，通过研发具有更高标准和一致性水平的产品，能够对集成后的产品质量起到显著的提升作用。

（2）通过信息共享实现供应链质量协同提升。以客户为核心的信息有效分享能够让供应链各个环节充分理解客户的需求，并针对需求进行质量的改进与提升。

（3）动态化供应链管理实现供应商筛选。供应链上的合作伙伴可以进行动态的更换，对于质量达不到要求的合作伙伴可以及时更新供应源，保障与改进质量水平。

（4）持续迭代动态改进供应链质量。供应链的产品质量提升是一个持续的过程，因此供应链上的企业需要在"完美质量"和"可接受质量"之间进行权衡。通过产品的持续迭代，动态更新产品的功能质量，用"小步快跑"的方式提升质量水平。

【总结】本学习单元描述了质量和质量体系，并且对供应链质量进行了描述，分析了供应链质量和传统质量管理之间的差异性。需要注意的是，供应链质量注重的是产品及服务与承诺的一致性。供应链的组织模式具有较强的动态性，因此供应链的质量水平也应该随着供应链组织的优化而不断更新迭代，企业需要具备动态的质量观。

学习单元 2　供应链质量评估与管理体系

F公司是一家全球化的汽车用玻璃生产企业，在供应链质量管理方面从制度和技术两个层面进行了提升与优化。

在制度层面：第一，加大供应商管理力度，指定专员对供应商定期实施审核、辅导等，提高供应商质量管理能力；第二，加强过程质量控制，建立产品和过程特性控制计划，并落实实施；第三，建立最终产品检验和型式试验机制，验证产品的符合性；第四，建立质量问题快速反馈机制，及时沟通生产过程中存在的问题，并推动改进。

在技术层面：第一，公司通过 TS 16949 质量管理体系，并持续、有效运行；第二，强调过程控制，预防为主，通过改进工艺优化工序，减少产生缺陷的各种可能性；第三，设立持续改善小组，通过持续改进产品质量的方式，超越顾客期望。

本单元在上一单元介绍质量体系构成的基础上，围绕质量评估与管理的工具展开，介绍质量管理中所使用的各种工具，以及六种质量管理的途径，并从流程框架上给出了质量改进的方法。

一、供应链质量评估与管理工具

质量管理过程使用了大量工具，这些工具均能够有效地应用在供应链质量评估过程中。

1. 检查表

检查表又称调查表、统计分析表等。检查表是质量控制中最简单也是使用得最多的方法。它以简单的数据和容易理解的方式制成表格，必要时做检查记号，并可以对这些数据进行整理统计，作为进一步分析的数据来源。检查表包括签到表、考勤表、顾客满意度调查表、评审表、5S检查表、消防检查表、安全检查表、作业前点检表、缺陷收集卡等。

2. 排列图法

排列图法是找出影响质量主要因素的一种有效方法。制作排列图的步骤：收集数据，进行分层，列成数据表，进行计算，制作排列图。

3. 因果图法

因果图又叫特性要因图或鱼骨图。按其形状，有人又称它为树枝图或鱼刺图。它是寻找质量问题产生原因的一种有效工具。

4. 分层法

分层法又叫分类法，是分析影响质量原因的方法。如果把很多性质不同的原因搅在一起，那是很难理出头绪来的。其办法是把收集来的数据按照不同的目的加以分类，把性质相同，在同一条件下收集的数据归在一起。这样，可使数据反映的事实更明显、更突出，便于找出问题、对症下药。

5. 直方图法

直方图（histogram）是频数直方图的简称。它是用一系列宽度相等、高度不等的长方形表示数据的图。长方形的宽度表示数据范围的间隔，长方形的高度表示在给定间隔内的数据值，主要用来显示质量波动分布的状态。

6. 控制图法

控制图法是以控制图的形式，判断和预报生产过程中质量状况是否发生波动的一种常用的质量控制统计方法。它能直接监视生产过程中的过程质量动态，具有稳定生产、保证质量、积极预防的作用。

7. 散布图法

散布图法是指通过分析研究两种因素的数据之间的关系，来控制影响产品质量的相关因素的一种有效方法。

在生产实际中，往往是一些变量共处于一个统一体中，它们相互联系、相互制约，在一定条件下又相互转化。有些变量之间存在着确定性的关系，它们之间的关系可以用函数关系来表达；有些变量之间却存在着相关关系，即这些变量之间既有关系，但又不能由一个变量的数值精确地求出另一个变量的数值。将这两种有关的数据列出，用点标注在坐标图上，然后观察这两种因素之间的关系，这种图就称为散布图或相关图。

二、供应链质量管理途径

在供应链质量管理中，六个质量管理因素是领导力、战略规划、人力资源管理、供应商质量管理、客户关注和流程管理。

1. 领导力

最高管理层有责任提供支持、做出承诺并承担质量责任。供应链核心企业对于构建供应链质量管理流程、解决文化冲突、执行供应链质量管控具有重要作用。领导力在供应链质量管理中发挥着关键作用，负责指导规划和供应商管理，建立供应链链接以提高质量和绩效，并通过协作、沟通和集成鼓励、促进供应链质量管理。

2. 战略规划

战略规划涉及制定明确的使命、长期战略以及长期和短期目标。关于供应链质量管理，最高管理层负责发展将对质量产生积极影响的供应链联系，并弥合组织各环节在质量期望方面的差距。为了提高质量和供应链绩效，战略规划侧重于供应商评估和供应基准的合理化。供应链合作伙伴需要共同创建使命、战略和目标，并分享价值观，需要解决感知差异，以鼓励一个可靠、可信的供应链网络。

3. 人力资源管理

供应链成员之间的组织和文化差异对实现供应链和质量目标构成了重大挑战。必须通过人力资源管理有效解决沟通、协作和整合问题。在供应链质量管理中，人力资源管理侧重于由跨职能团队（如质量和采购团队）使用质量工具和技术开展工作。

4. 供应商质量管理

供应商质量管理的当前趋势是通过供应商选择和评估过程，鼓励与少数能够实现必要质量要求的合格供应商建立长期合作关系。通过包括相关质量措施在内的绩效评估，供应链核心企业应向供应商提供任何必要的培训和技术援助。供应链质量管理的最佳做法包括战略供应管理，将质量管理过程泛化至供应商，鼓励整个供应链的持续改进，并将供应商纳入新产品开发和流程优化过程。常用的手段如下。

（1）减少供应商数量，与供应商建立更密切的关系。

（2）采购方与供应商密切合作，并可能启动联合战略项目。

（3）供应商早期参与，联合解决问题，实现质量问题早发现。

（4）公司间生产调度打破了组织之间的障碍，缩短了生产运行时间。

（5）在最高管理层致力于超越组织边界的基础上，发展良好的质量文化。

5. 客户关注

以客户为中心是通过绩效评估对客户的承诺，包括客户满意度和客户参与设计和反馈流程。产品设计质量受到采购方和供应商之间合作关系的影响。专注于确保质量和建立密切的供应商关系，将关键供应商纳入产品和服务设计的企业能够更好地响应客户关注，获得持续的竞争优势。

6. 流程管理

通过健全的质量管理实践来加强流程管理，例如，统计流程控制、优化流程设计、为员工提供质量和流程培训、以客户为中心的健全产品设计和协作设计流程。最佳供应链质量管理鼓励建立有效的数据收集系统，收集客户反馈和需求，以改善产品和服务设计、流程管理和绩效。可采用的方法如下。

（1）尽早将客户需求转化为产品和服务设计需求，将设计与生产联系起来，并考虑供应商能力。

（2）在跨公司开发新产品期间，通过使用适当的定量工具，将质量转化为产品和服务。

（3）跨公司边界跨职能沟通，缩短新产品开发时间，并利用实践"首次正确设计"。

（4）在供应链成员之间建立信任，以便将客户的需求设计到产品和相关服务中。

（5）把供应商能力纳入设计参数，跨越公司边界将设计和生产联系起来。

三、供应链质量改进的 8D 流程工具

8D 的原名叫作"8 disciplines"，意思是 8 个解决问题的固定步骤，最初是由福特公司针对供应商管理而提出的。8D 方法就是要建立一个体系，让整个团队共享信息，努力达成目标。8D 本身不提供成功解决问题的方法或途径，但它是解决问题的一个很有用的框架。

D0：征兆紧急反应措施。主要用于分析问题是否需要采用 8D 工具解决，如太过琐碎的问题或者无法用 8D 框架解决的问题。

D1：小组成立。将一组来自相关部门的人员集中，共同对问题展开研究，有利于避免个人的知识盲区。

D2：问题说明。需要用可量化的方式描述问题，以事实为基础进行问题的阐述，并按照一定的框架形成问题分析报告。

D3：实施并验证临时措施。在实施永久性纠正措施前，需要在时间、成本等因素的制约下，提出能够阻止问题进一步扩大的临时性补救或解决方案，堵住眼前的漏洞。

D4：确定并验证根本原因。采用统计工具进行数据分析，使用鱼骨图进行故障根本成因分析，对提出的原因进行证实。

D5：选择和验证永久纠正措施。对于已经确认的根本原因制定永久纠正措施，并且确认该措施不会造成其他不良影响。

D6：实施永久纠正措施。实施永久措施，将其纳入企业质量管理文件，并且监控其长期效果。

D7：预防再发生。通过修改仿真、运作模式、程序等以避免此问题或者类似问题再次发生。

D8：小组祝贺。在团队任务完成后，肯定团队成员的贡献，起到激励作用。这有助于进一步强化个人的价值感和对工作的认同感。

四、供应链质量管理案例

一件聚酯纤维材质的衣服、一匹窗帘面料，它们的生产流程跨越了多道供应链环节：聚酯涤纶工厂将石油化工制品加工成涤纶丝（即聚酯纤维）→整经车间将涤纶丝整经加工成盘头→经编纺织企业将涤纶丝编织为坯布面料→染厂将面料染色→后整理厂完成面料的烫金、复合、拉毛、剪毛等加工工序→服装厂制衣，家纺厂制作窗帘、布艺沙发等。

现在很多服装在销售时已经加上了质量追溯的认证：迪卡侬的每件衣服上都有一个小小的芯片记录了加工过程，但普遍仅追溯了一道工序，即服装厂内的加工工序，其更大的作用是优化库存管理，实现智能出入库和库存盘点。

在纺织制造行业有一句话："成品做不好是布匹没做好，染色染不好是织布没织好，织布织不好是整经没整好。"因此，如果要构建跨越整个供应链的质量控制体系，从源头提升产品品质，就需要建立起跨越整经→经编→染色→后整理→服装家纺企业的质量管理体系，甚至向更上游的聚酯涤纶工厂反向发起新品研发诉求。

××供应链有限公司正在建设的跨环节品质管理、行业标准及柔性制造体系正是供应链质量控制体系的产业实践。具体包括技术基础设施和商业激励措施两个维度。

1. 技术基础设施

（1）生产过程数字化系统。开发涵盖整经、经编、染色、后整理等产业链环节的行业定制生产过程执行管理系统（MES）和企业资源管理系统（ERP），将生产过程数字化，建立"一布一码"追溯体系，每一匹布从编织成坯布开始，就拥有自己独立的身份编码，编码绑定了品种、原料、操作工、机台、重量、长度及品质信息，记录了每一个疵点的位置和疵点种类。全流程记录、可追溯。

同时，各道生产环节根据前道工序记录的疵点信息，针对性优化生产工艺，例如在接近纱线断头疵点的地方适当降低机器转速，避免纱线又一次断头而在布面产生破洞。

（2）承载信息的载体。××供应链有限公司针对行业特点，考虑染色环节高温、强碱性环境和后整理环节芯片对封装载体的高要求，提供了两种承载、流转信息的载体形式。

一种是面向一体化涵盖上下游各环节的大型生产集团，通过内部信息系统的接口串联，以软件数字化的形式在各环节间流转每一匹布的身份信息。

另一种是面向各环节外发生的企业联合体，借助特殊封装的芯片以硬件载体承载和流转每一匹布在各环节的生产信息。

2. 商业激励措施

（1）生产企业的直观需求

1）对自己产品的识别机制。纺织－染色－后整理环节中，染色工厂一般是加工型企业，纺织工厂生产的坯布发往染色工厂，染好色后运回纺织企业／下游的后整理企业，以加工费的形式结算。但在结算时常常出现品质异议，如果对染色效果不满意，纺织企业会认为是染色企业的问题，需要染厂赔付，染色企业则表示染不好是因为坯布上本身就有疵点，所以损失应该由纺织企业自行承担。更有甚者由于一家染厂对应很多经编企业，可能不同经编纺织企业同时交付了同一个规格的布去染厂染色，由于染厂自身的问题，有时可能将 A 企业的坯布染色后发到 B 企业，导致布匹质量的变化。

在传统的异议沟通中，由于缺乏识别机制，申诉会变得很困难。基于此，部分经编企业采用了防染笔做标记的方式来避免问题的产生。

而质量控制体系的"一布一码"便很好地解决了这个问题，不仅完成身份识别，更可以精确显示每一匹布的疵点位置、种类信息，与染厂沟通疵品问题时可以快速进行责任划分。

2）区别定价机制。传统的布匹面料交易中，由于疵品分级标准的定义不统一、布匹品质的信息不对称，布匹面料在交易中不同品质的产品难以区分，导致定价区分不大，更多的是盲目的价格战，容易陷入"柠檬市场"。

基于明确记录了产品品质的"一布一码"，真正优秀的产品可以脱颖而出，更可以进一步通过生产过程数字化系统的标准化铺设，梳理行业质量标准，形成区别定价的行业交易机制，激励企业创新与品质提升。

（2）供应链的赋能激励。跨越整个供应链的质量控制体系除了可以满足生产企业直观的需求，从而让企业有动力参与和使用外，也可以进一步推动××供应链有限公司的供应链服务和产业链运营，并通过更深入、更有效、更优惠的供应链服务，激励企业更积极地参与到供应链的质量控制体系中。

1）供应链金融。借助明确记录了产品品质的"一布一码"，提供基于每一匹布实际市场估值存货抵押服务，盘活企业动产价值，实现风控科学、可靠的"以布换丝"。

2）行业质量分级标准。以××供应链有限公司在供应链上的影响力和供应链金融服务中对于抵押物的货值认定，联合行业中的龙头企业，制定标准化布匹品质分级机制，目前已经在经编纺织的坯布领域建立起了一套 5 级质量分级体系。

3）进入品牌溢价市场。传统非标准化、非数字化的生产体系和质量体系，导致中国广大传统纺织产业的企业长期停留在低端市场的恶性竞争中，难以进入高端市场，获得合理的品质生产回报。

在产业链各环节间流转、可溯化的"一布一码"体系，能够解决这个问题。××

供应链有限公司服务的一家纺织工厂通过建立生产可视化、数字化系统和质量追溯体系,成功成为迪卡侬等企业的直接供应商;另一家纺织企业则通过数字工厂和质量管理体系的建设,成为 ×× 家居的沙发面料供应商。

4)反馈式研发。新的服装设计经常会涉及新的面料开发,而面料开发则需要上游纺织、染色、后整理企业联合研发,甚至需要回溯到聚酯涤纶工厂研制出的涤纶丝新规格。同时,在新品开发中,上下游企业需要不断沟通和协同。

生产过程数字化系统上下游接口连通后,可以快速实现跨企业的信息同步,实现线上共同研发,根据各道环节试验的结果快速调整工艺设计。

5)反馈式质量提升。该供应链有限公司为 B 纺织有限公司提供的 MES 系统发现,使用一种原料涤纶丝的机器生产出来的布品质总是很差,便向上游聚酯涤纶工厂进行了反馈,上游对此进行了测试,发现这个规格的涤纶丝有生产缺陷。

聚酯涤纶工厂一方面帮助 B 纺织有限公司解决了产品品质问题,另一方面通过供应链数字协同优化了上游供应商的产品生产,实现了横跨产业链多环节的品质协同。

【总结】本学习单元围绕供应链质量评估与改善的体系问题展开,在供应链总监层面上,需要制定合理的管理体系和方法,分析与判断在供应链中应采取何种方法应对和解决问题。在供应链上出现问题并不可怕,忽视问题并导致问题不断放大才是最大的危机。供应链上的质量管理需要从客户需求端及时采集质量问题,并进行有效的反馈,通过快速迭代以及调整协作形式实现质量的快速提升。

职业模块 ② 计划管理

培训课程 1　供应链协同计划制订
　　学习单元 1　制定供应链协同策略
　　学习单元 2　供应链产销协同方案设计

培训课程 2　销售与运营计划流程管理
　　学习单元 1　S&OP 流程设计
　　学习单元 2　S&OP 实施绩效评估

培训课程 3　战略库存管理
　　学习单元 1　供应链战略库存策略制定
　　学习单元 2　供应链战略库存实施方案设计

供应链计划管理（supply chain planning，SCP）是协调资源以优化供应商向客户交付货物、服务、信息以及平衡供需的前瞻性过程。因此供应链计划从需求出发，对需求进行预测和响应，然后建立相应的库存计划，并且执行库存补货方案。

在本模块中，主要从协同的视角研究了协同策略的制定、销售与运营计划的流程以及战略库存的管理策略。

对于供应链运营管理者，做好供应链计划是保障供应链效率的重要手段。在一个供应链系统中，主要的挑战是如何协调系统的各个组成部分，使供应链以最佳效率完成交付任务。要做到这一点，需要协调好生产资源，规划产品的到货时间、出货时间，确保库存资源、劳动力、设备产能等能够在恰当的时间就位，这一切都需要供应链系统的有效规划。

供应链规划是预测需求和规划供应的过程，在响应需求的前提下，管理销售、生产、采购等不同环节，确保企业中的不同部门都能够在共同的方向上努力。

传统企业更倾向于做好公司内部的生产运营计划，但是由于外部环境所导致的不确定情况在不断发生，如设备故障、意外天气、罢工等都会扰乱生产的正常节奏，从而导致交付延迟。因此寻求有效的供应链计划管理，能够帮助企业更好地应对外部的不确定性。

供应链规划是一个复杂的过程，需要供应链协调不同部门，实现可见性和同步过程，进而改善运营过程，消除交付延迟。

本模块围绕供应链协同计划、S&OP（sales and operation plan）流程管理以及供应链战略库存管理三个方面展开。

培训课程 1
供应链协同计划制订

供应链协同（supply chain collaboration，SCC）是改善供应链绩效的有效方法。当相互依存的实体通过共享资源和信息流，共同努力实现一致目标、带来客户价值最大化的时候，供应链协同的目标就实现了。这需要供应链上各个节点企业能够在"共赢"

思想的引导下，建立利益共享和风险共担的机制。

学习单元 1　制定供应链协同策略

A 汽车公司与 B 钢铁公司的供应链战略协同

　　汽车行业供应链是一个需要上下游紧密协同的领域。汽车行业供应链由整车制造商、原材料及零部件供应商、整车与零部件经销商、物流服务商等环节构成。汽车行业的供应链协同需要以终端市场客户需求为目标，快速响应市场变化，在汽车产品的设计、制造、物流、销售等多个不同环节之间进行协同，实现整个链条价值的提升。

　　汽车新品的开发是一个复杂的系统工程，整车开发离不开零部件的支持。B 钢铁公司作为 A 汽车公司的重要合作伙伴，在产品开发阶段就先行介入，与 A 公司共同开发汽车新品，实现了供应链的协同创新，如图 2-1 所示。

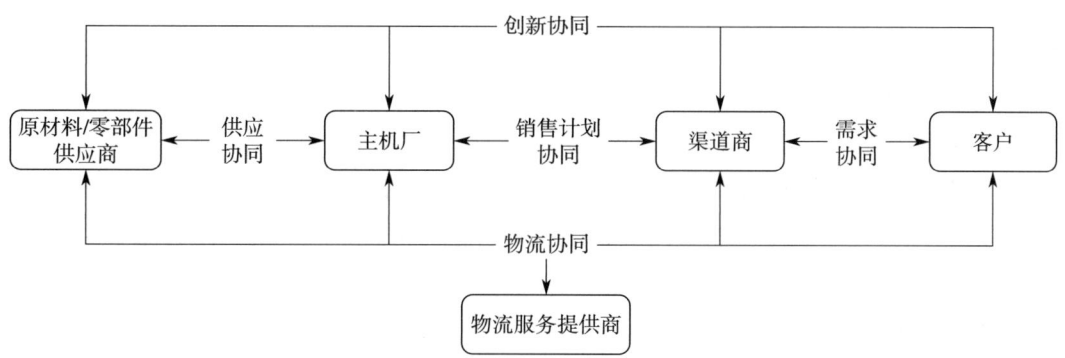

图 2-1　A-B 供应链战略协同模式

　　（1）供应商早期参与。当 A 汽车公司尚在车型开发阶段时，B 钢铁公司科技人员就参与到新车型的设计、制造和选材等工作中，开展了零件冲压成型仿真分析、模具调试用材的合理选择，参与了调模试冲、修模方案分析、工艺参数制定和坯料尺寸设计等工作。帮助用户缩短了新产品的开发时间，降低了新产品开发的风险。

（2）协同产品更新。对于已有的车型，由于市场客户反映自重太大导致成本高、油耗大的缺点，B钢铁公司根据A汽车公司的要求进行价值工程改善活动，用新型轻质板材替代原有部件，达到了降低材料消耗和减轻汽车自重、减少油耗和废气排放的目的。

（3）供应链信息共享。A汽车公司逐步实现与B钢铁公司等供应商之间在技术、标准、数据等方面的信息共享，实施了与供应商之间的电子采购，在概念设计阶段，将各个产品的三维数据通过网络发送给供应商，由供应商设计方案，通过网络直接进行三维数据交换，协同创新。

（4）组建跨组织团队。A汽车公司聘请了B钢铁公司的工程师与本公司的工程师并肩工作，有助于即时交流与协作。

供应商的早期介入，能够协助下游企业更好地进行产品的研发设计，缩短产品的开发周期、降低开发风险，同时也能够更好地降低开发成本，将上下游传统的采购供应关系转变成相互支持的战略合作伙伴关系，形成更有价值的供应链战略联盟。

新知学习

供应链上不仅仅是上下游之间的供货关系，更重要的是实现有效的协同合作。本单元从供应链上的谷仓效应开始研究，提出了供应链协同的思想与管理策略。在实际工作过程中，供应链总监需要从协同为双方共同创造价值的角度出发，通过信息技术的支撑，实现供应链上信息的有效共享，推动协作行为的发生。

在供应链管理中，供应链协同是两家或者两家以上的公司联合规划与执行供应链运营。它可以为合作伙伴带来巨大的利益和优势。供应链上的企业通过有效的协同，能够实现共同的成本降低以及运营绩效的提升。供应链协同分为两种类型：纵向协同和横向协同。纵向协同指供应链中两个或多个不同层级或阶段的组织共享其责任、资源和绩效信息，为相对相似的最终用户提供服务时的协作；而横向协同是供应链中同一层级或阶段的两家或多家公司之间的组织间合作与衔接，以实现共同目标。

供应链协同的形式多样，并且可以在不同层面上展开。

（1）沟通协同。供应链合作伙伴之间在信息沟通上采取频繁、开放、平衡双向、多层级的沟通模式。

（2）执行协同。供应链上合作伙伴以协作方式执行供应链交易的过程。上游供应商和采购方之间依据合约要求在准确的时间交付。在整个订单交付周期内，供应链上交易伙伴需要进行紧密的合作，确保减少供应链合约的延期交付。

（3）合约协同。合约协同是一种协调机制，通过指定合约参数，如数量、价格、质量和截止日期，向其所有成员提供激励措施，使分散的供应链行为与企业内部执行行为接近，建立更为密切的采供关系。

（4）联合决策。供应链上的合作伙伴在供应链规划和运营过程中进行协调决策，以优化供应链整体效益。

（5）知识共创。供应链上合作伙伴之间通过分享信息、计划等，更好地在供应链上理解和应对市场竞争，实现资源、技术、市场等不同层面的优势互补。

（6）资源共享。资源共享是利用供应链上合作伙伴的能力或资产，采用相互投资等形式进行的合作行为。

一、供应链上的谷仓效应

在没有供应链协作的时候，企业之间进行独立的决策，通过买卖关系进行衔接。因此，为了解决单点问题，企业制定了不同的解决方案。

第一阶段是物料需求计划（MRP[①]），计划人员针对独立的需求，通过物料清单（BOM[②]）将其分解为原材料的采购需求。第二阶段是制造资源计划（MRP Ⅱ）阶段，它基于 MRP 并增加了车间生产和跟踪工具。通过先进计划系统（APS[③]）实现了优化和双向的信息传播。第三阶段是企业资源计划（ERP）阶段，弥补了计划过程中的缺陷，将企业内部的资源进行了更高程度的整合。

在每一个系统实施过程中，采取了相对独立的管理与优化系统，这导致了在供应链上信息流与实体流的相对割裂的情况。

在供应链条相对较短的情况下，信息流与实体流相对割裂的情况并不明显。但是随着企业内部部门增多，导致了部门只关注内部的 KPI，表面上看起来各司其职，但是各个环节存在较大的内耗和摩擦，并且随着链条的延长，信息流与实体流相对割裂的情况逐渐拓展至供应链上。

内部供应链尚且如此，外部的供应链更是问题重重。我们常常把这种现象称为"谷仓效应"。好比一个个谷仓，各自拥有独立的货物进出系统，但缺少了谷仓与谷仓之间的沟通和互动。

由于缺少整体视角，在协同决策时，每一方只对自身的考核指标负责，供应链的结构就更像一个"串行链条"，任何一个环节的故障都会沿着供应链不断放大，导致供应链上决策失灵。

由于供应链所涉及的环节众多，所需要的知识、技能与经验都超出了普通专业性岗位的要求。在缺少信息技术支持的时代，做好本职工作，在各自的领域内完成 KPI，

---

① MRP 是 material requirements planning 的缩写。
② BOM 是 bill of material 的缩写。
③ APS 是 advanced planning system 的缩写。

供应链上的专业化人员更多地专注于细分领域,从而导致标准化程度越高,细分越深入,视野越窄。

随着时间的增长和学习曲线效应,供应链人员在进行自己领域的活动时越来越高效和专业,但是给整个公司甚至供应链带来的却可能是更低效的结果,原因很多,其中主要有两点。

(1)缺乏对整个供应链瓶颈的了解从而加剧瓶颈与非瓶颈流程之间的不平衡。

(2)对于其他流程的不理解使得沟通效率和效果大打折扣。

相关链接

供应链协同行为的比较

在甲供应链上的产品生产过程由三个环节(A、B、C)构成,共同完成1件产品。A环节需要耗时2天,B环节需要耗时4天,C环节需要耗时1天。因此,一件产品的生产周期为7天。

在另外一条竞争性的乙供应链上,采取了同样的技术路线进行生产,但是ABC三个环节的耗时都是3天,完成一件产品的生产需要9天时间。

如果同时需要生产10件产品,请问各需要多长时间,为什么?

答案:甲43天,乙36天。供应链上合作的均衡性比时间短更重要。

因此,在供应链的视角下,关注供应链上的任务协同比追逐某一个环节的KPI更为重要。

二、供应链上的牛鞭效应

因为供应链上存在着一个个的"谷仓",各方都在追求自身的安全性最大化,因此,通过储备更多的库存以备不时之需。从管理者的角度看,缺货和库存过剩相比,管理者宁愿选择备有更多的库存策略,而不愿意承担由于缺货所导致的各种风险。缺货会直接将问题显现出来,而过多的库存则更像是一种慢性病,虽然会拖慢企业的运行,但是并不致命。

正是因为这样的心理动机,供应链上各个环节都在通过备有库存的方式组织生产和销售。最终的结果是,虽然终端的需求量是稳定的,但是各个供应链环节上的中间库存也构成了需求,直接导致了供给所面对的是真实需求加上避险需求。避险的因素越高,需求不平衡的风险越大。

其原因如图2-2所示,在理想状态下,供求关系是跷跷板的两端,供求平衡是整个供应链期望的目标。而随着中间渠道的增加，渠道的库存扮演了需求的角色，导致了供应的短缺，因此，上游的供应商必须不断增加供给，以满足下游的需求。这一模式也是不稳定的，渠道库存依然需要以售出为目的，因此，又会扮演供给的角色，对供应商的需求在一段时间内又降低了。中间渠道库存量越大，这个跷跷板的波动性就越大，渠道库存的来回转换导致了供应链上出现了牛鞭效应。

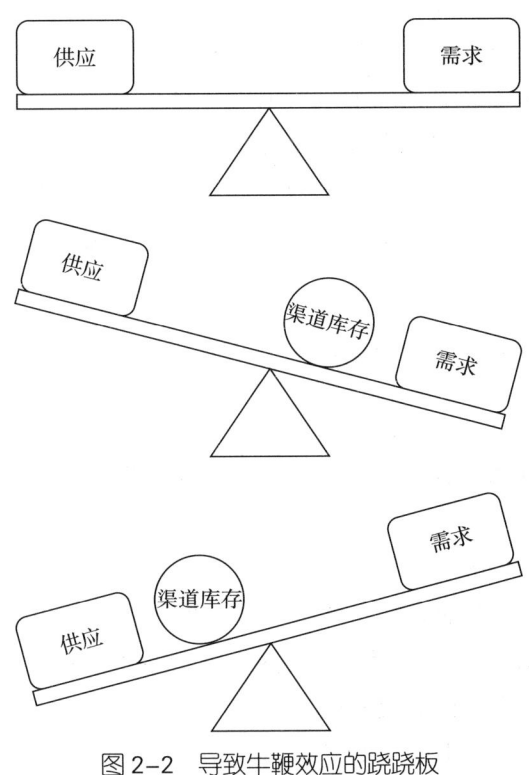

图 2-2　导致牛鞭效应的跷跷板

表面上看，牛鞭效应是由于信息延迟造成的需求放大效应，但是从其实质上看，是供应链环节中各方对市场情况进行独立分析并做出避险策略所导致的累积效应。因此在供应链上更需要通过有效的协同，以共同应对风险的方式来避免牛鞭效应的出现。

三、供应链协同的思想

供应链协同源自合作价值创造思想在供应链上的发展。供应链合作行为通过共同的目标导向建立了各个子任务目标，由各合作伙伴发挥专业化优势实现共同的价值创造。但是仅仅有任务分工还不足以达到协同的要求，还需要在时间、数量、信息决策等方面通过数据、流程、人员的有效协同，获得供应链整体竞争力的提升。

供应链协同管理能够减少供应链各节点的冲突和对抗，更好地进行分工与合作。供应链的协同需要以核心企业为主导，树立共赢的生态链思想，建立利益分配和风险分担机制，通过技术赋能，实现实时化信息传递，优化组织间沟通与协作。

供应链协同的前提是，每一家企业都能够在专业领域内形成核心能力，通过能力之间的互补进行资源整合。供应链模式让企业能够以核心能力之间的协作与交换为核心，形成充分的共生关系，共同创造更大的价值。在反复博弈的过程中，参与供应链协同的各方都需要认识到合作所产生的价值远大于独立扩张时产生的收益，供应链的协同合作才能稳定地保持下去。

任何一家企业，需要在自己的核心领域投入足够的资源要素，通过专业化和规模化不断降低成本、提高收益，同时通过有效的信息沟通与分享，建立跨组织的知识分享。通过打破部门界限，鼓励彼此交流思想，建立起各个层面的知识分享系统，协同合作而彼此学习对提升竞争优势有显著效益。对生物科技产业的研究发现，生物科技厂商的创新技术许多是来自各企业的集体创造，而处于竞争劣势的厂商则无法形成这种学习网络。

四、供应链协同管理的策略

在数字化技术的推动下，企业之间的合作变得越来越紧密，采购方和供应方之间的关系跨越了传统产品流的供应，作为战略性合作伙伴，共同创造具有竞争力的产品或服务。

例如，在手机生产商和应用商店数百万计的开发者所构成的供应链协同中，双方共同创造了软硬件协同的生态环境，硬件生产企业不断推出具有更高性能的手机产品，而软件应用开发者则需要充分利用各种硬件赋予的能力，开发满足特定细分市场需求的应用，共同为客户提供更好的服务产品。

如果没有这种高效的协作，不仅难以有快速的创新，同时大量的资源会消耗在低水平的供应链重复建设与竞争中。

为了实现高水平的供应链协同，需要从如下几个方面着手。

1. 以核心能力为基础的协同

企业倾向于使用合作模式来填补自身的短板，在实践中，最成功的合作模式是基于优势的，而不是弥补劣势。

例如，寻求与销售渠道合作，以提高产品生产预测能力的制造商，自身需要有高效的资源利用能力和数据分析能力，并且组织的结构适应于这种可持续获得下游客户信息资源并做出决策的模式。否则，即便销售数据增长带来了新的销售机会，但制造商受刚性产能制约导致企业无法利用这种销售机会。

因此在供应链协作过程中，如果需要使用协作方的能力，首先需要对整个行业有深入的洞察，了解行业领域内的关键知识，简单地说，就是合作之前必须清楚地知晓应如何做，并找到具备能力的合作者，而不是"因为我不会做，所以寻找他人合作"。

2. 建立符合双赢的利益分享模式

供应链协同能够为合作方带来较为均衡的收益。制造商和零售商通过合作优化产品组合，带来市场销售额的上升，为合作的双方都带来了收益的增长。例如，当生产企业愿意与零售商共同开发产品时，双方通过信息的分享，能够更好地针对市场需求做出有效的响应，提升供应链的整体收益水平。某家不粘锅生产企业长期以来以贴牌方式进行产品出口，挣得代工收益。产品的质量在业界颇有口碑。但是一直以来，企业缺少自有品牌，其产品在国内市场上占有率偏低。某电商平台企业找到这家不粘锅生产企业进行合作，通过平台上不粘锅品类的大数据分析，得出在市场上销量最好的不粘锅尺寸、款式等技术参数信息，并且根据客户人群画像，要求不粘锅生产企业开发出符合国内市场特定需求的新产品，并将价格定在了 99 元。而一般情况下，企业不愿意将产品的价格定得如此低，主要是担心由于定价过低导致产品质量下降以及边际利润下降。而双方在多次协商后，终于达成了一致，生产企业根据需求打造了一款适合国内家庭普遍需求的，售价仅为 99 元的不粘锅，通过电商平台的推广，创造了日销 10 万件的巨大销量，不仅为双方创造了丰厚的市场收益，同时也协助企业拓展了自有品牌，实现了双赢发展。

3. 根据能力、战略目标和价值潜力选择合作伙伴

最大的潜在合作伙伴可能不是最好的合作伙伴。许多公司旨在与最大的供应商或客户合作，因为他们认为最大的价值就是与大公司进行合作。然而，在许多情况下，事实并非如此。

较小的合作伙伴可能更珍惜合作的机会，能够比大型合作伙伴在合作中投入更多时间和精力。

评判双方的合作可以通过三个关键维度展开评估。

第一，与该合作伙伴合作是否有足够的潜在价值值得努力。在未来的合作中，双方都需要确保它能提供足够的回报，证明前期投资是合理的。

第二，合作伙伴是否有足够的共同战略利益来支持合作。在特定地区或细分市场优先增长的零售商将与在同一领域拥有强大产品的制造商合作中获得更多收益。

第三，合作伙伴是否拥有正确的基础设施和流程，为合作提供基础。如果一个合作伙伴现有的规划流程、系统或绩效不足，合作改进预测和需求规划可能会令人沮丧。

4. 双方有效的专用性资源投入

缺乏专用资源是合作努力失败的原因之一，公司经常低估使协作发挥作用所需的资源。

在最佳实践中，公司为合作投入了额外资源，特别是在新关系的早期阶段。成功合作取决于组织高层，由高层管理者组成的决策机构可以为合作努力设定明确的愿景，并分配资源来支持它。

然后，由协作双方所有相关职能成员组成的团队完成协作计划的详细设计。例如，需求规划团队应包括来自制造商的销售、财务和供应链的成员，以及来自零售商的采购、商品和销售终端运营的成员。一旦工作启动并运行，该团队还将负责日常监测工作。

有效的资源投入为合作方带来了"沉没成本"，而这是保障双方能够有效致力于合作达成的重要途径，因此需要确保合作的各方都能有相应的资源投入，否则在合作过程中资源投入过高的一方将处于不利的地位。

5. 建立稳健、联合绩效管理制度

有效的绩效管理系统有助于公司确保任何长期项目走上正轨，并交付应有的结果。在供应链协作中，参与方都应使用相同的绩效管理系统。通过建立共同的指标和目标，联合监测项目进展，确保项目能够按照预期的目标发展。

然而，选择恰当的指标可能具有挑战性，并且不可避免地涉及不同指标之间的权衡。例如，在降低物流成本的合作中，合作伙伴需要权衡是为提高车辆满载率而放弃使用托盘，还是带托盘装载以提高装卸搬运效率。这需要双方对某一问题能够达成一致性意见。例如，具备了托盘的周转流通途径后，带托运输能够为双方降低时间和操作成本。

6. 长期合作

成功合作的最后一个重要因素是坚持。克服初始障碍并使新的协作发挥作用可能需要较长时间和较多精力的投入。双方需要认识到这一点，并在合作的目标和期望中建立适当的长期视角。

这意味着包括建立长期的绩效指标，以及进行一些联合的长期规划，以便合作伙伴能够彼此了解对方的长期目标，形成长期合作的路线图。这种规划有助于公司打破短期项目心态，而这种心态可能会导致合作过程中产生各种投机性。

当公司从长远角度看时，他们的合作努力可能会成为一个良性循环：更好地了解彼此的能力、知识和成本，并揭示出新的潜在价值来源；而密切合作的经验意味着，与短期合作相比，长期的合作模式能够带来更低的合作成本以及更高的合作效率。

五、供应链协同案例

天时地利，如何促进人和
——Z 公司石油铁工油品销售的供应商选择难题

1. 公司介绍

Z 公司成立于 2013 年，是 A 集团公司与 B 集团公司通过战略合作方式成立的合资公司，注册资金 1 亿元人民币，现有员工 54 人。公司设立的初衷是充分依托 A 集

团公司资源、销售、配送网络优势，为 B 集团公司国内外项目提供油、卡、非、润全产业链稳定的供应服务。目前，公司业务覆盖国内近 200 个地区，服务于 B 集团公司各子集团的 2000 余个国内项目以及部分海外项目，产品涵盖成品油、沥青、润滑油、重油、改性剂等主要石化产品，加油卡、非油和 B 集团公司投资建设的服务区加油站也纳入了集采范畴。

2. 公司业务模式（见图 2-3）

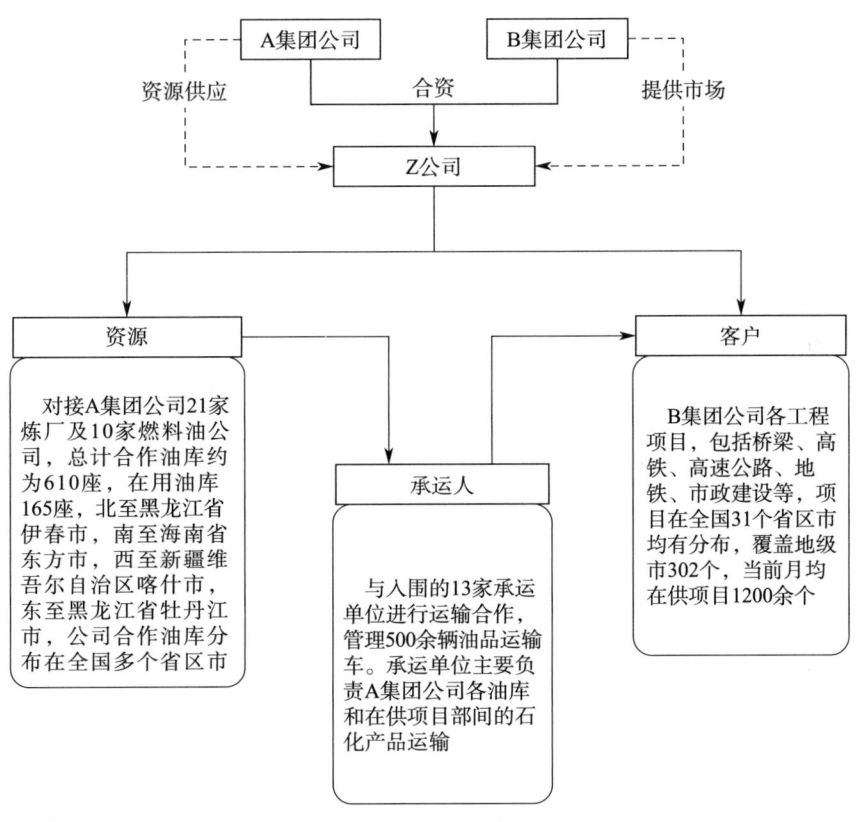

图 2-3　公司业务模式

3. 业务主要流程

公司计划调运部负责石化产品的调度工作，主要工作内容包括用油计划收集、计划提报、过程控制、库存管理及承运商考核。

在项目交接前期，项目用油地点及最优油库选择已录入数据平台。

用油计划收集：各项目部以表格、邮件、短信等方式，将用油计划及时间等信息提前 1~3 天进行报告。

计划提报：公司通常会提前 1 个月向 A 集团公司各销售公司提报下月用油计划，在价格特殊时期采用锁量锁价方式来降低销售成本。在项目部提出用油计划的当日在系统中做出销售数据并传至承运商处，由承运商安排油罐车负责具体运输工作。

过程控制：利用公司智慧物流系统控制油罐车行驶路径和罐内油量变化。

库存管理：对油品库存进行动态监控管理。

承运商考核：根据主要的指标考核承运商的运输绩效。

4. 计划调度部门的困惑

公司所服务的对象覆盖全国不同的区域，不同地区项目在用量、频次、配送需求、配送路程、配送难度等方面具有明显差异性。有的项目柴油用量大、需二次配送、有自身中转罐、配送地在城市或平原乡村，配供过程会产生不错的利润；有的项目用量少、无二次配送需求，并且配送地与油库距离远、山路崎岖连绵，承担这种配送项目几乎就是亏损。而公司是以战略集采保供为目标的合资企业，各项目部都具有保供义务，故运输成本和企业盈利、保供任务和承运商管理间矛盾凸显。

同时，若每一个新交接的项目均需要选择承运商，则工作量是巨大的，不利于油库信息对接，更不便于区域化统筹管控。

在选择承运人时，各家都愿意选择那些"肉多"的项目，而对于看不到利润的项目，承运人都有着万般的不情愿，原计划通过招投标方式进行供应商选择的思路也失去了抓手。

在这种情况下，该如何设计供应链协同方案，满足保障供应、实现利润、强化合作三个目标呢？请讨论后给出方案建议。

5. 公司的做法

为平衡协调各家承运商利益、降低供应运营成本、简化现场管理，公司采取了区域负责制和评分选商制相结合的方式解决供应困难。

对于项目较为集中的省区市（如以广东省为典型的东南沿海及华北地区，省内项目大于 50 个），适宜采用区域配送的方式。无论项目大小、是否亏损，皆由 1~2 家承运商承包。此模式既能解决省内部分配送亏损项目的供应问题，又能形成规模效应，降低配供成本，方便现场人员车辆的管理。

对于多数中西部省区市（如西藏、云南、贵州等），由于地形条件复杂，部分项目环境条件恶劣，多为大型工程项目，单次用量巨大，虽然运输距离长、成本高，但依然可产生配送利润，并且数据简单、易于管理，但容易产生突发情况。如贵州省某桥梁工程项目，每月只需配供 3~4 次，单次运输近 200 t 柴油，运程 600 km，对于承运商而言能够获得运输收益。但在洪水季节，山区道路常被滑坡、洪水、泥石流冲毁，则需绕路或更换油库提油，公司曾在运距 1400 km 的情况下坚持亏损保供。对于此类工程，宜采取考核评分制选择供应商模式。由各承运商投递申请书（类似标书），公司根据选商办法进行评价打分，选出最合适的供应商。这样一来既可以保持适当竞争，又能解决亏损项目难以找到承运商的问题。

6. 该方案的问题与不足

（1）由于区域性委托承运商，需要面临较大的配供风险，并且容易产生服务质量问题。

（2）较难把控配供过程和中间环节，需要人员出差、抽查等，付出较大人力物力成本。

（3）在重点省区市过于依赖个别承运商，一旦出现合作诚信问题或清退等情况，则会影响当地业务正常开展，也难以在短时间内迅速调整合作关系，实现保供。

（4）项目一线人员复杂，普遍工作条件较差，个别信息会经由承运商反馈至公司，容易产生库存管理、资金清收、服务质量和腐败等问题。

7. 下一步的计划

为开展更加有效的供应链管理，建立石化产品供应链健康生态，在保有核心业务的基础上优化服务及服务成本，供应链延伸业务是针对公司供应链结构扁平化和单一化的有效手段，其中就包含质量检测及物流业务。

（1）质量检测业务。石化产品销售是核心业务。公司业务遍布全国各省区市，运输和配送环节流程多、过程情况复杂，难以避免产品质量问题和销售端质量争议的发生。委派第三方机构进行质量检验既不能从根本上避免质量问题的出现，又无法在第一时间为客户解决问题，因而建立质量管理制度和检测业务是突破瓶颈的有效手段。通过建立中心化验室和地区化验室，或与成熟石化产品化验室建立战略合作关系，配备专职检验员，构建专业石化产品质量管理制度体系，负责销售产品的质量检查等方式，配合公司进行督查抽查并负责处理质量事故、纠纷，提供技术支持。

（2）物流业务。国家在"十四五"规划中明确提出要健全"现代流通体系"，销售行业降低物流成本是提升经济效益和服务质量的重要内容。B集团公司各项目具有物流线相对固定、区域化特征明显、双向信息反馈稳定等特点，公司能够充分利用多种优势建立石化产品物流业务，并在此基础上搭建物流运作平台，并向整体供应链相关环节整合延伸，推动信息化技术应用。通过战略合作或独立搭建物流业务平台，实现石化产品智能分配、运输、配送和逆向物流，通过云计算和大数据协同，建立安全可靠、可视可控的石化产品物流网，降低配送成本，提升服务质量，减少系统风险，最终实现建立战略集采供应的智慧物流系统。

学习单元 2　供应链产销协同方案设计

　　某手机企业在发展过程中发现，随着大量新技术的出现，手机市场的竞争越来越激烈，除了在技术层面需要不断强化自身实力外，还需要不断提升供应链管理体系，实现更好的产销协同方案，应对复杂多变的市场竞争，为实现战略目标奠定基础。

　　当前的问题在于：在需求端该企业缺少与前端市场需求及时对接的通道，销售渠道无法参与需求计划管理，缺少完善的计划管理闭环，因此需求预测准确率偏低，无法较好地指导生产计划排程及物料备货；在供应端，由于缺少良好的产销协同，企业后端整体交付水平较弱，产销协同计划达成率低，难以满足市场的需求。此外，各职能部门各司其职，缺少整体计划的运作视角，缺少对需求管理、计划管理、物料管理等重要业务过程的评价指标，这也是企业在运营管理中存在的问题。

　　公司针对上述问题，提出了从需求计划、产销协同、供应协同三个方面进行优化，提升供应链的运营水平。

1. 需求计划

通过梳理需求计划制订流程及规则，优化需求预测方法，新增计划的 KPI。

2. 产销协同

确定各级计划委员会开会方式及产销协同及计划锁定规则；梳理产销协同的强相关 KPI 及权责；引入 DOS（days of supply 的缩写，即库存天数）计划运作方式和流程。

3. 供应协同

优化备货流程以及供应能力评估流程，新增弹性备货机制。

　　新的产销协同运营体系通过强化跨部门协同提升了需求计划准确率，保障物料准时供应，同时与外部客户和供应商建立协同，从而使公司整体的运营效率与收益大幅上升。通过改用 DOS 管控机制，全面优化了计划制订的流程。对比项目前后，库存周转时间减少了 4 天，需求预测准确率提升了 8%。此外，销售计划满足率提升了 8%，关键物料交货达成率提升了 10%。新产销协同体系为公司节约了 3 亿~4 亿元的运营成本，取得了良好的绩效。

新知学习

本单元针对供应链产销协同方案展开,主要描述了产销协同出现的原因,产销协同的定义与作用,并且针对成功实施产销协同方案提出了三个方面的指导意见。

一、供应链产销协同出现的原因

1. 需求和销售信息缺乏

企业在决策时无法及时响应市场的变化,从而错失良机。

2. 供应和产能信息缺乏

很多企业早期的发展模式是以获取订单为主要目的的,但是忽略了自身的产能约束,导致企业接下了订单后,难以按时足量交货,导致利润水平下降。

3. 新品开发缺少生产支持

当生产任务很重,产能趋于饱和的时候,新品研发很难被安排进去。结果导致新品项目开发进度延迟,未能响应市场变化的需求。

4. 年度财务目标是否达成

企业绩效的重要指标来自财务数据,需要通过定期回顾来评估财务目标的达成情况。

5. 库存水平控制

较高库存水平是企业内外部多种因素叠加所致,它导致了企业周转率的下降并侵蚀了企业的利润水平。高库存往往代表了企业不当的风险管理策略。

6. 管理层缺少决策信息支持

企业的决策者需要在掌握企业完整的、动态的经营数据基础上,才能够进行准确的判断,做出符合实际的决策。

7. 跨部门之间缺少有效的沟通

企业发展到一定规模,各个职能部门之间的责任都会比较明确,设立各自的KPI,接下来就可能陷入局部最优的陷阱,出现沟通障碍。

在上述问题的困扰下,企业必须采用一套完整的流程,将所有的计划通盘考虑,包括销售、市场、新品开发、生产、采购、供应链、财务,达到需求和供应的平衡,因此,S&OP应运而生。它能够帮助企业建立从长期以年为单位的计划到周执行计划。

二、供应链产销协同的定义

供应链产销协同,多被称为销售与运营计划。中国企业的叫法也不一,钢铁企业多称"早调会""生产调度会",有些企业叫"经营计划与分析会""订单落地会"。

产销协同是企业围绕自身发展战略,以市场竞争力提升为目标,整合协同需求预测、产品开发、采购供应、生产制造、物流配送、市场销售、质量、服务等企业端到端全流程各节点,协同内外部资源最大化产出的业务模式。

产销协同通过企业内部不同部门的协同,与供应链上下游进行有效协调,以市场需求为驱动,在满足需求的条件下,降低供应链库存、缩短交付周期、稳定生产、实现供应链收益最大化。

产销协同体系可以促使战略、财务、营销、产品开发、市场、销售、采购、物流、生产制造等部门达成一致性合作关系。产销协同是一个跨职能的、聚焦改善业务绩效的协同流程,同时还是一个具有正式结构的组织内业务规格。

产销协同会议本质不是会议的形式,而是要通过该会议充分暴露出各个流程节点之间在计划上的不一致性,并通过组织内一体化的运营协调实现统一的目标。

产销协同包含以下几个方面的过程。

(1)自上而下企业战略经营目标转化为具体销售指标的层层分解的过程。

(2)自下而上销售预测和销售订单层层上报转化成销售计划的过程(滚动预测)。

(3)在库、产能、采购以及新品上市和老品退市等对销售订单的资源匹配过程(产销对接、资源平衡)。

(4)通过产销计划对接和整体资源平衡,在最大限度满足客户需求的前提下实现均衡生产的过程(均衡生产)。

(5)对销售订单、对产能、对库存和采购、对产品上市和退市进行动态的成本效益分析的过程(财务盈利性分析)。

(6)围绕市场竞争力目标,企业内部跨部门协作,在更高状态下是与供应商、渠道、客户充分和及时协同的过程(组织协同)。

(7)协同后的计划进入供应链执行的过程,是供应链每天做实际情况检查,并依据市场变化做及时调整的过程(产销协同监控)。

产销协同计划主要由需求计划(demand plan)、供给计划(supply plan)和财务计划(financial plan)三大计划构成。本质上,产销协同是企业高效分配资源以获得市场相对竞争优势的运营活动,是企业战略落地的根本保障活动。

三、产销协同的作用

有效的产销协同能够为供应链带来的优势包括:(1)更好的部门间沟通;(2)改进预测准确性;(3)提高订单完成率;(4)提高计划产出率;(5)减少库存;(6)提高企业的敏捷性。

S&OP 是企业高层管理者对于业务的掌控,它为销售、市场、生产、财务之间提供了可视化管理与沟通的途径。

如果销售和市场希望增加库存,而高层管理者却认为没有足够的资金,那么运作计划就需要进行协同设计。经权衡而确定的这些关键决策与传统的预算控制相比,通过各方的高效协同,能够更为高效地实现组织各个部门之间的协作,使企业整体利益最大化。

在 S&OP 下,制造的任务就是实现计划。这能够消除关于成品库存"所有权"的争论。如果完成了计划,但发现实际的库存水平与计划的库存水平不一致,则可以确定不是制造的问题。要么是销售与营销的问题(产品没有按照计划销售),要么是需求管理中产品组合管理的问题(具体产品的预测错误)。

运作计划还为日常的、艰难权衡的决策提供了基础。如果销售与市场对某些产品的需求更多,必然面临这样的问题:"你希望减少哪些产品生产?"如果在产能没有变化的情况下,由于额外增加生产而没有减少其他产品的生产,会扰乱原来已经达成一致的运作计划。如果不制订一个新的、扩展的运作计划,那么制造、销售以及市场就会为完成各自的任务(通过主生产计划)而争夺稀缺资源的分配。

如果运作计划的需要超出了 S&OP 目前的需求,就需要做出具体的决策,以决定哪种产品应进入库存,通过调配人员、生产能力和物料等来完成企业的目标。问题是如何采用优化方法把这些资源转化成特定的产成品。

S&OP 的主要作用是使企业经营中的不同职能得到更好的整合。只有不同职能部门的高层达成一致,S&OP 才能转化为与高层计划相一致的具体计划。其结果就是一组共同的目标、沟通得以改善以及系统更加透明。

如果没有 S&OP,可能的情况是这样的:在一定程度上任务似乎完成了,事实上的确完成了,然而却付出了更高的代价。这一代价包括了组织管理的浪费、超量的库存、低下的客户服务水平、过剩的产能、较长的提前期、混乱的运作,还有对新市场机会缺乏响应,这就是现实中非正式决策的后果。

在缺乏指导性策略的情况下,普通员工做出的具体决策只能是"应对性的",其结果将导致年度预算与具体执行计划不一致,同时交付时间也可能不一致。在市场端的需求和生产制造端出现了错配时,二者的行动方向就从"计划性的"转入"预期性的",并且通过更多的安全储备来应对供应链上的危机,这样就人为导致了牛鞭效应的出现。

不难看出,许多企业都有这些问题。这些损失往往并不会直接在会计报表中反映出来,但是它们影响了企业的利润水平。越来越多的企业发现,组织良好的月度 S&OP 会议,可以使不同职能部门协调地运作,并能更好地响应市场,这一结果就是企业动态的总体计划,它随着需求而变化,并且能够培育各个职能部门间的相互适应性。

四、产销协同流程的成功要素

1. 持续开展的例行 S&OP 会议

S&OP 流程的一个关键要素是定期召开例行会议。在不同行业,产销协同会议召开的频率有较大差异。对于具有高度计划性、稳定性较强的行业,通常以年或者季度的方式召开,如煤电行业供需协调会,主要是上游煤炭生产、物流、下游火电行业在能源供需方面进行协调计划。对于市场相对稳定、竞争性较强的行业,如汽车制造与销售,通常按季度或者月度召开 S&OP 会议;而对于快消品行业,S&OP 会议的周期则以周为单位。

2. 能够进行以大数据为基础的数据可视化分析

成功的 S&OP 依赖高水平的信息可视化。虽然在各个环节都有数据的收集,但是由于信息系统的不同步,导致每一方进行决策所依赖的数据需要实现同步,并且以可视化的方法呈现给企业的不同相关群体,使各方都能够基于统一的认知进行决策,供应链的数字化水平持续提升,为供应链上的信息协同提供了必要的支持。

3. 端到端的需求协作、集成与同步

S&OP 是一个计划协同的过程,需要使用到大量的计划分析软件,选择合适的系统,能够促进供应链的端到端同步,而如果仅仅使用 Excel 进行计划分析,则不可避免地会由于系统功能的匮乏而无法适应高速变化的环境。在传统变化性不强的环境下,各个部门具有自身的经验和较为稳定的市场需求,S&OP 的计划往往并不重要,而当下的环境具有更强的波动性,需要各个部门能够密切协作,共同响应需求变化,才不至于丧失市场机会。

五、供应链产销协同案例

在一次产销协同会议上,快消品公司的供应链王经理对当前企业的供应链状况很是不满。

几个月前,为了应对即将到来的销售旺季,王经理请工厂提供了未来的产能利用率预估,给出每条产线预计的富余量和缺口量。同时也请销售运营给出了实际销量、同期销量、年度目标之间的对比。万事俱备之后,他邀请了销售部、市场部、生产部负责人,坐进了会议室。

销售部总监表示,今年给了渠道足够的激励政策,各代理商去年的任务达成情况要好于预期,目前市场上该品类的产品还处于稀缺状态,因此对市场的预估是需要在去年销量的基础上再上涨 30%。

工厂经理听到这个数据后说,按照当前的工厂产能,要想支持这一销量,必须增加新的员工,问题是,能保证达到这个销量水平吗?

公司的决策层认为，销售部的预测还是具有一定现实依据的，而在当前快消品类竞争日趋激烈的环境下，有机会没抓住，就会导致一步落后、步步落后，因此，要求销售必须确保销量达成，而生产部门也必须提供充足的产能保障。

而销售旺季到来时，公司却发现，市场部的预测数据和现实存在较大的偏差，而每个部门都在为自己部门找理由，总而言之，目标达成率不足都是其他部门未能配合的责任，S&OP 会议变成了批斗大会。

生产部门指责销售部门，不停地发急单和插单，对生产计划的执行造成了巨大的破坏。而销售部门也是一肚子苦水，市场的事情无法准确预知，客户撤单是常有的事情，而对于具有良好合作关系的客户，能够柔性化满足客户的需求是维护客户关系的重要手段。

部门之间利益目标的不一致性导致 S&OP 会议常常不欢而散，供应链王经理对这件事情也伤透了脑筋。

究竟应该怎样才能让 S&OP 会议真正变成公司协同作战的武器呢？请你谈谈观点和看法。

【总结】本学习单元主要针对供应链产销协同问题进行阐述。有效的产销协同能够为组织的供应链运营创造更好的一致性，使各个部门的利益目标能够统一到组织目标上来。供应链产销协同作为组织中的一项正式活动被固化下来的好处在于，使各个相关部门都能够认识到本部门在组织供应链运营中的价值。当然，从目前来看，多数企业的产销协同方案依然采用了基于 Excel 的分析，在协同的形式上还无法更好地响应当前的需求，需要从组织形式到技术层面进一步更新。

培训课程 2 销售与运营计划流程管理

学习单元 1 S&OP 流程设计

情景描述

在不少企业中,内部各个部门之间存在着大大小小的矛盾,特别是销售和生产部门,由于各自的 KPI 不同,销售部门希望能够更多地接到订单,对于客户的需求也往往是有求必应的。而对于生产部门,刚刚做好的生产计划,经常被各种紧急插单打断,在生产的淡旺季节订单量反差明显,产线利用极不均衡,员工流动性大,成本往往居高不下。公司组织的内部部门会议常常变成相互指责、甩锅的会议。作为供应链运营部门,该如何面对企业内部的各种矛盾呢?

新知学习

本单元从 S&OP 的流程开始阐述,对 S&OP 的核心逻辑以及各个相关部门的职责进行了描述。同时,对 S&OP 会议成功举行的因素进行了分析,最后结合国内某企业的 S&OP 案例进行了分析。

一、S&OP 的流程

S&OP 的制定包括为各个产品族的销售计划、运作计划和库存/备货的变更做出相应的决策,这些决策是基于近期的历史数据、预测,以及中层管理者的建议和高层管理者对于经营情况的把握做出的。S&OP 的实施流程如图 2-4 所示。

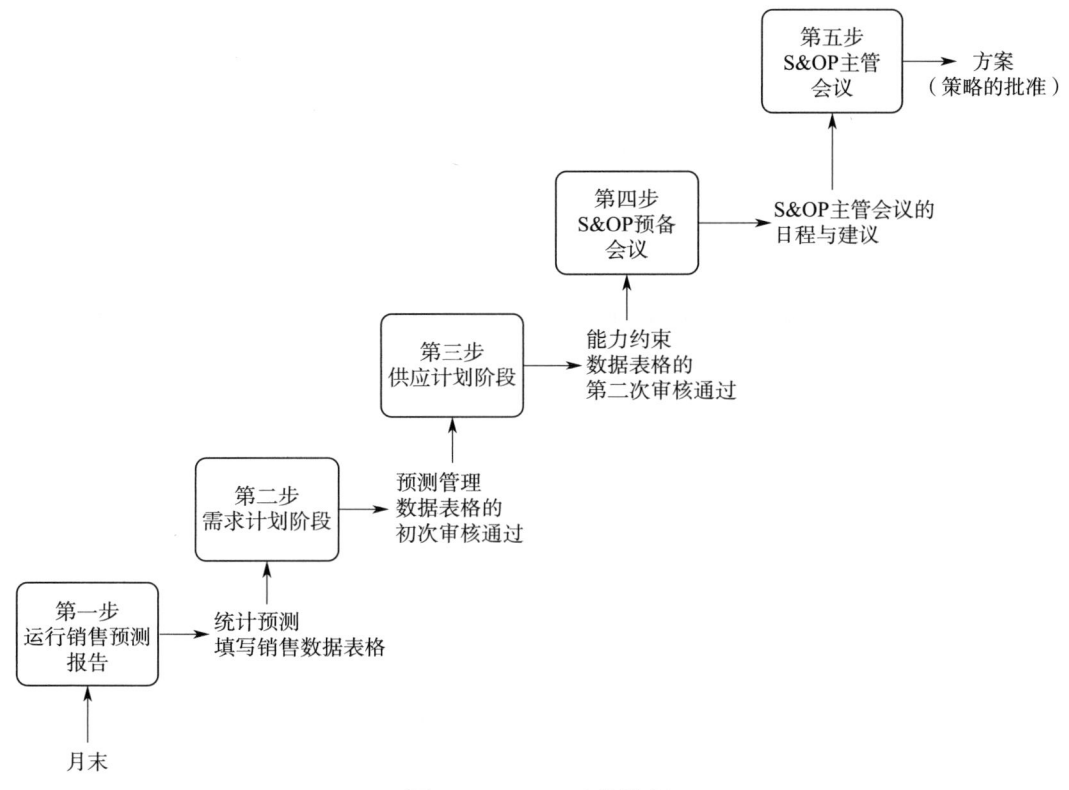

图 2-4　S&OP 实施流程

（1）更新销售预测。

（2）评估各种变化对运作计划造成的影响，并决定是否有足够的生产能力和物料来支持这些变化。

（3）对解决现存问题的备选方案进行识别。

（4）为高层管理者汇总和提供一致的总体计划的变更，并识别无法达成一致的异议。

（5）在 S&OP 主管会议前，与高层管理者就此信息进行沟通，并留出足够的时间让高层管理者来评估。

如果相应的人员在当月已完成了上述工作，就意味着每月只需要举行一次高效率的两小时 S&OP 主管会议，就能够针对 S&OP 的变更做出合适的决策。

以下五个步骤构成了制订月计划的基础。

1. 运行销售预测报告

这一环节始于月末，它涉及信息系统部门数据文件的更新，也就是用截止到当月的最新数据来更新。这些数据涉及实际销售、生产、库存等方面。将这些信息传递给有关人员,并以此作为销售和市场人员制定销售分析报告和对销售预测做出调整的基础。

2. 需求计划阶段

销售和市场部门将对上一步骤所产生的关于产品的新信息进行评估和讨论,其目的是进行未来 12 个月或者更长时间内新的管理预测。例如,如果是消费型产品,那么在修改销售预测时应考虑价格的变化、竞争行为和经济条件,还有当地销售量等因素。此阶段的任务是:如果必要,则可推翻原来的统计预测,让市场和销售的高级管理人员直接介入。在考虑新的预测时,还必须考虑以往月份的实际销售、产量和库存数据。一旦销售和市场部门批准了新的预测,就可以将之用于最近这个月的运作计划。工作完成后,运作人员就更容易理解运作计划哪里需要修改以及是否可行,从而对预测数据做出必要的修改,并制订出新的运作计划。

3. 供应(能力)计划阶段

这就是能力计划(资源计划)环节。新制订的各产品大类的运作计划必须与销售预测的变动进行比较,同时也要与库存或客户订单积压程度的变化相比较。如果需求大大超过供给能力,而目前企业或供应商的能力无法满足需求,那么就有必要对运作计划做出相应的修改,如果需要修改计划,则需要高层管理者的授权。这些问题将带到 S&OP 预备会议中加以讨论。

4. S&OP 预备会议

本会议的参会人员来自各经营部门,其目的是:(1)供需平衡的决策;(2)解决建议中存在的不一致问题;(3)识别在 S&OP 预备会议上不能解决的问题,需要将此问题提交主管会议进行讨论;(4)制定备选方案;(5)把 S&OP 主管会议列入日程。会议内容包括:各产品大类计划的评估、经营财务计划的更新、各产品大类的建议计划、资源需求变更的建议,以及 S&OP 主管会议上讨论的备选方案建议等。

5. S&OP 主管会议

S&OP 主管会议是每月一次的总结会议,会议人员包括经营中的高级主管。其目的是:(1)为每个产品族的 S&OP 作决策;(2)确定生产与采购变更的费用支出;(3)将产品大类以货币形式表示的 S&OP 与总体经营计划相协调;(4)解决在 S&OP 预备会议中不能达成一致的问题;(5)评估客户服务水平和经营业绩。

若情况发生变化,就需要重新制订计划,这是日常的 S&OP 需要遵循的基本原则。如果来自需求管理的信息表明,预测和实际需求间的差异超出了合理的误差临界水平,就需要重新制订计划。同样,如果制造部门的情况发生了变化,出现一个新的市场机遇,或者是资本市场的转移,也需要重新制订计划。

因为计划过程的目的是使各职能计划达成一致,所以建立一种能够支持计划的机制是十分重要的。显然,这里最基本的一个环节就是要让高级主管参与到这一过程中。

这不仅仅是要使计划合法化,还要让那些能够解决问题的人员都参与到这一权衡过程之中。有些企业采取的第二个环节是在职能部门间签署达成一致的虚拟合同。合同是为强调各职能对于计划完成的重要性,而不是回归非正式的操作。

相关链接

某企业S&OP阶段泳道图如图2-5所示。

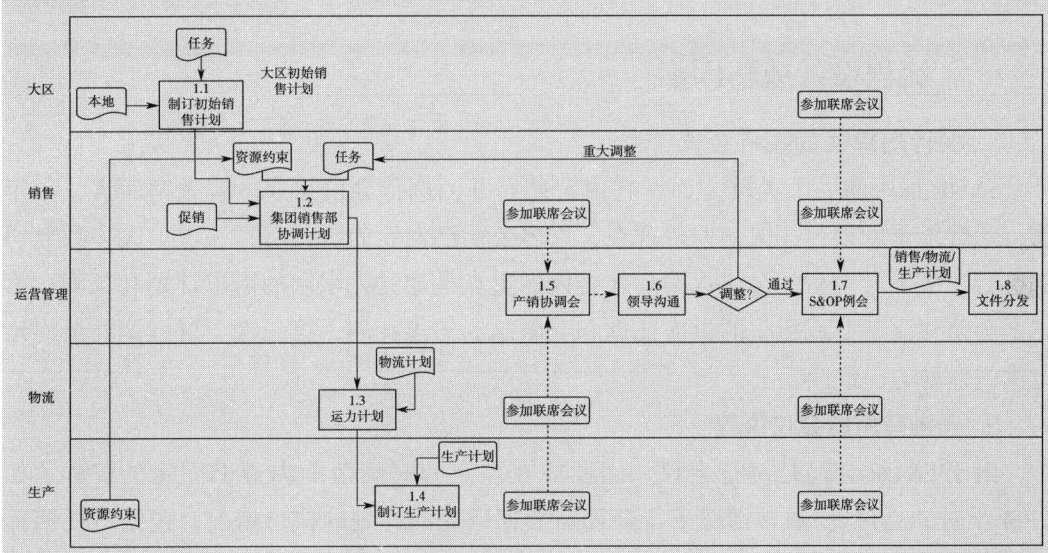

图2-5 某企业S&OP阶段泳道图

S&OP的关键时间点与议程如下。

1. 关键时间点

9月18日完成大区汇总销售计划。

9月21日完成销售部汇总、协调销售计划(20日前)。物流部:关键运力计划,生产部:产能计划。

9月25日召开S&OP例会,协调销售计划,平衡关键资源;形成确定的销售计划,制订物流计划及生产计划。

9月28日召开S&OP联席会议,由市场/总经理/财务/大区/物流生产部门出席,确定批准最终的S&OP。

2. 各阶段活动

(1)制订初始销售计划。

(2)制订集团销售协调计划。

（3）制订运力计划。
（4）制订生产计划。
（5）召开产销协调会。
（6）领导沟通及调整。
（7）召开 S&OP 例会。
（8）分发文件。

二、流程设计成功因素

1. 例行的持续 S&OP 会议

S&OP 程序的一个关键方面是它由定期召开的例行会议组成。就频率而言，十年前，通常每季度举行一次，但是现在，许多公司已发展为每月召开一次。大多数公司都进行三次不同类型的会议：第一次会议的重点是建立无限制的需求计划和预测；第二次会议建立起草或粗略的供应计划和受限制的需求计划；第三次会议微调并最终确定供需计划的一致性。

2. 安排有序的会议议程

由于 S&OP 会议是例行会议，因此应在预定的时间范围内遵循固定的议程（如 2~4 小时的会议）。通常情况下，会议需要回顾先前计划的执行情况，包括对任何计划差异进行原因分析。会议最终需要进行讨论，以使市场和销售的需求方计划与运营和供应链管理的供应方计划保持一致。最后，在每次会议结束时都需要建立关闭机制，以便在公司范围内及时发布和分发计划，这有助于营造一个统一的计划环境。

3. 开展前期筹备工作以支持会议信息输入

标准基线需求预测和粗能力计划（rough-cut capacity planning，简称 RCCP）与供应计划需要纳入 S&OP 会议。这些需要在会议之前进行汇总、综合。基线需求预测应不受限制，并应包括可能影响未来需求的所有已知因素，包括新产品的推出和促销。此外，粗能力计划应包括对未来的所有已知影响，包括有关营销和销售活动的详细信息，以及供应能力和限制——例如稀缺的库存和未来工厂的关闭。因此，在 S&OP 会议之前，需要完成许多作业，且不应低估其对流程的重要性。

4. 跨职能参与

顾名思义，S&OP 流程必须是一个跨职能流程，涉及销售、客户服务和市场营销等代表需求方的经理人员以及制造、物流、采购和供应链的供应方经理人员。此外，财务人员的参与能帮助将已制订的运营计划与公司的财务目标相结合。但是，仅多部门人员出席和参加会议还不足以使 S&OP 流程成功。会议期间还需要每个成员都积极参与，发挥自己的作用。所有成员都需要最大程度地表达其职能领域的观点，并给予例行出席会议较高的优先级。

5. 参与会议者有权做出决定

S&OP 流程的参与者必须对运营计划和预测做出决策。虽然可以通过仅召开高级经理参加的会议来完成此任务，但是大多数公司高层主管都授权其主管级员工，代表其部门参加会议并做出高层主管支持的决策。为了避免陷入 S&OP 流程的僵局，会议需要达成相应的目标，参会人员必须有权或者得到授权。

6. 一个公正、负责任的组织来运行程序

S&OP 应成为可重复的过程，为确保该过程按计划运行，需要通过组织会议、安排议程、主持会议以及确保会议前和会议后工作及时进行的方式执行章程。S&OP 流程的负责人通常不是高层主管，因为他可能会通过要求参会人接受其观点来主导会议，而不是争取达成共识。应设立一个公正、负责任的组织来运行程序。

7. 内部协作过程达成共识

为了确保供需计划顺利执行并从所有利益相关者处获得支持，需要一个基于共识计划的协作流程。这意味着每个利益相关者都能够快速创建、审查和修改计划。为此，需要建立一个流程，使所有成员可以轻松地在平等的基础上对正在进行的计划提供反馈。

8. 建立基准预测以启动该过程

基准需求预测在 S&OP 流程中很重要，因为它是最终供需计划工作草稿的主要组成部分。因此，它应该是无偏见、不受约束的，并将所有已知的影响纳入未来需求。为了使它百分之百基于事实，最常使用统计预测法来进行基准预测。

9. 制订联合供需计划以确保平衡

大多数 S&OP 流程失败的原因在于，组织倾向于制定更为稳定的市场和销售计划。在这种情况下，S&OP 流程主要需要根据市场和销售计划来制订满足需求预测的供应计划，出于增加销售的动机，企业在 S&OP 会议上很少对市场和销售进行修改。这种情况下的 S&OP 会议就将市场需求作了刚性条件，尽一切可能响应市场，而失去了探讨如何才能实现组织整体利益目标最大化的机会。因此，更好的方法是市场和销售同样需要给出粗切需求计划，与生产、采购等部门一同在 S&OP 会议上共同解决计划协同问题。

10. 衡量过程

同任何过程一样，应该对 S&OP 过程本身的性能进行衡量，以便通过不断学习来提高它的绩效。当前大多数 S&OP 流程都倾向于测量需求预测的准确性，这可能是最重要的指标。但是，为了改进流程，还应随时间跟踪其他指标，例如基线预测和预算的差异以及对销售、市场营销和运营计划的遵守情况。

11. 借助综合供需计划技术

许多 S&OP 流程中包含大量不同步的电子表格，公司倾向于通过实施需求预测或计划软件包来解决此问题。尽管这样做有很大帮助，然而要完全支持 S&OP 流程，则需要将供应方软件应用程序与需求方程序包以及某些类型的 S&OP 工作台软件集成在一起，将数据视图整合在一起，以支持 S&OP 会议所需的供求关系。

12. 流程的外部投入

如今，已实施的 S&OP 流程主要使用内部供需数据（如客户订单、装运信息、现有库存和工厂产能）作为输入。但随着联合管理的库存计划［如供应商管理的库存（VMI[①]）、合作计划、预测和补货（CPFR[②]）］以及下游数据［如销售点（POS[③]）信息］的共享，公司可以更好地访问其客户和供应商有关未来供求的外部信息。一些领先的公司开始合并此类外部信息以支持其 S&OP 流程。

三、S&OP 流程设计案例

一家电子企业的 S&OP 之路

COM 电子是一家全球领先的智能专用通信设备和解决方案提供商，2000 年创立，总部位于深圳，主营业务是为多个国家的公共安全、政务应急、大交通、能源、工商业等领域的客户提供专业无线通信网络。

公司提供多标准全系列通信产品及解决方案，在研发、采购、制造、物流等环节，位于龙岗的全球制造中心可实现高精尖、小批量、多品种的柔性化、定制化快速交付。

公司的品牌承诺"应所需畅所能"，近年来，随着市场竞争的加剧，客户对交付的响应要求越来越高，对企业供应链运营能力提出了很高的挑战。

过去几年中，每到季度末，供应链总是处于"打仗"和交付"救火"状态。看上去公司里各个部门都在为了交付拼尽全力，然而存货却居高不下，后端生产部门抱怨需求预测总是做不准，前端销售投诉交付响应太慢、流程太多。总之，各个部门都认为是其他部门的原因导致了供应链的难以协调，一时间公司里各部门之间关系很紧张。

公司的销售部门处于天然的强势地位，公司的总经理张海原先就是销售员出身，前些年由于公司业绩增长迅速，张海功不可没，一路被擢升为总经理。张总认为，销售是实现公司利润的"最后一公里"，没有成交，一切都是虚的。

---

① VMI 是 vendor managed inventory 的缩写。
② CPFR 是 collaborative planning forecasting and replenishment 的缩写。
③ POS 是 point of sales 的缩写。

由于公司销售部门对收入和利润负责，供应链需要在业务上"有求必应"，只要销售端有单，后端就必须响应和满足需求。

但是销售部门往往也是经常被抱怨的对象，销售的订单质量不高，经常出现做了不发或做了又改的情况。

后端生产部门担心季度末供货不及时，要为业绩"背黑锅"，于是在制定库存策略时也会加大库存备货量。

在快速扩张的阶段背景下，公司最大的诉求是赢得订单，扩大市场占有率。因此销售部门在营收 KPI 的压力下，不得已也会出现订单质量放水的情况，"一切为了赢得订单，哪管身后洪水滔天"。

其实，最了解现状的是供应链计划部门，但是供应链部门的话语权不高，虽然经常向销售部门提出风险预警，但是也不敢拒单，毕竟销售业绩指标才是公司领导层更为看重的事。

虽然公司业务在持续扩张，也拓展了不少新客户，但是每年在看财务报表后张总却高兴不起来，明明市场在增长，但是利润率却没有同步增长。在之前几次的高管会议上，销售部门认为是市场竞争加剧、竞争对手恶意压价所致，而生产部门的意见是销售部门的需求不确定，导致生产无法动态调整产能规划，总是在产能过剩和产能不足间摇摆，导致了成本增加，降低了利润率。

在参加过几次行业峰会后，张总总是听到各个企业在分享供应链运营的经验，张总也理解了公司各个部门需要合作才能实现整体利益的最大化，但是在当前情况下，究竟应该如何制定基于供应链的战略规划方案呢？张总依然没有头绪。

正好，供应链部门今年刚聘请来一名供应链总监陈达，陈达以前是在 JS 汽车负责 S&OP 计划的，因此，张总希望陈总监能够就公司的现状和问题，给出一份报告，如何才能改善公司当前的情况呢？

思考与规划：如果你是陈总监，面对公司当前的情况，你该如何分析，并提出简要的解决途径。

方案参考如下。

陈总监的报告

当前公司面临的主要问题是"销售增长，利润下滑"，这就是典型的"虚火旺盛"。要想打通供应链上的"任督二脉"，首先就需要从治理"有毒的订单"开始，同时提升 ITO[①]（库存周转率），实现跨体系协同。

协调供需部门之间的关系，要构建有效的沟通渠道和机制，只有把多方的关系理

---

① ITO 是 inventory turnover 的缩写。

顺了，才能解开多年的死结。

具体实施路径如下。

第一步，"握手销售部"，联合财务与销售，在年初走访各区销售部做宣导，把库存和需求的历史问题讲清楚，把供应链的逻辑和财务指标关联，用"钱"的方式与销售对话，更能达成语言理解上的共识，从公司的财报表现、资金回报率牵引到库存周转，从应收应付的表现看需求预测、库存结构。

第二步，联手总裁办运营（这是给销售下任务指标的部门），说明利害关系，在销售预测和库存周转率（ITO）数据的基础上，阐述前端数据输入的重要性，分任务、定指标到各区销售部上。

经过前两步的努力，销售部门负责人有意识地促成这些任务落地。经过几个月的探索，交付中心负责人向公司高层提交了一份关于S&OP组织的计划材料。若是没有组织的制约和监督考核，协同的结果会很含糊，如何使协同变得清晰、有效，关键就在于S&OP如何运作、设计。

S&OP实施方案

将供应链计划"打入"销售部，落地到销售地区形成矩阵化管理（见图2-6）。双线汇报，通过公司发文成立计划运营委员会，设立了企业计划部，由销售地区计划和全球主计划组成，贯穿前端销售和后端供应链，满足业务运营精细化和多组织计划协同，保障销售与运营计划S&OP业务执行。

销售地区计划是协同前端销售和后端供应的窗口，保障销售地区S&OP销售运营计划落地，其主要职责如下。

（1）负责了解销售目标和市场需求，整理并转化为地区销售的产品销售需求计划（含备料和要货计划），提交地区总负责人审批，推动S&OP流程的有效实施。

（2）协调销售地区供应资源和调配，包括国内/子公司提前备货的安排，推动地区计划执行。

（3）负责地区预测准确率、ITO、交付满意度指标的达成，提升内部运作能力和外部客户满意度。

全球主计划是全局的计划管控中心，其主要职责如下。

（1）负责设计和提供供应策略，统筹全局的供应需求计划，保障高级供应链计划系统（advanced supply chain planning，ASCP）准确运作。

（2）负责编制未来6个月的主生产计划和全局S&OP建议，发布全球主计划与落实相关事宜。

（3）组织预测评审、产销协同评审和计划运营委员会等计划体系决策活动，保障销售地区计划与总计划目标一致。

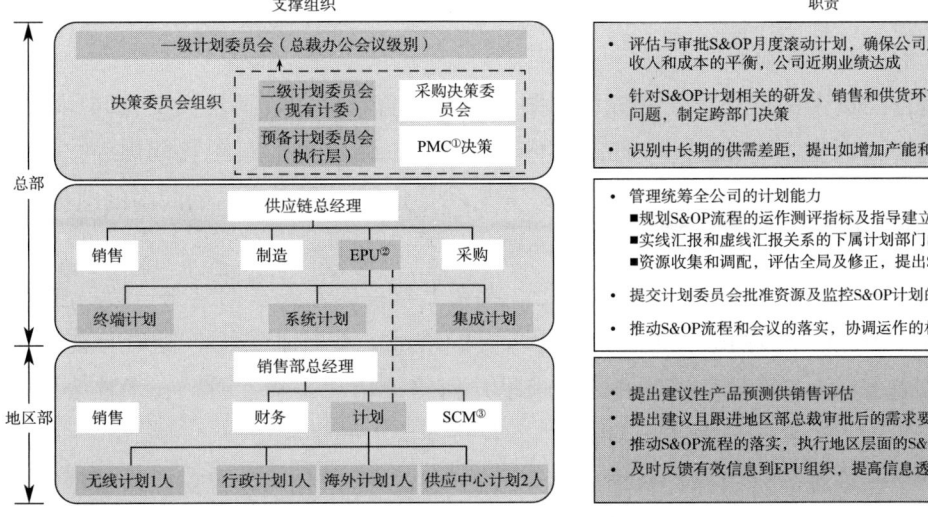

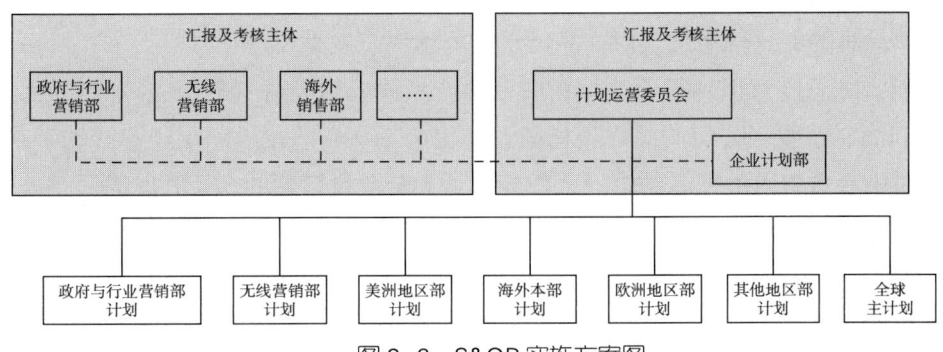

图 2-6　S&OP 实施方案图

（4）进行 ERP 系统管控，包括预测和订单冲减及运营报表输出，辅助销售、地区计划人员做数据统计分析，提供供应策略建议。

方案后续

虽然构建了 S&OP 组织结构，销售部的负责人并非十分乐意和投入跨组织层面的运营工作。

一方面他们本身的工作重心不在运营，另一方面 EPU 组织下面的计划始终不是"自己人"。在区域计划的赋能上还是供应链一厢情愿，这种方式并未被销售部认可。

销售部逐步以销售运营人员接口对接销售区域计划的工作。对于供应链来说，希望获得前端的市场政策、产品市场容量、商机进展等信息，以支撑中长期需求计划，

---

① PMC 是 production material control 的缩写。
② EPU 是 economics and planning unit 的缩写。
③ SCM 是 supply chain management 的缩写。

而销售运营着重于短期收入目标的达成，着眼于眼前订单交付，双方工作侧重点明显不同，无法形成有效的对话，无法各取所需。

计划运营委员会的运作就演变成协同眼前短期经营目标达成、重大交付问题、呆滞库存处理、沟通解决跨部门业务问题的平台。S&OP始终是放眼于长期规划，以支撑战略经营为导向的活动，在供应市场比较充裕和稳定时，公司产品利润高的前提下，会掩盖运营成本的问题和长期规划的支撑问题。

从2019年开始，供应市场出现了变化。宏观上看，国际关系的紧张，贸易壁垒、技术壁垒愈演愈烈，全球供应链面临前所未有的挑战。在行业方面，随着智能穿戴设备、汽车电子以及5G对集成芯片的需求呈几何倍数增长，最上游的技术核心厂商ADI、TI等都出现产能不足的情况，市场中一片供不应求的景象。

对中小企业来说，元器件物料交期跳票、找现货、渠道分货等已是家常便饭。而公司自身产品的周期迭代缓慢，很多关键元器件面临停产或技术更新换代，研发资源投入于老产品维护的比例增加。对产品需求量的预测愈发重要。

这时期，陈总监意识到需要让站在后台的产品线成为经营管理独立核算单元，考核产品线利润、营收。公司产品线架构的调整也给S&OP搭建战略层经营活动带来了契机。交付中心负责人上任后的第一大任务就是为企业设计新的S&OP框架。

此时的S&OP组织发生了几大变化（见图2-7），其一，S&OP组织的发起人由原来的供应链总经理改为公司总经理，意味着组织的权威和级别真正提升到公司层级。其二，在组织的结构中，产品线成为横向的经营单位，给产品线赋能、决策产品中长期预测计划以及产品库存策略，并辅助解决销售短期需求的交付物料瓶颈，不再是供应链单独围绕着销售转。其三，新的S&OP运作组织职责真正地回归到规划12个月的战略计划，从销售预测（含产品计划）、财务资金计划到采购策略，被赋予了更有价值的决策链。其四，产品线要真正融入市场商机、项目开发中，以有利于前期引导客户的需求设计，同时能更好摸清12个月内的产品需求计划，做好迭代部署。

另外一方面，S&OP的意义不仅在于内部形成有效的协同，还更加注重外部的协同，包括销售渠道市场与企业供需计划的协同，供应链与供应商，甚至最上游供应链上的关键供应商的计划协同，如图2-8所示。

一个新的S&OP组织实施落地，不仅要在公司合适的时机导入，还要形成有影响力的模式和方法。公司总经理授权交付中心负责人数次在跨部门的重要会议上宣导S&OP思想，各部门在冲突中权衡舍取、寻找合作。

通过以上一系列的运作，公司在运营管理上取得了较明显的变化，以往的季度末忙于救火、追料、赶产、集中最后几天发货的现象明显好转。2021年市场出现"料慌"现象，交付中心负责人早早就着手引导销售，产品线做了12个月的需求规划，并通过供应链转换成供应策略。以内部的确定和稳定应对外部市场的不确定性。

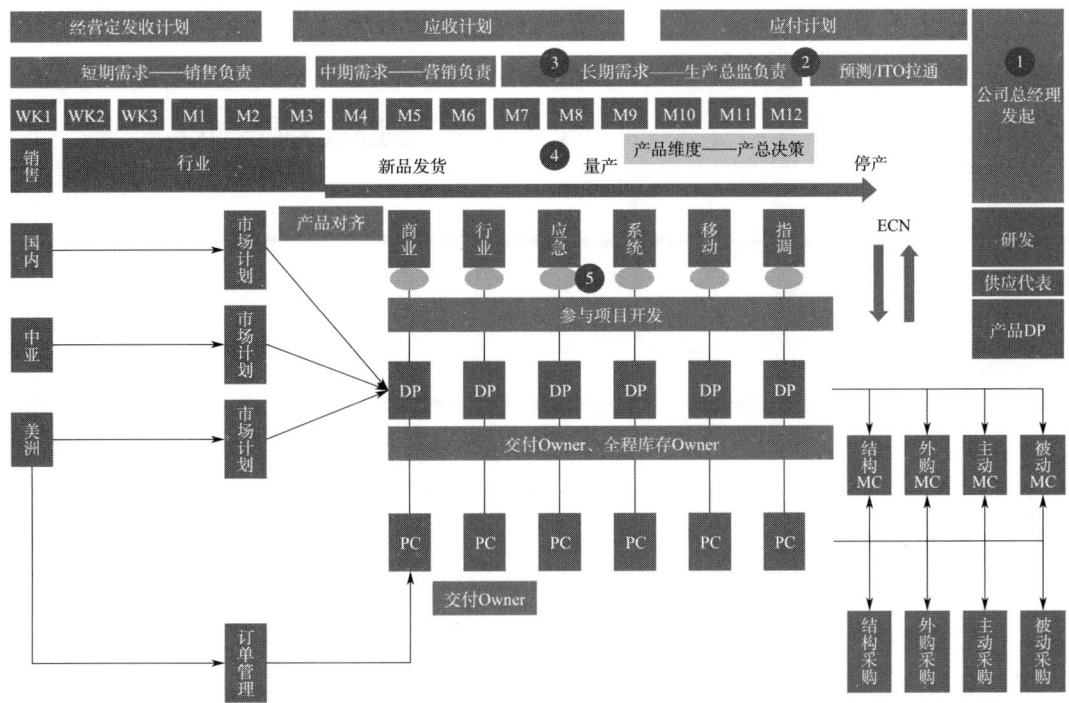

图 2-7 S&OP 组织的变化[1]

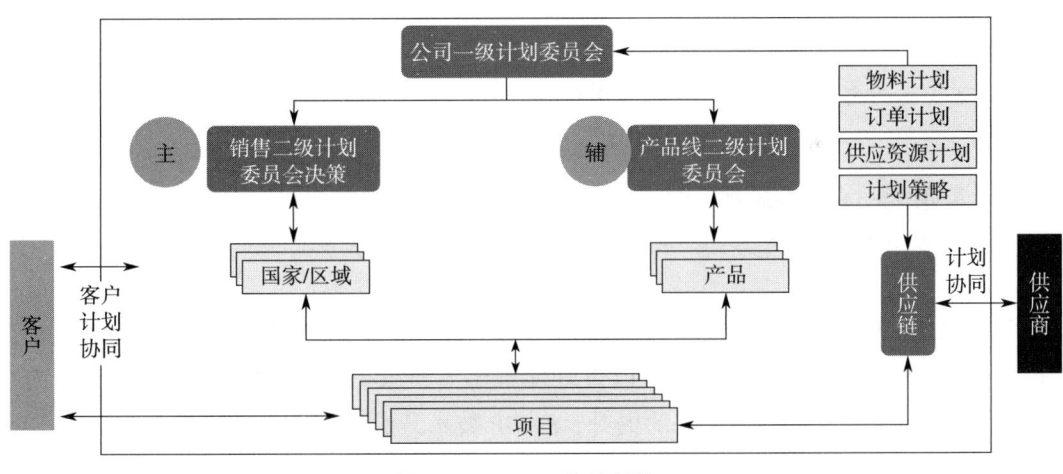

图 2-8 S&OP 的外部协同

【总结】本学习单元阐述了 S&OP 的流程以及执行 S&OP 的各个部门的任务及分工,通过对流程成功因素的描述强调了 S&OP 中的关键点,并通过案例阐述了企业实际执行 S&OP 的方案与过程。

---

[1] WK:week。M:month。DP:decentralized purchasing。MC:物料控制。PC:生产控制。图中序号表示计划步骤。

学习单元 2　S&OP 实施绩效评估

企业的 S&OP 主要解决了在组织内部从生产运营到销售的全过程协同。但是在供应链环境下,企业需要针对 S&OP 的流程增加以下几个方面的要素。

1. 前端流程的简化与自动化。
2. 扩展计划的时间跨度,包括基于公司战略制订长期计划。
3. 企业响应能力和集成业务计划(integrated business planning,IBP)会议后的会议精神执行。

执行上述几方面的要素,需要各个职能部门的参与与配合,这里尤其需要财务部门的参与。

IBP 流程将计划进一步扩展到更长期,且其响应机制还能更好地考虑短期需求管理,这就要求所有层级的计划均能实现数据同步。

企业在实施 S&OP 后,需要对实施结果进行评价,了解其对组织目标达成的影响程度,通过 S&OP 的成熟度评估可以更好地了解当前组织处于 S&OP 的哪个阶段。在互联网环境下,随着数字化水平的提升,S&OP 技术开始向 IBP 方式转化。

一、供应链 S&OP 实施绩效指标

S&OP 的成功运行,需要有较为客观有效的测评指标加以衡量。因此,采用平衡计分卡为主要绩效测评框架,从财务、客户、内部运营、学习成长方面设定指标,见表 2-1。

表 2-1 平衡计分卡测评框架

测评内容	指标
财务效益	利润率
	组合收入
供应效率	订单完美交付比率
	客户满意度
供应成本	存活周转率
预测质量	预测准确率
	计划完成率

1. 选用财务指标的价值

S&OP 是公司经营的核心环节，其目的是最大化实现企业利润和产品组合销售收入，因此 S&OP 计划人员承担了支撑销售和利润的职责，通过财务指标牵引 S&OP 持续追求公司战略目标的达成。

2. 客户指标衡量 S&OP 的达成率

S&OP 结果直接影响销售订单的满足率，最终会影响客户满意度，一般考核订单完美履行率以及客户满意度。订单完美履行率有两种定义：一种是直接和客户需要的日期产品数量对比，另一种是和计划承诺的订单交付日期产品数量对比。对于企业需要根据实际情况确定交付日期，而不可随意承诺，若无法按期交付则会降低客户满意度。

3. 内部效率指标衡量部门配合度

存货周转率水平说明了企业的运作效率。S&OP 计划流程本身的效率，比如计划周期、承诺准确率、预测准确率、计划完成率等都可用于测评 S&OP 计划过程的质量和效率。通常，计划准确率用于测评预测品项级别和产品族层面的准确率。

承诺准确率测评承诺供应能力，包括物料和产能的供应数量、日期和实际达成的比率。

4. 学习成长

从人员、流程、组织、系统方面考虑 S&OP 体系管理的能力，如计划人员流失率，S&OP 流程效率，计划系统运行周期、频次，等等。

设定 S&OP 绩效考核需要遵循以下的基本要求。

（1）绩效指标的选择与 S&OP 计划业务的复杂程度有关，应按需选择。

（2）主要 S&OP 绩效指标应反映企业经营的战略要求。

（3）辅助绩效指标体现过程质量的准确性、完整性、合理性。

（4）指标设定应该与 3~5 年战略同步，并且保持一定的稳定性，以促进 S&OP 计划持续改善。

二、S&OP 运作成熟度评估（见图 2-9）

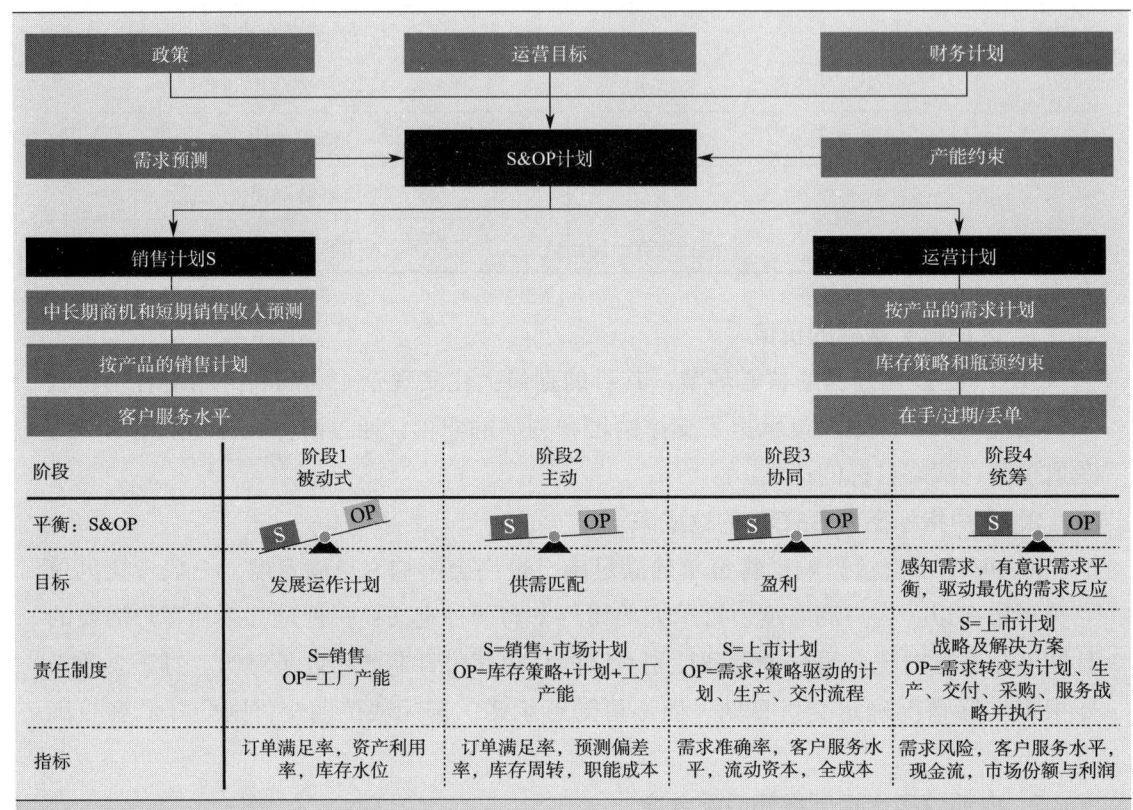

图 2-9　组织 S&OP 运作成熟度评估

三、从 S&OP 到 IBP 的转变

传统的规划流程以及工具仍然严重依赖于人工的数据汇总和清理，基于人工的分析和判断。越来越多的突发情况给计划人员带来了巨大的挑战，他们不得不经常性地调整计划，而这种调整带来了更多潜在的问题，如库存的高企就是主要问题之一。

先进的供应链计划管理系统实现了前所未有的响应能力、敏捷性和速度。例如一家高科技公司，95%的订单实现了发货流程（从订单接收到运输再到出境航运枢纽）自动化，将端到端处理时间减少了 60%。一家食品和饮料销售公司已试行预测分析，将零售店每周需求预测的准确性提高了一倍。

在未来的数字化环境中，S&OP 的规划周期能够以更为持续、无缝的方式形成闭环，提高公司供应链的准确性和效率。供应链计划团队的目标将转化为如何有效地利用先进的数字化系统,并且让上下游形成有效的数据与运营的协同。

为了实现这一点,自动化系统需要能像人一样制定决策并发布任务,计划人员的工作更多转化为监控系统的执行。在需要人工干预时,需要有准确的行为记录,便于追溯。在修改计划时,采取"对冲"的方法取代直接修改,以可追踪的方式修正系统错误。

S&OP 主要目标是平衡供求,这是典型的以生产为导向模式下所进行的决策,在供小于求的时代,这一模式具有先进意义。而当环境发生变化时,还需要纳入更多的职能部门进行综合考虑,由此诞生了整合业务计划(IBP)的概念,它把销售、市场、研发、运营、物流、财务、人事和 IT 全部整合在同一个流程之中。

这是对 S&OP 的一个升级,计划的范围扩张到整个供应链,包括财务规划、商品和客户组合、需求和战略规划,提供了一个无缝连接的管理流程。

为什么要做出这样的改变呢?主要原因在于供应链从生产导向向客户导向转型的大趋势。供应链转型升级路径如图 2-10 所示。

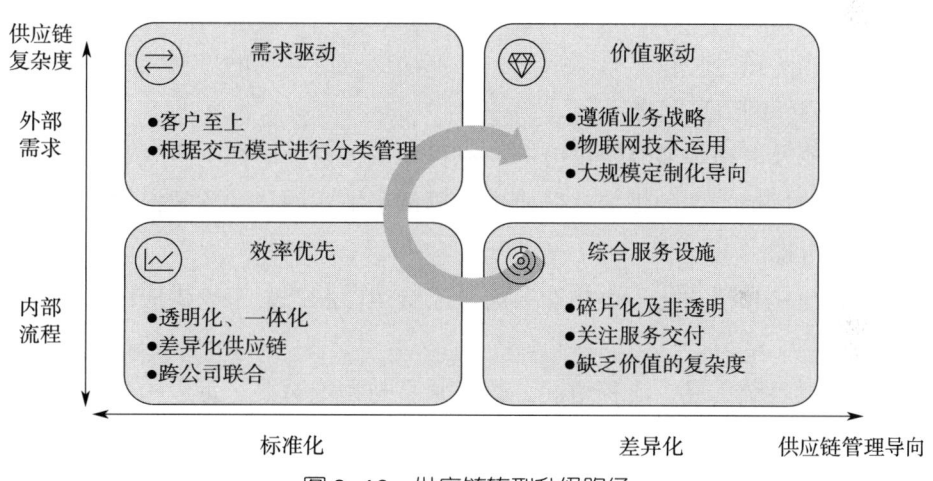

图 2-10 供应链转型升级路径

1. 从业务支持转向价值创造

供应链是为了实现企业的经营目标而存在的,必须和公司战略保持一致。当企业外部经营环境和客户需求发生变化时,供应链也要随之升级转型。

以消费品、零售和时尚行业为例,零售市场中的业务模式和技术发展日新月异,消费者、渠道乃至整个价值链时刻都在变化,企业供应链运营模式亟须转型升级。

早期的供应链管理是为了提高订单交付水平,受制于当时的条件,信息系统之间存在壁垒,且非常不透明。

随着供应链管理水平和自动化程度的提高,集成式供应链得到了发展,效率开始提升,出现了跨公司的协同。

此时外部需求正在发生剧变，需求驱动取代了效率优先的供应链模式。在大规模定制需求的新消费时代，供应链开始主动出击，在数字技术的融合之下，为企业积极创造价值。

2. 从以企业为中心到消费者驱动的需求链模式

传统的供应链模式以企业为中心，强调企业的竞争优势、产品组合和销售渠道。企业的目标是如何覆盖更多的消费人群。

现在的供应链模式则以消费者为中心，强调满足消费者的个性化需求和购买商品的方式及渠道。

企业的目标已变成如何精准连接消费者，并促进销售转化。以消费者为中心，重塑企业的运营和组织的管理方式，成为消费品行业的大势。

3. 敏捷化和精益化不再是冲突的供应链运营状态

传统意义上的供应链有一个取舍的问题：如果想要追求敏捷化，也就是迅速响应市场需求，就需要以牺牲成本和效率为代价。

如果要追求精益化，那就会对市场需求反应迟缓，错失商机。但是供应链运营模式正在转变，由于数字化技术日臻成熟，它推动供应链全程的可视化，互联网、物联网将消除企业内外的信息壁垒。

将准确信息及时地传递，使供应链在流程和数据多个层面上实现联动，确保计划有效执行，及时反馈。各种供应链分析工具提供了绩效测量和预警机制，保证供应链运营的稳定和可控。

从此，敏捷化和精益化不再是冲突的供应链运营状态，未来供应链的模式将是既敏捷又精益。

通过高效的系统集成、流程协同、数据共享与物流对接，可以构建起完整的以消费者为核心的商业生态系统，供应链贯穿了整个系统。

从传统的 S&OP 到集成的 IBP，协同的范围从传统供需双方，扩展到商品企划、财务规划等职能，同时更加强调供应链计划的财务指标评估。

IBP 把财务部门放在整个计划过程中更为重要的位置，业务决策的影响反映在财务报表上，财务计划与业务计划的紧密结合，以确保企业在计划阶段就能实现盈利目标。

IBP 衔接战略性财务规划年度目标、季度的财务分析预测和月度的财务回顾。IBP 包含了全面的产品价格、成本信息，可以根据客户的需求灵活定义财务指标，从财务视角审视多种场景，模拟方案的优劣。业务人员可以根据财务模拟情况做出最佳决策。

 **相关链接**

如何实现从 S&OP 到 IBP 的升级

1. 观念升级

首先,供应链业务人员需要转变原有的思考方式,从传统的保持企业内部供应和需求平衡,到更高层面的生态系统内外部协同。

在 S&OP 阶段,供应链管理者期望在供应端和需求端之间维持平衡,以企业有限的产能交付能力来获取销售和利润的最大化。

在 IBP 的时代,供应链更需要考虑与前端业务的深度融合,采用更短的采购和生产提前期、更高的供应链生产柔性和更强的供应链跨渠道运营能力。供应链的视野不再局限于企业内部,而是放眼于整个生态系统。

2. 技术赋能

传统的 S&OP 只需要有 ERP 系统,就可以完成供应、需求、财务和生产信息的收集分析。

如果要模拟不同商业场景下的财务指标,依然需要大量人工计算,不仅效率低下,而且反应速度慢,难以满足新型商业形态的需要。

IBP 在移动互联网和物联网的支持下,在 S&OP 原有的流程基础之上,借助统计预测与机器学习技术提升需求管理准确率,优化全供应链网络库存设定,提高订单响应能力。端到端的库存可视性、优化的供应网络布局和跨渠道的整合库存管理,共同实现了高度响应的供应链,以及成本和服务水平的最优组合。

3. 业务模块整合

(1)需求感知。使用更加合理的需求管理流程,制订更准确的统计预测结果与协同一致的需求计划,涵盖短期、中期、长期多种计划区间。增加细化到天的预测准确率,提升后续的供应计划和库存优化的效率。与商业促销信息集成,并对促销进行分析,提升整体需求计划的准确性。

(2)供应网络库存优化。协调供应链全网络各节点的库存,进行多阶库存计划与优化。最大化满足消费者的交付要求,同时实现企业利润目标,优化企业对周转资金的要求。

(3)响应与供应。同时提供战术层和运营层的响应与供应计划,针对实际或假设出现的供需变化,提供不同场景模拟分析。

（4）供应链控制塔。这是对于物流控制塔的升级，实现供应链全网络端到端的可视性，支持快速决策。针对全网络出现的供应异常，提供智能预警，帮助用户识别异常的根源，促进部门协作，使问题尽快得以解决。

【总结】 S&OP运作成功三大关键要素：（1）自上而下——CEO/COO[①]是整个流程的发起人，是最终决策者，还是S&OP决策会主席；（2）预测职责——销售、市场、产品、需求计划负责预测，计划部门负责推动流程并应用信息；（3）跨部门——必须有跨部门参与及支持，支持共同的目标及KPI，规避孤立式思维。

[①] CEO是chief executive officer的缩写，即首席执行官。COO是chief operating officer的缩写，即首席运营官。

培训课程 3
战略库存管理

在培训课程 1 中曾指出,由于谷仓效应的存在,供应链上的企业需要通过库存来保障上下游衔接的稳定性,以保证在上下游供需无法有效衔接的情况下,通过缓冲来实现供应链的稳定。

这种企业独立决策视角下的库存管理模式在解决问题的同时,引发了系统性的供求不均衡的问题,进而演化为供应链上的牛鞭效应。因此为了解决这一问题,需要通过更好的上下游协同,实现战略性库存管理模式,共同应对供应链库存问题。

战略库存存在的价值主要围绕着以下四个方面展开。

1. 时间压缩

通过缩短前置期,加快交付时间,推动供应链更快地响应市场需求。

2. 客户服务水平期望

通过提升订单的满足率,实现客户订货更加便捷与高效。

3. 生产全球化

通过在全球范围内进行布局,在最合适的位置取得原材料等资源供应,实现成本下降和服务水平提升。

4. 供应链集成

生产商与供应商共同制订生产计划,通过联合决策实现按单生产,降低供应链库存水平。

传统上,供应链中的库存管理被视作提高客户满意度、规避供应链不确定性的一种工具,成为客户争夺战中一种竞争武器。

而当前供应链需要设计成具有上下游一体化的协作模式,消除库存以及供应链上的各项非增值性活动。目前,供应商的竞争比拼的是准时、足量地满足交付的任务,同时尽最大可能消除订货过程中的失误。

战略库存管理的策略主要包括 VMI 策略、CPFR 策略、JIT。

学习单元1　供应链战略库存策略制定

什么是战略库存管理（strategic inventory management）？这里有两个层面的理解：在运作层面，指组织为了实现供应链系统的稳定运营而持有的库存；而在总监的管理层面，指对库存进行的战略性规划与管理。

一、供应链延迟战略

1. 生产延迟战略

根据市场环境的不同，面对功能性产品，供应链会以效率优先的方式组织生产，而面对创新性产品，则需要考虑使用订单驱动的方式进行生产，这就决定了在供应链上的两种不同的模式：推动模式和拉动模式。

举个简单的例子：一家生产墙面涂料的企业，在满足市场对于不同色彩的涂料需求时，是应该在生产阶段就预测好市场对不同色彩涂料的需求进行生产，还是应该向市场推出白色的基础涂料再根据客户的实际需求进行调色加工？

假如市场需求是单一的、稳定的，推动模式能够有效地降低生产成本，但是有可能因为预测不准确带来库存无法匹配需求的情况。拉动模式能够更好地满足市场多样性需求。

在现实的供应链体系中，很难看到完全的推动式或拉动式战略。更多地需要将推拉结合，以延迟策略来弥补推拉策略的不足。

对于大多数V形或T形供应链，延迟策略能够实现批量化生产和个性化定制的有效结合。

V形供应链主要指由单一原料加工成不同种类的产品，典型代表如石油化工行业。而T形供应链是指由多种不同原料投入，生产加工出多样性的产品。

在采用延迟战略时，通过在不同的供应链环节设立战略库存，实现大规模定制化的目标。战略库存位置之前，生产的产品处于中性化状态，因此可以根据总体市场需求进行预估，以效率优先的方式进行生产，而在战略库存位置之后，可以根据订单的需求将中性化的产品转化为客户定制的产品，更好地实现需求驱动的目标。战略库存位置如图2-11所示。

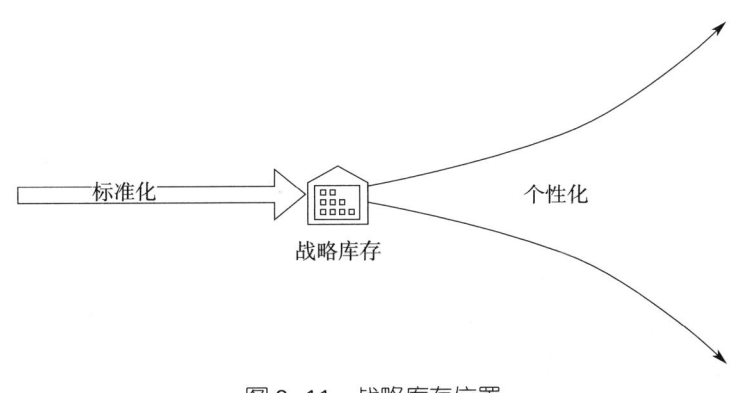

图 2-11 战略库存位置

2. 物流延迟策略

并非所有的产品都能够根据订单的需求进行生产。在客户对于产品及服务的响应时间提出更高要求时,企业必须以备库存方式进行生产,更好地响应客户的需求。

那么物流延迟的方法就在于,通过对客户需求的预测,提前在仓库中进行存货,在接到客户订单后启动物流程序,响应客户需求。

此时需要考虑仓库能够响应客户需求的时间以及仓库数量的权衡。

从服务的角度,仓库距离客户越近,服务的响应性越好,但是在面向全国乃至全球市场进行销售时,这意味着需要新建更多的仓库,导致更高的仓库建设及运营成本。

因此,在供应链上采取了两级库存方式,产品首先进入中央配送仓库(CDC[①]),这是以批量化集中仓储为主的模式,主要服务的对象为生产以及各区域配送中心(RDC[②])。

而 RDC 以面向特定区域的配送为主,通过合理的区域划分,能够满足客户在特定时限内的交付。为了进一步提升配送的效率,响应最后一公里的需求,不少企业还进一步建设了 FDC[③](前置仓),将配送活动渗透到终端客户。

在国际贸易中,传统需要较长的时间进行运输与配送。通过在保税区建立保税仓的模式,能够先行将商品存入保税仓,在客户订单下达后,从保税仓办理清关及运输配送工作,大大缩短了进口产品的交付时间。

战略库存的准备离不开数据的可靠性。无论是建立 CDC、RDC,还是 FDC,都需要有充分的客户需求数据作为预测的基础,在服务成本、服务效率方面取得平衡。

因此,在大数据支持下的供应链运营,依靠更精确的客户数据实现了更高效率的精准交付。在满足需求的条件下,将库存控制在较低水平。

[①] CDC 是 central distribution center 的缩写。
[②] RDC 是 regional distribution center 的缩写。
[③] FDC 是 front-end distribution center 的缩写。

二、供应商管理库存

1. 供应商管理库存（VMI）的定义

供应商管理库存（vendor managed inventory，VMI）是一个协调系统，供应方管理客户的原料库存，确定补货时间与数量。

VMI 是客户和供应商之间的协作策略，旨在以最小的成本为供应链上下游优化库存的可用性。供应商在共同商定的绩效目标框架内负责库存的运营管理，并不断对其进行监控和更新以创造持续改进的环境。

2. 库存补货模式

（1）采购方库存管理模式。当采购方管理库存时，管理方法之一是使用某种形式的触发点补货。当库存中的物料被消耗到触发点数量的水平时，采购订单将被触发，由供应商进行库存补货。库存补货系统如图2-12所示。

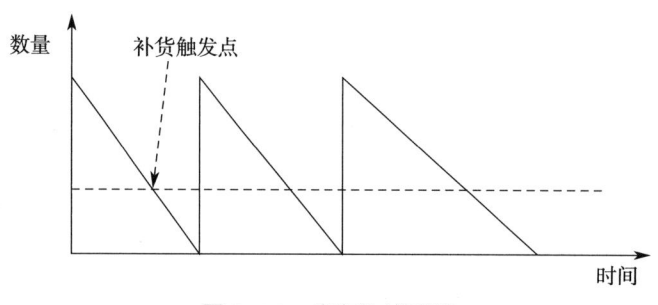

图2-12　库存补货系统

在这一系统中，采购方制定自己的预测和库存控制规则，或者采购方以固定的周期补货。

（2）采购方库存管理方式的缺陷。由于采购方自行决定补货的数量以及补货时间，同时需要自行备有原料库存。因此，上下游之间的沟通触发信号就是采购方的补货指令。而从补货指令下达到补货完成，这一阶段的时间称为补货提前期。上游的供应商为了能够及时响应下游采购方的需求，必须以成品库存的方式做好应对。而上游的成品库与下游的原料库仅仅是物理空间发生了位移，其实质并未发生变化。为了同一个目的，由上游和下游分别创建了库存的副本。传统库存管理模式如图2-13所示。

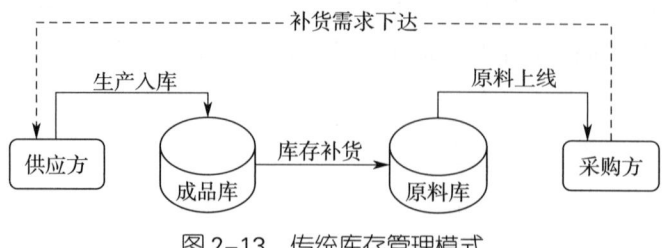

图2-13　传统库存管理模式

（3）VMI库存管理模式（见图2-14）。借助信息化系统和销售点系统（POS），供应商可以了解到下游客户的库存消耗情况。部分采购方允许供应商负责自己的库存，自行决定何时发货。

下游采购方直到需要使用该库存时，才进行所有权的转移，降低了采购方库存资金的占用，双方拥有了更好的供应链透明性。

通过将库存的决策责任推向供应链的上游，供应链集成的目标得以更好地实现，从而创造了可持续的竞争优势。

这一模式下，供应商要求客户提供产品销售、库存水平、收货日期、超期库存以及退货等信息。而这些信息可以通过数字化形式直接实时分享给供应商。

虽然供应商承担了库存管理中更多的风险和成本，但是从供应链上下游协作的角度，VMI可以让供应商获得更为稳定的供应链合作机会，形成排他性合作优势。

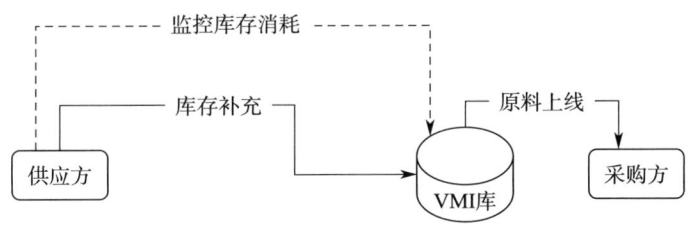

图2-14 VMI库存管理模式

通过VMI的方式，减少了供应链上的库存总量，并且增强了供应链上信息的透明可视化程度。VMI的关系类型见表2-2。

表2-2 VMI的关系类型

类型	合作关系
0	传统供应链
1	仅补货
2	补货和预测
3	补货、预测、库存管理
4	补货、预测、库存管理、配送计划

供应链合作可以从传统的供应链开始。这种类型的关系是指合作伙伴执行交易时，既没有计划将其提升到下一个层次，也没有打算在中长期内升级该关系。

类型1关系允许供应链合作伙伴交换信息，但仅出于补充目的。建立了一定程度的信任，但信任程度不足以完全共享信息。

当关系加深时会共享更多信息，并将协作关系描述为类型2。由于买方依赖于供应商进行预测，因此预测可以提高信任度。

当一种关系允许供应商为零售商管理库存时，该关系将进入更高的级别——类型 3。

当双方都允许信息自由流通时，就可以达到合作关系的最终平衡，从而使 VMI 系统不仅可以管理补货、预测和库存管理，还可以管理货物配送。这需要极大的信任，因为买方将依赖卖方来可靠地交付货物。

（4）VMI 的类型

1）委托库存（consigned inventory）：定期付款的委托库存，供应商在其中管理和拥有产品，直到客户使用为止。

2）VMI 收货给付模式：VMI 在供应商管理产品时按收据付款，并且当客户在现场收货时按收货方式付款。

3）VMI 合并付款模式：供应商管理库存并在合并基础上接收付款。例如，一个月内完成的 8 批发货仅在该月底支付。

许多大型采购方已从 VMI 转移到 JMI（joint managed inventory 的缩写，即联合管理库存）。JMI 与 VMI 相似，只是 JMI 由供应商管理补充过程并在客户系统中制定预测。这使得零售商能够保持对供应链的控制，同时有机会将库存推向上游。

IT 的使用，先进的采购管理系统，更好的促销计划模型，必须共同努力应对其他供应链的挑战，建立更信任的关系，这些都对供应链产生了积极的影响。

（5）VMI 的原则。在 VMI 过程中，供应链合作双方必须就合同的条款和条件进行讨论和谈判，并在书面协议中正式确立关系。其包括的基本内容有：服务水平期望值、议定的库存限制、补货频率、约定的服务付款、盘点责任、滞销库存成本分摊、参数监管和预测协商、协议期限、协议终止条款。

（6）采购方责任。采购方需要向供应商提供日常使用信息，并确保库存记录准确且可用。采购方必须在约定的时间内提供准确的预测，并尝试在 30 天内将变化最小化。所有促销计划应提前提供给供应商。

（7）供应方责任。供应方的责任是在服务水平期望之内交付产品或服务。供应商必须使用数据来管理订单，并在所有装运中提供高级装运通知。

（8）共同责任。双方都需要保持有效的沟通，并在出现问题时互相通知所有潜在问题。双方都必须进行衡量并给出性能改进方面的反馈。

（9）VMI 成功实施的必要条件

1）双方最高管理层的承诺。

2）重点关注供应链利益相关者之间的信任和伙伴关系。

3）先进而高效的计算机/信息系统。

4）合格的制造商和预测能力。

5)愿与利益相关者成为伙伴并保持耐心。

6)组织内的运营模式与责任转变的协调(例如,与客户联系从销售和营销转向物流)。

(10)执行 VMI 的优势

1)减少所需的库存水平、改善服务水平、减少工作重复、改善预测。

2)在供应链上享有较低的库存投资。

3)更好的计划、更好的市场信息、更紧密的客户关系。

4)采购方的缺货较少、库存周转率更高。

5)更好的市场信息。

6)更理想的产品组合。

7)透明化的数据通信减少了数据输入错误,数据处理速度提升。

8)制造商和分销商之间建立了真正的伙伴关系。

9)通过适时适量的库存提高了整体服务水平。

三、联合库存管理(JMI)

联合库存管理是一种在 VMI 基础上发展起来的权利与责任均衡、风险共担的库存管理模式。联合库存管理强调供应链中各个节点同时参与,共同制订库存计划,使供应链过程中的每个库存管理者都从相互间协调性的角度考虑,保持供应链各个节点之间的库存管理者对需求的预期保持一致,从而消除了需求变异放大现象。

1. JMI 的优点

(1)简化供应链库存管理运作程序。由于联合库存管理将传统的多级别、多库存点的库存管理模式转化成对核心制造企业的库存管理,核心企业通过对各种原材料和产成品实施有效控制,达到对整个供应链库存的优化管理,简化了供应链库存管理运作程序。

(2)提升整体效率。联合库存管理在减少物流环节、降低物流成本的同时,提高了供应链的整体工作效率。联合库存可简化供应链库存层次和优化运输路线。在传统的库存管理模式下,供应链上各企业都设立自己的库存,随着核心企业分厂数目的增加,库存物资的运输路线将呈几何级数增加,而且重复交错,这显然会增加物资的运输距离和在途车辆数目,其运输成本也会大大增加。

(3)降低库存成本。联合库存管理系统把供应链系统管理进一步集成为上游和下游两个协调管理中心,从而部分消除了由于供应链环节之间不确定性和需求信息扭曲现象导致的库存波动。通过协调管理中心,供需双方共享需求信息,因而提高了供应链的稳定性。从供应链整体来看,联合库存管理减少了库存点、相应的库存设立费及仓储作业费,从而降低了供应链系统总的库存费用。

2. 实施 JMI 的要点

（1）建立供需协调的管理机制。制造商要担负起责任，提供必要的资源与担保，使经销商相信承诺，协调其经销工作（有时可能是相互竞争的经销商），本着互利互惠的原则，建立共同的合作目标和利益分配、激励机制，在各个经销商之间创造风险共担和资源共享的机会。

（2）建立信息共享与沟通的系统。利用信息系统、条码和扫描技术以及互联网的优势，在供需之间建立一个畅通的信息系统，使各经销商协调一致，快速响应用户要求。

（3）经销商之间要建立相互信任。有的经销商会怀疑参加这样一个系统是否值得，尤其是当其库存比别人多的时候，同时，参与进来的经销商要依靠其他经销商来帮助他们提供良好的顾客服务，这时制造商就要大力支持、多做工作，使经销商之间建立信任，使不同的经销商能够发挥不同领域的技能，实现联合库存管理的目标。

JMI 库存模式如图 2–15 所示。

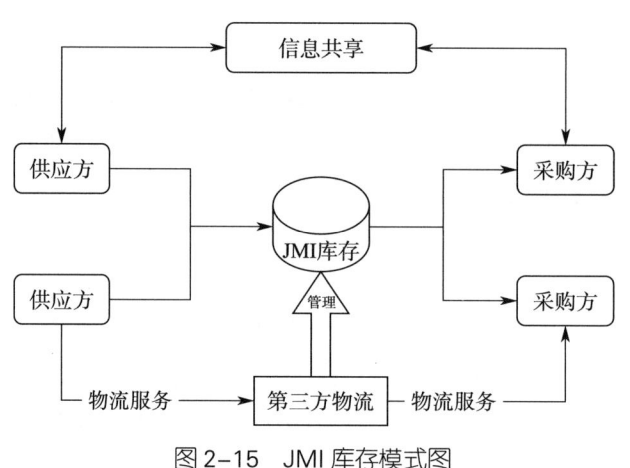

图 2–15　JMI 库存模式图

四、协同计划、预测与补货

1. 什么是 CPFR

CPFR（collaborative planning forecasting and replenishment）是在共同预测和补货的基础上进一步推动共同计划的制订，即不仅合作企业实行共同预测和补货，同时将原来属于各企业内部事务的计划工作（如生产计划、库存计划、配送计划、销售规划等）也由供应链各企业共同参与，利用互联网实现跨越供应链的成员合作，更好地预测、计划和执行货物流通。

2. CPFR 的特点

（1）协同。从 CPFR 的基本思想看，供应链上下游企业只有确立起共同的目标，才能使双方的绩效都得到提升，取得综合性的效益。CPFR合作关系要求双方长期承诺公开沟通、信息分享，从而确立其协同性的经营战略，尽管这种战略的实施必须建立在信任和承诺的基础上，但是这是买卖双方取得长远发展和良好绩效的唯一途径。

（2）规划。前文说到，通过供应链上企业之间的协同，能够促进整体价值的提升，因此，在CPFR过程中，需要进行合作规划（品类、品牌、分类、关键品种等）以及合作财务（销量、订单满足率、定价、库存、安全库存、毛利等）。此外，为了实现共同的目标，还需要双方协同制订促销计划、库存政策变化计划、产品导入和中止计划以及仓储分类计划。

（3）预测。CPFR强调供应链合作方需要做出协同预测，基于可分享信息的共同预测能大大减少整个价值链体系中的无效库存，促进更好的产品销售，节约供应链的资源。与此同时，最终实现协同促销计划是提高预测精度的关键。CPFR所推动的协同预测还有一个特点是它不仅关注供应链双方共同做出最终预测，同时也强调双方都应参与预测反馈信息的处理和预测模型的制定和修正，特别是如何处理预测数据的波动等问题，只有把数据集成、预测和处理的所有方面都考虑清楚，才有可能真正实现共同的目标。

（4）补货。销售预测使用时间序列预测和需求规划系统将需求预测转化为订单预测，但是长期预测仍然具有较强的不准确性，因此，需要根据销售点的实时信息安排有效的补货行为，并且将物流方的在途资源一同纳入考虑，提升预测准确性，并提高客户服务满意度。例如，对于只有很短销售季的女装品类，供应链采用预测与补货相结合的方式，以快速响应市场的需求。

3. CPFR框架模型（见图2-16）

CPFR围绕着终端客户的需求，共同进行战略与计划、需求与供应管理、执行、分析等步骤，实现对客户需求的响应。

（1）战略与计划是建立合作关系的基本规则，确定产品组合和位置，并制订活动计划。

（2）需求与供应管理体现消费端的需求以及整个计划范围内的订单和装运要求。

（3）执行包括下订单，准备和交付货物，在零售货架上接收和存放产品，记录销售交易并付款。

（4）分析，即监控计划和执行活动以了解异常情况；汇总结果，并计算关键绩效指标；分享见解并调整计划，以不断改善结果。

在CPFR过程中，需要多种不同任务的协同，见表2-3。

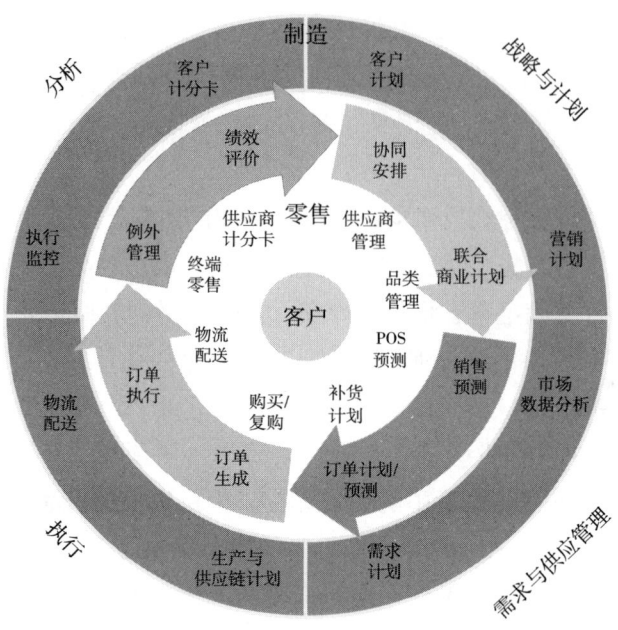

图 2-16 CPFR 框架模型[1]

表 2-3 CPFR 任务协同

零售商任务	协同任务	制造商任务
战略与计划		
供应商管理	协同安排	客户计划
品类管理	联合商业计划	营销计划
需求与供应管理		
POS 预测	销售预测	市场数据分析
补货计划	订单计划/预测	需求计划
执行		
购买/复购	订单生成	生产与供应链计划
物流配送	订单执行	物流配送
分析		
终端零售	例外管理	执行监控
供应商计分卡	绩效评价	客户计分卡

---

[1] 参考来源：http://www.vics.org/committees/cpfr/CPFR_Overview_US-A4.pdf

学习单元2　供应链战略库存实施方案设计

设置战略库存是较好的规避风险的手段,在一定程度上能对冲价格波动、防止缺货、克服牛鞭效应,但是由于库存的增加势必会增加企业成本,因此,如何确定战略库存的数量及采购策略成为当前亟须解决的问题。

当前供应链环境的不稳定性使供应链网络变得越来越脆弱,人为因素或者自然因素导致的供应链风险会沿着供应链条传播并放大。因此,对于供应链计划需要构建更为完善的风险识别与防范框架,通过实时获取供应链上下游的信息,与合作伙伴进行共同决策,在降低战略库存数量的同时,还需要能够共同应对外部风险事件。

虽然风险意识在企业中已经得到了充分的认识,但是由于信息不对称以及个体避险的需求,战略库存设计中依然存在"花钱买平安"现象。用更高的库存水平来应对市场以及供应波动所导致的风险。而供应链环节越长,需求扭曲的现象就越明显,信息的私有化带来分散决策条件下供应链整体收益处于低水平均衡状态。

因此,作为供应链上的核心企业,需要通过创新方法在考虑到多方利益目标的同时,实现战略库存的设置,共同应对外部风险,在供应链上以信息驱动库存。

一、战略库存实施的阶段

供应链战略库存的实施主要围绕如何降低筒仓效应[1],通过共同的计划协同应对风险,降低库存水平并且保持足够的客户满意度。

1. 削减供应链重复性库存

通过供应链上下游的重复交易形成了频繁、稳定的合作关系后,需要共同优化库存结构,将具有重复性的产成品库存和原材料库存进行合并,降低供应链的库存总量。这一模式的实施,以供应链上的主导方作为合作的组织者。例如,通过VMI模式在客户处备有库存,以及时响应客户对原料的需求,并且能够实现更好的供应链透明度。

供应链上出现重复库存的主要原因是避险以及运输批量化的需求。供应链环境要

---

[1] 筒仓效应指企业内部因缺少沟通,部门间各自为政,只有垂直的指挥系统,没有水平的协同机制,就像一个个的谷仓,各自拥有独立的进出系统,但缺少了谷仓与谷仓之间的沟通和互动。这种情况下各部门之间未能建立共识而无法和谐运作。

求上下游企业之间密切地衔接与合作,"独善其身"式的优化模式难以满足供应链运营的要求,并且由于主观推测扭曲了真实需求情况,导致供应链牛鞭效应的存在。因此,通过降低供应链上的重复库存,使供应链上下游环节的信息透明度更高,才能够用信息取代库存,降低供应链的总成本。

2. 库存管理活动专业化

供应商管理库存模式下依然存在供应链上合作双方责权利不对称的现象。因此选择JMI方式能够将库存管理活动专业化,专业的物流企业为上下游提供库存的管理、配送等一系列服务,便于供应链各方发挥各自的专业化能力。库存管理和生产过程一样,都需要更高的专业化水平,JMI的方式提供了为客户实现"一站配齐"式的服务,大大降低了供应链上生产企业的物流管理成本,同时,还能够更好地适应现代化精益生产以及JIS(just in sequence,准时顺序供应)生产模式的要求。

专业的库存管理除了提供更好的实体管控外,还能够实现库存信息的数字化与透明化,集中化、共享的存储模式降低了生产型企业低水平重复投资现象。未来物流将成为标准化的公共服务,对于大量中小型企业来说,物流就是一种可以随时购买的服务(LaaS,logistics as a service)。

3. 以信息代替库存的零库存JIT模式

供应链追求更流畅的生产连续性,希望能够让不同企业按照流水线方式进行协作,减少物料的暂存时间。因此,在JIT的思想下,部分企业开始选择零库存模式,根据生产计划要求,按照当日的需求由供应商进行送货,确保在生产现场不备有库存。更进一步,从JIT发展为JIS模式,即按照零部件上线的顺序进行连续化供料,进一步缩短了暂存时间。

但是这一模式也带来了一些批评,有人认为,由于外部风险是持续存在的,因此库存的避险作用不能被低估,零库存模式实质上是库存外移,从生产企业端转移至供应商端,实际上是供应链核心企业对非核心企业的控制。

4. 以共享信息为基础的供应链透明化

随着大数据与人工智能技术的发展,供应链的数字化程度越来越高,最下游的终端客户需求,能够以接近实时的方式在供应链的合作伙伴间得到分享,协助各方进行共同的决策,更好地响应市场需求。

对于当前具有更多智能化功能的设备,已经能够实时采集客户的使用状态等信息,便于供应链上的生产制造以及渠道更快地了解客户的需求,提供实时化解决方案。

二、战略库存实施展望

供应链上战略库存设计的基本出发点是,在供应链的稳定性和效率之间找到平衡。在供应链最初阶段,因为信息不对称导致了信息延迟和扭曲,因此造成了以储备库存方式应对风险事件，这样执行的好处是简便易行，只要获得足够的过往信息，就能够根据服务满足率要求设计应储备的库存水平，以满足供应与销售的连续性需求。

但是，随着供应链上各节点连接越来越紧密，企业间的风险传导速度变得越来越快，单点故障很快会转化为系统性风险。恐慌情绪会引导企业的供应链计划和决策做出更快的响应和调整。因此，当前在战略性库存设计时，需要考虑到不确定环境下的实时决策问题，从战略竞争优势的角度，强化供应链上多级合作伙伴之间的同盟关系，将资源获取的外部环境风险降低到可控水平，并且利用数字化技术监控多级供应链，下好"先手棋"。

在供应链战略性计划问题上，需要强调从顶层战略设计到实施过程的全环节参与。与传统"命令–执行"的模式不同，企业内部更趋近于模块化设计，在战略计划过程中，需要保持足够的柔性，所分析与对标的对象不仅仅是同业竞争者，还包括了掌握新技术、新渠道的跨界竞争者。因此，在技术驱动的大环境下，企业需要通过持续创新＋柔性化计划实施，及时调整自身的发展方向，以引领或者响应市场的新兴需求。

特别是随着区块链等技术的快速运用，企业之间的计划与合作关系将发生重大变化，"代码即法律""签约即执行"等概念的引入，通过新型共识机制建构了全新的合作模式，会对未来的供应链带来全新的应用与挑战。

职业模块 3 采购管理

培训课程 1　供应链采购管理体系制定
　　学习单元 1　制定企业采购管理制度
　　学习单元 2　制定企业采购管理流程

培训课程 2　供应链战略寻源策略制定
　　学习单元 1　制定战略寻源的流程
　　学习单元 2　设计战略寻源方案

培训课程 3　采购合规体系制定
　　学习单元 1　制定采购合规管理体系
　　学习单元 2　制定采购合规评价体系

供应链中采购管理是指以最优的条件从合适的供应商处获得恰当产品所涉及的各项活动。

采购的价值大致可以分为降低成本、提高资金使用效率、确保生产原料质量、促进协同创新等方面的价值。

在本模块中,主要从制定企业采购管理制度、战略寻源、合规体系三个方面介绍在供应链总监层面上的采购管理工作。

培训课程 1 供应链采购管理体系制定

背景知识

采购活动在供应链上是有效衔接供应商的重要途径。制定合理的采购管理体系,能够促进采购活动的正常开展,实现在供货质量、交付保障、采购成本以及供应商服务支持等方面获得更为可靠的保障。

学习单元1 制定企业采购管理制度

一、确定企业的采购目标与战略

1. 采购品项的类型

企业的采购主要包含以下四类。

(1)原材料和组件:这是在生产过程中需要消耗的对象,如汽车生产中的镀锌板、发动机总成等。

（2）资本品：主要包括需要在超过一年的时间内消耗的设备与技术，如企业中的生产设备、办公设备以及软件等。

（3）MRO 品项：MRO（maintenance，repair，operation）的全称是维护、维修、运行类品项。在生产过程中需要消耗大量的 MRO 类品项，如发动机中使用的润滑油、打印机中的墨粉等。

（4）服务：对于生产性支持活动，由外部供应商提供的称为生产型服务，企业通过服务采购能够降低资金投入。

2. 采购目标与企业战略目标的相容性

采购职能是企业若干项职能之一。有效的采购需要能够支撑企业战略目标的达成。因此，应围绕着企业战略目标制定相应的采购目标，并形成合理的采购管理制度体系。

企业的主要战略目标与采购的关系如下。

（1）保持或扩大市场份额。这一条件下，采购的目标是基于客户需求满足的大目标，即确保质量，缩短交货前置期，降低成本。

（2）提高利润率水平。从财务角度看，企业的采购目标转变为减少库存资金占用，提升可靠程度以及实现更为频繁的产品交付。采购活动中需要增加标准化品项，提高采购价格杠杆的利用程度，以更为经济合理的批量进行订货。

（3）战略性收缩。企业需要考虑采购的目标是选择在非核心竞争力领域自营还是从外部获取资源，需要进一步考虑外购资源和内部生产的协同，通过外部能力缩短交付的提前期，减少库存成本占用。

（4）建立供应链生态体系。以长期导向构建与供应商之间关系，提高采购的可靠性，降低产品供应的复杂度。

（5）与供应商建立合作关系。通过上下游的优势互补，共同制定行业的技术标准，提高共同应对市场的能力，与供应商建立长期的战略性协作关系，互为战略性合作伙伴。

当前环境下，企业的采购活动已经不仅仅满足于获取产品这一目的，更多地需要通过采购行为建立供应链之间的高效衔接。采购的目标需要能够对企业的发展战略起到支持和保障的作用，以实现公司的战略目标。

3. 企业的采购战略

由于采购活动在企业中所占的支出比重较高，如果采购战略得当，不仅可以帮助企业获得满足生产所需的原料供应，还能发现和维系更多供应来源，实现供应链的有效协作。

针对企业采购过程中品项的不同，根据采购支出程度与风险程度可以将其划分为四个象限,以针对不同象限采取不同的采购战略。

(1)战略型品项:指采购金额占比很大、供应风险高的采购品项。

(2)瓶颈型品项:指采购金额占比很小,但供应风险高的采购品项。

(3)杠杆型品项:指采购金额占比大、供应风险较低的采购品项。

(4)常规型品项:指采购金额占比与供应风险均较低的采购品项。

二、采购管理体系的内容

根据不同的采购战略,对供应商的管理需要采取不同的管理办法。

1. 战略供应商

Ⅰ级战略供应商:公司加强与其在产品研发方面的沟通与互动,加强产能的计划性,并确保一定的业务量,每年由公司总经理与供应商进行合作谈判,年采购额不少于同类物资的70%,现场审核频率每年不低于1次。

Ⅱ级战略供应商:正常合作,年采购额不少于同类物资的50%,现场审核频率不低于每年1次。

Ⅲ级战略供应商:暂停供货资格,供应商管理部门及时向供应商发送"信息沟通单",限期要求其分析原因和提交整改报告,并跟踪整改结果,期限内整改达不到要求或拒绝整改的,取消其供应商资格(独家供货及客户指定供应商除外)。

Ⅳ级战略供应商:取消合格供应商资格。

2. 瓶颈供应商

Ⅰ级瓶颈供应商:正常合作,现场审核频率不低于每2年1次。

Ⅱ级瓶颈供应商:每月进行一次沟通,了解公司运营情况及库存情况,了解产品创新前景及发展趋势;现场审核频率不低于每2年1次。

Ⅲ级瓶颈供应商:供应商管理部门及时向供应商发送"信息沟通单",限期要求其分析原因和提交整改报告,并跟踪整改结果。必要时派专职驻厂员,督促其整改并现场验收,直至恢复正常生产,期限内整改达不到要求或拒绝整改的,取消其供应商资格(独家供货及客户指定供应商除外)。

Ⅳ级瓶颈供应商:派专职驻厂员,督促其整改并现场验收,直至恢复正常生产,期限内整改达不到要求或拒绝整改的,取消其供应商资格(独家供货及客户指定供应商除外)。

3. 杠杆供应商

开发多家供应商,每类物资的供应商数量不少于3家。

Ⅰ级杠杆供应商:正常合作。

Ⅱ级杠杆供应商:供应商管理部门及时向供应商发送"信息沟通单",限期要求其分析原因和提交整改报告,并跟踪整改结果。

Ⅲ级杠杆供应商：暂停供货资格，供应商管理部门及时向供应商发送"信息沟通单"，限期要求其分析原因和提交整改报告，并跟踪整改结果，期限内整改达不到要求或拒绝整改的，取消其供应商资格。

Ⅳ级杠杆供应商：取消其供应商资格。

4. 常规供应商

Ⅰ级常规供应商：正常合作。

Ⅱ级常规供应商：供应商管理部门及时向供应商发送"信息沟通单"，限期要求其分析原因和提交整改报告，并跟踪整改结果。

Ⅲ级常规供应商：暂停供货资格，供应商管理部门及时向供应商发送"信息沟通单"，要求其限期分析原因和提交整改报告，并跟踪整改结果，期限内整改达不到要求或拒绝整改的，取消其供应商资格。

Ⅳ级常规供应商：取消其供应商资格。

三、采购管理案例

五家供应商，究竟该选谁

A公司是一家主营净水器的企业。从1992年公司注册成立至今，产品已涵盖了饮水机、饮水专用净水器、净水设备、管线饮水机、袋装水饮水机、袋装水包装设备、商务工程设备等。可以说，A公司把净水这个概念带进了千家万户。

在A公司的主要产品——净水器的设计当中，PCBA（成品电路板）是最重要的部件，它的性能好坏直接关系到产品的功能及稳定性。

A公司的PCBA采用OEM模式，即由自己的研发团队进行软件及硬件的设计，由供应商"包工包料"生产。而对于小部分非主打机型，PCBA则可能会采用ODM模式，即由A公司提出需求，由供应商代为设计方案并生产。现在，A公司要研发一种新产品，需要选择合适的供应商。

目前，与A公司合作最多的就是兴旺、精英、拓展、建安、宝通这五家供应商，每家都各有优劣。从研发所看重的配合度来看，兴旺公司在配合度上比较突出，可以随叫随到，在打样与试产中都能配合研发部门。但是，要从历史交货的质量上来看，拓展公司表现得要比兴旺公司更好。拓展公司作为上市公司，在公司规模、人员管理、质量把控、研发能力等方面都要优于兴旺公司。A公司新产品定位在高端人群，在质量上肯定不能妥协。同时，拓展公司也因为其规模较大，管理成本较高，成本上相比于其他供应商并没有太大优势，像兴旺、精英、宝通反而在价格上更有优势。而从历史交期上来看，各供应商的准时交货率也不尽相同。

究竟谁才是最合适的供应商，能够满足新产品的开发与交付任务呢？

公司供应链部门新招了一名供应链管理专业的大学毕业生孙萌，供应链总监安排他写一份供应商选择与评价的方案。

任务：假如你是孙萌，如何利用手头上已有的信息进行供应商评价呢？请拿出你的方案。

孙萌找到了自己的师傅李建国，向他请教该如何才能做出这一方案。李建国已经在供应链部门工作了5年，孙萌是他负责指导的新人。

李建国告诉孙萌："首先你需要明白公司最核心的目标是什么？最理想的状态是供应商的质量好、研发能力强、价格低、交货周期短且配合度高，但现实中并不可能如此，而是在以上五个指标中互相平衡与取舍。在质量上，由于不同供应商的生产工艺与生产设备不同，生产管理能力也不同，会出现质量的差异，如零部件出现质量问题，将直接影响到产品的质量与口碑。而从研发角度看，部分机型，A公司会提出需求，由供应商直接出方案并生产，这就对供应商产品设计能力要求较高，也只有专业性较高的供应商，才能保证供应的零配件质量。由于产品的市场竞争充分，产品价格已透明化，对于制造企业来讲，控制成本才能保证有合理的利润。产品交期上，PCBA预留的生产交期为25天，而供应商如果无法达到交期要求，则会影响到总装线的整体生产计划，进而影响成品交货。从配合程度上看，对于A公司来讲，由于PCBA的设计工作主要由自己完成，生产则外包。而设计与生产是两个需要密切配合的工作，因此供应商的配合度非常重要，既保证工作的顺利开展，又要在产品出现问题时，能够最快提出解决方案。当然仅仅这样描述是不够的，你还需要根据过往的数据对这些供应商进行量化分析，有一种分析方法叫AHP层次分析法，我相信你一定在学校里学过，你可以试试。"

学习单元2　制定企业采购管理流程

一、企业的采购管理制度

企业在管理过程中，需要将重复执行的内容进行书面化与规范化，利用制度对流程进行管理，以提升管理的效率。

采购管理制度是利用文字、图表等形式对采购组织、采购行为制定的准则、业务规范等正式文档，这些文档在企业中对具体工作具有重要的指导作用。

建立企业采购管理制度能够明确岗位、环节的责任以及相互之间的关系，实现采购流程风险的有效控制，提升采购的管理水平与绩效。

一套完善的企业采购管理制度需要具备如下特征。

1. 文本显性化

采购管理制度需要通过文字、表格、图片、视频等不同的媒体表现形式进行展现，能够将少数人头脑中的制度显性化，便于组织内外人员达成共识。

2. 操作可行性

组织的采购制度需要充分考虑企业的内外部条件、发展目标以及行业特点，组织制度需要考虑到组织的历史与特殊性，其他企业的制度可以用来借鉴，但不能完全复制。一个好的制度是组织内全体成员共同遵守的契约，因此需要强调制度能够被多数人认同。

3. 制度严肃性

采购管理制度一旦确立，就要得到执行和监督，以确保采购流程按照制度约定的方式进行，对于违反制度的行为，需要及时加以纠正。如果制度执行过程中的违规行为得不到相应的惩罚，将会导致制度流于形式，无法有效规范采购行为。

4. 功能协调性

采购是组织内若干项职能之一，因此制度制定时需要考虑到与相关部门制度的协调与接口的设计，避免出现制度上的死循环与制度盲区。因此，需要高层管理者在协调各方利益目标的基础上确定采购的制度。

5. 相对稳定性

组织内的人员从认知到接受并将制度内化的过程需要时间，因此一项制度从制定到宣贯，并且被组织内人员接受，其难度较大，消耗时间也较长。通过一段时间的制度试行，管理者可以在过程中不断优化和调整制度设计，一旦定型，就需要对制度进行固化，保持一定时期内的稳定性，便于相关人员执行。当前，在数字化技术不断发展的时代，企业内的采购管理制度可以直接融入采购管理流程，在系统设计时就将相关部分的内容嵌入，实现流程的自动化。

企业的采购管理制度既是对内部职能的有效梳理和规范，也是一份需要公开给供应链上供应商的清单。

二、采购管理流程

企业采购过程需要遵循一定的基本流程，并且能够将流程显性化。一般来说，企业的采购需求由订单触发，通过销售部门、生产部门传导至采购部门。

企业从采购请购开始到发票审批并付款，需要通过一系列流程，以确保每一步都能够按照企业的采购制度进行。

任何采购流程都由 3 个 P 构成，即流程（process）、人员（people）、文件（paper）。

（1）流程：在审核、订购、获取以及支付时需要遵循的规则，其流程步骤随着采购的复杂性增加而增加。

（2）人员：在采购过程中的利益相关者以及所负的具体责任。人员在采购过程中参与到了每个关键阶段。

（3）文件：书面文件在采购过程中起到了证明或所有权转移等作用，规范的文件确保了采购过程中的行为能够被正式地固化，并可经受后续的审计检验。

一般情况下，企业采购流程中的步骤如图3-1所示。

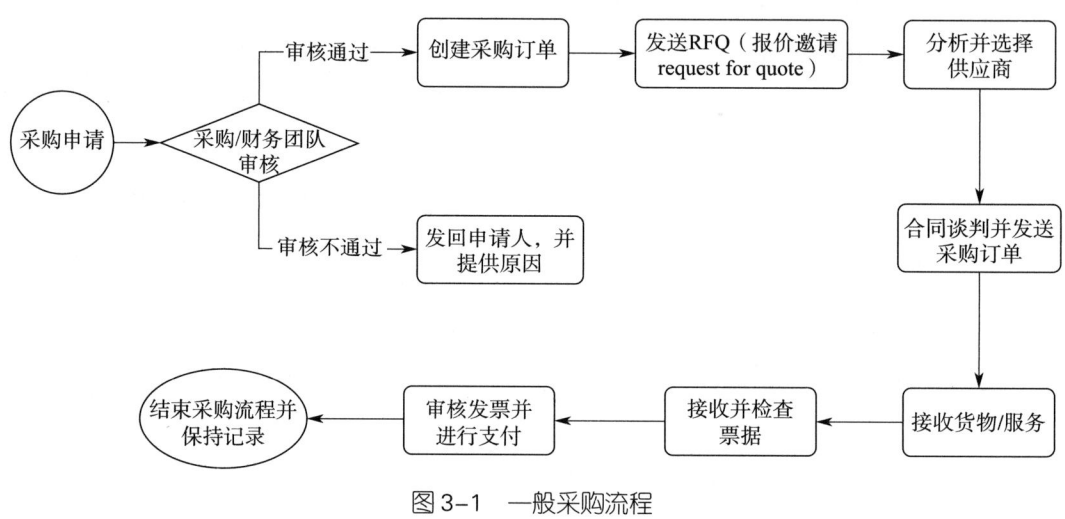

图3-1　一般采购流程

1. 需求识别

采购的需求识别阶段使企业能够及时地以合理的成本制订准确的采购商品和服务的计划。

（1）利益相关者：采购员、部门负责人、职能经理。

（2）所需文档：需求分析表、总采购成本估算、紧急采购申请书、调查报告。

（3）主要问题

1）真的需要商品或服务吗？

2）现有合同或既定来源能否满足需求？

3）它需要特别批准吗？

2. 请购

采购请购单是由内部用户/客户提出的书面或电子文件，这些文件寻求采购团队的帮助以满足现有需求。它包括采购合适的商品、服务或工程所需的关键信息。

3. 请购审核

只有在采购申请获得批准并且检查预算可行性之后，采购的流程才会正式开始。在请购审核阶段，采购部门负责人需要审查请购申请，检查所需产品或服务的必要性，并核实是否有可用的资金。

被批准的请购申请成为订单，而被拒绝的请购申请则需要退回申购人，并说明拒绝理由。

（1）利益相关者：采购员、最终用户、部门负责人。

（2）所需文档：申购提交单、申购单、单一来源采购、RFI（信息邀请，request for information）、RFP（建议邀请，request for proposal）。

（3）主要问题

1）本次购买的可用预算或批准预算是多少？

2）采购到货时间。

3）交付地点。

4. 招投标过程

一旦请购单获得批准并生成订单，采购团队将制订单独的采购计划，并列出相应的招标流程。招标计划的范围最终取决于采购要求的复杂性。

（1）利益相关者：采购经理。

（2）所需文档：供应商邀请信、信息请求书、供应商一般信息表、评估委员会成员表格、市场分析工作表。

（3）主要问题

1）招标文件是否经过交叉检查，以确保一致性和完整性。

2）计划如何处理供应商的查询（书面通信和/或通过报价前会议）？

一旦预算获得批准，采购团队将向供应商发送报价请求（RFQ，request for quotation），以接收和比较出价，从而选择合适的供应商。

5. 评标和签约

一旦招标过程结束，采购团队将与评估委员会一起审查和评估供应商报价，以确定哪个供应商最能满足现有需求。

（1）利益相关者：采购团队和评估委员会。

（2）所需文档：评估委员会议程、RFQ成本谈判（最佳和最终报价）、合同条款和条件、澄清请求、供应商技术评估模板、招标审查摘要表。

（3）主要问题

1）与供应商是否有潜在的利益冲突？

2）是否入围了合规/可接受的报价，并拒绝了无响应的报价？

一旦选定供应商，合同谈判和签署就完成了，即可将采购订单转发给供应商。具有法律约束力的合同在供应商接受并承认订单后立即激活。

6. 订单管理

供应商在规定的时限内交付承诺的货物/服务。收到交付物后，购买者会检查订单,并将收到的物品存在的问题通知供应商。

(1) 利益相关者:库存经理、申购人、供应商和采购团队。

(2) 所需文档:采购订单、发货通知、货物收据、采购发票、货物退货、产品/服务质量检查模板、供应商评估报告。

(3) 主要问题

1) 单、货核查有无差异?

2) 供应商的预期和实际绩效之间是否存在显著差异?

在此步骤中,对三份文件,即采购订单、装箱单(随订单一起到达)和供应商发票,进行审核,以发现差异并确保交易准确。一旦发现差异,就应该加以解决。

7. 发票审核与纠纷处理

审核完成后,即根据组织规范审批并转交财务进行支付处理。

(1) 利益相关者:采购经理、评审委员会、仲裁员和供应商。

(2) 所需文档:供应商合同、发票审批表、争议解决表、投诉登记和会议记录、仲裁文件、和解收据原件。

(3) 主要问题

1) 结算是否在规定时间内办理?

2) 争议解决条款是否有助于解决所有冲突?

8. 保存采购记录

付款过程结束后,采购方会对采购过程进行记录,以便记账和审计。从购买请求到批准的发票,所有的文件都应存储在一个集中的位置。

(1) 利益相关者:采购人员和申购人。

(2) 所需文档:采购过程评估报告、合同完成报告。

(3) 主要问题

1) 要求是否得到充分满足?

2) 评估标准和方法是否合适?

3) 遇到了哪些问题?

4) 避免类似情况的建议。

培训课程 2　供应链战略寻源策略制定

背景知识

传统的采购主要关注的焦点集中在获得更有竞争力的采购价格。因此，供应商管理的核心是如何降低价格。在当前供应链环境下，通过战略性合作关系，供应链上的合作伙伴有了共同的目标。作为采购方，需要通过有效的战略寻源手段，加强与供应方之间的合作密切程度，以提高供应链的整体绩效。

学习单元 1　制定战略寻源的流程

一、供应链战略寻源的价值

1. 增强供应链柔性

供应链中的合作关系强度在不确定环境下才能体现出其价值。战略性合作的好处在于，当市场供应来源紧张时，掌握稀缺性资源的供应商能够优先考虑到采购方的需求，从而帮助采购方获得更大的市场优势地位。这是供应链合作强度的最直接体现。

例如，在汽车用芯片短缺的环境下，供应商在面对多个不同客户的需求订单时，将哪个客户放在更高优先级，直接体现了供应链上采购方的影响力。

2. 获得更好的透明度

采购和供应双方通过密切的合作，实现了信息的密切沟通，让双方都能够在第一时间知晓需求/供应的信息，以便做出更为迅速的决策，避免了由于信息延迟带来的信息扭曲、库存放大等现象。

3. 提升合作效率

战略性合作的双方，在合作过程中通过磨合采取了共同的业务模板或工作流程，能够通过业务流程优化和减少不必要的烦琐程序，并且实现上下游流程的自动化，缩短采购/交付的时间周期，加速双方的资金流及物流过程。

4. 形成共同使命与价值观

当前的企业寻源除了获得稳定的供应外，还需考虑到可持续发展与环境问题，企业社会责任将进一步演化为供应链社会责任。因此，战略寻源需要考虑到合作伙伴的长期价值，通过负责任的采购获得稳定的供应保障，以避免由于供应商风险传导对采购方造成的不可控外部风险。

5. 产生更大的价值增值

采购方与供应方之间的关系越密切，通过信息流的强化，越能够增强响应性、可视性、敏捷性与创新性。例如，通过联合创新加快新产品研发与推出的速度，获得共同的市场增长。

二、供应链战略寻源的流程

战略寻源是一个采购流程，集成了数据收集、支出分析、市场调查、商务谈判和合同签订等环节。该流程能够消除商品和服务实际采购和付款过程中的不足。

1. 评估公司当前的支出（购买什么，在哪里购买，以什么价格购买）

此步骤通常由采购团队管理，在此阶段，团队需要完全了解关于采购品类本身的所有信息。如果主题是消费品公司的包装，则团队需要了解完整的类别定义，使用模式以及为什么要指定特定的类型和等级。

这意味着团队必须知道使用的数量，谁是用户，他们的位置、类型、规模、等级、使用的流程以及供应链中涉及的人员。

分析的关键领域包括：历史支出和数量、按产品和子产品分类的支出、按用户或部门支出、由供应商支出、需求预测。

2. 评估供应市场（谁提供什么）

此活动取决于采购或供应链部门的配置方式。采购部门必须进行调查以评估供应商的能力，以便及早评估企业的项目是否在确定的供应基础内可行。

重点领域包括：可行性、供应商能力、供应商成熟度、供应商可供量。

3. 制定采购策略

每个采购主管或团队应有自己的策略；企业必须确定在最小风险和成本的情况下选择在哪里购买，以及向谁购买。

在供应链不稳定的条件下，企业的采购部门需要考虑选择以本土、近岸或离岸的方式进行采购，需要权衡不同方式的优劣。

（1）本土采购。本土采购更加关注供应商的核心能力，而无须担心语言障碍以及文化差异，在沟通方面更为顺畅，物流更为可靠，但是供应商有可能缺少全球竞争力。

（2）离岸采购。离岸采购是一种能够在全球范围内寻找最优采购来源的方案，但是存在的风险包括供应链的不稳定性，文化沟通的障碍，以及较为困难的物流安排。

（3）近岸采购。近岸采购往往会寻找在同一经济区或者边界接壤的区域进行采购，这是在本土采购和离岸采购之间的均衡，能够同时享有二者的优势，并实现更好的均衡。

4. 开始采购流程

在采购开始时需要准备不同的采购方案，常见方案如下。

（1）RFI：采购方寻求供应方能力。

（2）RFP：采购方试图了解供应方如何完成工作或者供应方必须提供可能的解决方案。

（3）RFQ：采购方要求供应方对采购品项进行报价。

（4）IFB（招标，invitation for bid）：采购方向几个供应方寻求出价，根据收到的出价，采购方决定将采购合同授予哪个供应方。

（5）LOI（意向书，letter of intent）：采购方表达采购的意向与需求。

（6）PO（采购订单，purchase order）：采购方向供应方下达正式的采购订单。

5. 与供应商谈判

采购团队根据需求与经过筛选的供应商展开谈判，就产品、服务水平、价格、地理覆盖范围、付款条款等信息获取最佳的条件。

6. 沟通与实施

供应商应被告知并参与实施过程。实施计划将根据变化的程度而有所不同，并且如前所述，采购战略中的沟通计划包括对规格或过程的任何改进，以及交付或服务要求或价格的变化。

7. 基准化

采购流程需要通过基准化来进行评价，并且将战略寻源过程纳入一个可持续改进的框架中。

学习单元2 设计战略寻源方案

良好的战略寻源方案能够为企业带来更好的所有权总成本，改善投资回报率，改进供应商关系，扩大市场份额或者增强供应链竞争力。随着信息化、数字化程度的不断提升，战略寻源已经从单纯的成本导向阶段进入了综合竞争力提升的新阶段。

因此在设计战略寻源框架时，从输入、寻源分析到输出三个阶段构建了一个完整的战略寻源框架。

一、战略寻源框架

在输入端，需要根据企业的经营策略、绩效分析以及产品关键性程度三方面展开品类分析，将市场信息、交易信息均纳入战略寻源的输入端，如图3-2所示。

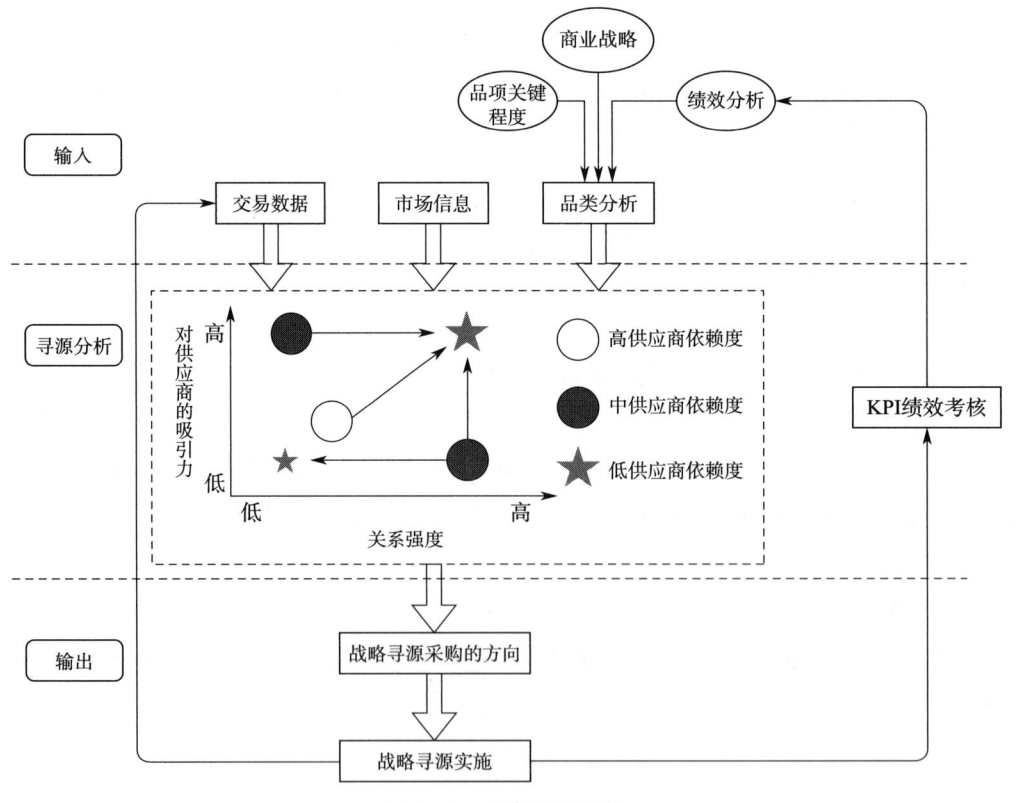

图3-2 战略寻源框架

在寻源分析端，通过关系强度以及对供应商吸引力两个维度构建采购吸引力模型，评价采购方对供应方的依赖程度，并给出降低采购风险、提升采购绩效的路径。

在输出端给出战略寻源采购的方向，并进行方案的执行。通过 KPI 的数据测量，修正输入端的数据。

为了能够更加清楚地理解战略采购寻源环境下采购方与供应方的关系，需要对采购品项按照供应战略重要性和供应风险等级进行划分，从而确定采购品项的位置。然后根据采供双方期望的关系类型进行定位，选择合适的战略位置，如图 3-3 所示。

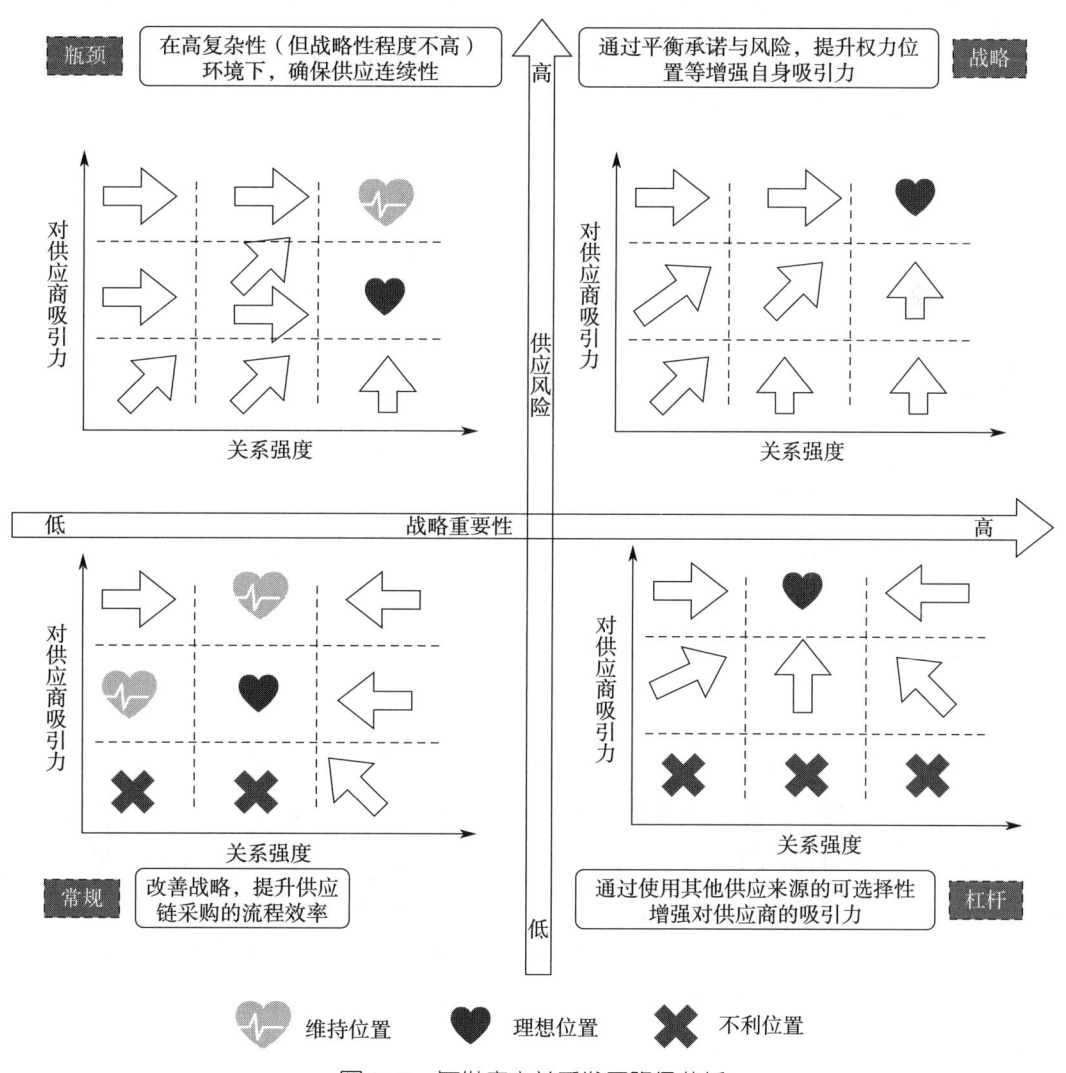

图 3-3　与供应商关系发展路径分析

二、战略寻源的实施

数字化技术推动了战略寻源的高效开展，目前市场上已有一些企业提供了包含电子采购、支出分析、合同管理以及供应商管理等功能的战略寻源工具。企业可以通过持续的市场分析以及与供应商建立关系,实现总体拥有成本的降低并优化了采购流程。

战略寻源采购降低了采购过程的短视性,促进了长期的业务整体价值。在获取战略寻源工具时,可以通过 SaaS 方式获取战略寻源能力,并且与企业现有的业务系统、外部信息源对接,实现信息的实时化展现。

战略寻源应用的价值主要表现在如下几个方面。

(1)管理环境条件与物流:获得可持续的物流便利性,如在农作物成熟的时候。

(2)竞争差异化:如使用更好品牌供应商的轮胎对汽车产生了增值效应。

(3)合规:通过选择经过认证的组件满足采购合规的需求。

(4)支持商业可持续性:选择公平贸易方案或者可持续发展理念的供应商,如家具生产企业选择不破坏热带雨林的速生林资源。

(5)减轻地理上不可靠的供应风险:为不可靠的供应源创建备选方案。

最小化风险:在选择供应商时通过创建备选供应方案,以及持续监控供应商,确保产品的可得性、质量、交付、税收、汇率和规制能满足企业的需求。

 **小贴士**

> 高德纳(Garnter)公司的研究表明,有 74% 的企业期望通过战略寻源采购来改变当前的采购现状。而实现采购流程自动化以及增加采购节约是企业寻求战略寻源方案的最大动力。

三、战略寻源案例

J 公司是国内一家车辆配装企业,最近项目销售张雄签了一份"大单",为某车辆厂 50 台新车做内装。公司总经理要求各个部门紧密协作,确保按照交期完成。接到任务后,采购张经理打开了供应商名单,逐一与供应商沟通,下达采购计划。在车辆内装中,一个重要的采购组件让张经理犯了难。墙板和窗板目前公司仅有一个合作过的认证供应商,这一部分的采购涉及大概 200 万元的采购金额。经过联系供应商,供应商销售经理反映,最近正好也是公司的忙季,刚刚接到另外一个企业的大单,现有的产能已经全部利用上了,目前没有剩余产能生产 J 公司所需的产品。

张经理有些着急,按照安装的工艺,必须先进行墙板和窗板的安装,后续工作才能开展。如果这个供应商不能顺利供货,肯定无法完成任务。

无奈,张经理只能依赖之前和这个供应商合作的关系,亲自登门拜访,经过多次沟通,供应商终于答应临时插单,为公司提供部分产品。张经理赶紧在第一时间下订单,签订合同,合同中把要求的交货时间、数量、质量要求等明确清楚。算是解了公司的燃眉之急。

回到家后,张经理依然难以入睡,虽然有了供货,但是还没法满足公司项目的时间要求,因此他打开了电脑,在自己的采购群里询问有没有公司能够提供这一产品。功夫不负有心人,一起参加采购培训的采购王经理推荐了一家塑料科技公司DX。第二天,张经理在打完预约电话后,马上就带着公司研发、工艺、供应商质量工程师一起到供方现场审核,对接产品技术要求,DX公司经过评估后,给出了产品的报价与交期,J公司在内部评估后,确认了与DX公司的合作,终于赶在交期到达前完成了项目交付。

不仅如此,还为整个项目节约了近50万元。张经理也顺利拿到了公司的降本增效奖金。

【案例思考】
1. 采购经理张经理的核心目标是什么?
2. 目前遇到了哪些难题?
3. 存在什么风险?
4. 新解决方案中需要设定哪些目标?
5. 项目如何进行阶段性控制?
6. 通过这个项目改善,取得了哪些成果?

 案例

如何应对临时跳票的供应商

A公司是一家从事半导体充电设备产品生产的企业,主要生产充电设备,为国内几家大型电子企业进行配套。最近有一笔订单到来,采购部人员向已经合作多年的贸易商Y下达了主要原料氮化镓半导体的采购订单,提前期为3个月。目前能够提供该原料的企业不多,性能最好的来自X公司。在交货前1个月,贸易商Y突然提出,无法按照原定时间交货,具体原因不详。

这给A公司的采购带来了巨大的压力。如果原料未能如期交付,产品的生产以及交付都会受到巨大的影响,延期交付的损失惨重。

采购部对现有的库存进行查询后发现,现有的原材料库存仅仅够满足这批订单20%左右的需求。同时虽然有少量替代供应商,但是产品质量却难以达到X公司的水平。

采购部门将这一特殊情况向公司领导层进行了汇报,公司总经理决定立即召开由采购、生产、销售、技术等部门一同参与的协调会议,商讨对策。

经过几个部门的头脑风暴，暂时拿出了一个应对方案。

1. 联系同行业中使用 X 公司同一型号原料的企业，协商调货。
2. 对该领域的同类型原料供应商进行寻源，发现新供应商。
3. 评估出有技术实力，且合作意愿较强的企业，与供方协同开发。
4. 联系客户，争取交货期延迟。
5. 将现有原料投料生产，及时交付部分产品。
6. 与贸易商 Y 保持沟通，了解无法交货的原因，并要求如果恢复供应，将海运转为空运。

经过公司内外部的协调，销售部门争取到了 2 个月的延期交付，采购部门寻找到两家有意愿合作开发的企业。贸易商 Y 的供货在短时间内无法恢复，市场上也没有额外的库存可供调货。

公司决策层认为，在这种不利条件下，只能采用战略性寻源方案了。经过综合评选，选定了国内一家具有较强研发实力，且合作意愿较强的供应商展开了艰难的合作之路。A 公司向供应商派驻研发人员，双方共同制定了流程，在产品需求、质量等方面达成了一致。经过一个月的联合攻关，终于开发出了一款和 X 公司产品性能相当的产品。

最终，交货提前期由原来的 3 个月缩短为 15 天，成本比原来降低了 30%。企业在危急的情景下，采用战略性寻源方案找到了一条突破之路。

而经过调查才发现，由于原贸易商 Y 自身的资金周转问题，公司发生了人员流失与机构的变化，被取消了国内一级代理商的资质。

【案例思考】

面对供应过程中的风险，应该未雨绸缪先行规划战略寻源，还是对危急事件进行快速响应？哪一种形式更为有效？

培训课程 3 采购合规体系制定

背景知识

合规是组织可持续发展的基石。在全面依法治国的背景下，组织越来越多地关注其面临的合规-风险以及如何实现合规。合规意味着组织遵守了适用的法律法规及监管规定，也遵守了相关标准、合同、有效治理原则或道德准则。

组织通过建立有效的合规管理体系，以防范合规风险。组织在对其所面临的合规风险进行识别、分析和评价的基础之上，建立并改进合规管理流程，从而达到对风险进行有效的应对和管控的目的。

学习单元 1 制定采购合规管理体系

一、合规管理体系

合规管理体系的流程图如图 3-4 所示。

1. 合规义务

组织需要系统识别其合规义务及其对组织活动、产品和服务的影响。组织在确立、制定、实施、评价、维护和改进合规管理体系时，需要考虑这些合规义务。

组织需要以适合其规模、复杂性、结构和运行的方式记录其合规义务。合规义务的来源应包括合规要求和合规承诺。

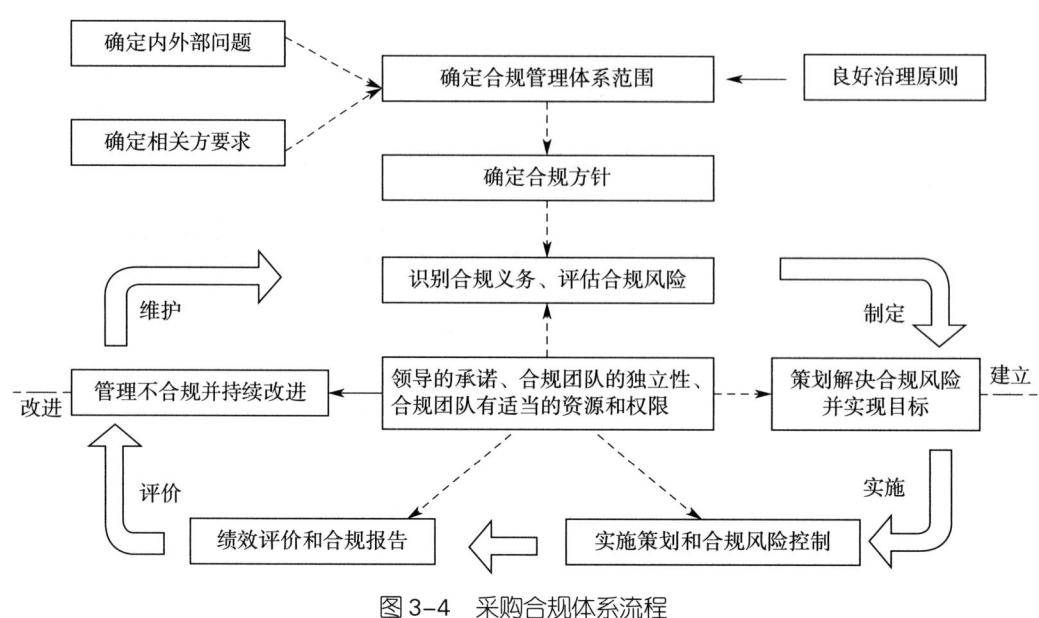

图 3-4　采购合规体系流程

 **相关链接**

> 示例 1：合规要求包括如下内容。
> ——法律法规；
> ——许可、执照或其他形式的授权；
> ——监管机构发布的命令、条例或指南；
> ——法院或行政法庭的判决书；
> ——条约、惯例和协议。
>
> 示例 2：合规承诺包括如下内容。
> ——与社区团体或非政府组织签订的协议；
> ——与公共权力机构和客户签订的协议；
> ——组织要求，如方针和程序；
> ——自愿原则或准则；
> ——自愿性标志或环境承诺；
> ——组织签署协议产生的义务；
> ——相关组织和行业标准。

组织需要有适当的过程识别法律、法规、准则和其他合规义务的出台和改变，确保持续合规。组织需要有序评价已识别的变更和任何变更对合规义务管理的影响。

2. 合规风险的识别、分析与评价

组织需要识别并评价其合规风险。该评价是正式合规风险评估或其他替换方法的基础。合规风险评估构成了合规管理体系实施的基础，是有计划地分配充足的资源和管理已识别合规风险的基础。

组织识别合规风险，需将合规义务与其活动、产品、服务和运行的相关方面联系起来，以识别可能发生的不合规现象。组织需要识别不合规的原因及后果。

组织应通过考虑不合规的原因、来源、后果的严重程度、不合规的可能性和可能产生的后果进行合规风险分析。后果包括：个人和环境伤害、经济损失、声誉损失和行政责任等。

风险评价涉及组织合规风险分析过程中发现的合规风险等级和组织愿意接受的合规风险水平。

合规风险评估应周期性地重复进行或者在出现以下情形时随时进行。

（1）新的或改变的活动、产品或服务。

（2）组织结构和战略改变。

（3）重大的外部变化，如金融经济环境、市场条件、债务和客户关系等发生重大变化。

（4）合规义务改变。

（5）不合规。

3. 合规的领导与方针

（1）合规的领导。治理机构和最高管理者应通过下列方式证明其对合规管理体系的领导和承诺。

1）确立和坚持组织的核心价值观。

2）确立组织的合规方针和合规目标，并与该组织的价值观、目标和战略方向保持一致。

3）确保制定并实施合规方针、程序和过程，以实现合规目标。

4）确保合规管理体系所需资源的可用、分配和指派。

5）确保合规管理体系要求融入组织的业务流程。

6）传达有效合规管理体系的重要性和符合合规管理体系要求的重要性。

7）指导和支持人员提升合规管理体系的有效性。

8）支持其他相关管理者，使他们在自己担责的领域中展现出合规领导力。

9）确保运行指标和合规义务一致。

10）确立并维护问责机制，包括对不合规事件的及时报告。

11）确保合规管理体系实现它的预期成果。

12）推进持续改进。

（2）合规方针的制定。制定企业的合规方针需要考虑以下内容。

1）国际、区域或本地的特定义务。

2）组织的战略、目标和价值观。

3）组织的结构和治理框架。

4）与不合规有关的风险性质和等级。

5）其他内部方针、标准和准则。

确立的合规方针应与组织的价值观、目标和战略保持一致，且应通过治理机构批准。合规方针确立组织实现合规的总原则和行动承诺。它设定要求的责任和绩效水平以及评估行动的期望。方针应适合于组织活动产生的合规义务。

合规方针不宜是孤立的文件，应由其他文件支持，包括运行方针、程序和过程。

4. 合规组织与管理

合规治理机构和最高管理者的积极参与和监督是有效合规管理体系不可分割的一部分，这有助于确保员工充分理解组织的方针和运行程序，以及如何将其运用在他们的工作中，并确保他们有效地履行合规义务。

要使合规管理体系有效运行，治理机构和最高管理者需要通过持续积极地支持合规和合规管理体系来以身作则。

许多组织由专人（如合规专员）负责日常的合规管理，有些组织由跨职能的合规委员会协调整个组织的合规工作。

一些组织（取决于其规模）有人员全面负责合规管理，尽管这可能是其他角色或职能之外的职责，包括现有委员会、组织部门，也有的组织把部分工作外包给合规专家。

这些行为不应被视为免除了其他管理层的合规职责，因为所有管理者对合规管理体系都发挥一定的作用。因此，在管理者的职位描述中清晰地设定他们各自的职责十分重要。

管理者的合规职责必然会随着权限、影响力和其他因素的改变而变化，如组织的性质和规模。但是，有些职责有可能是各类组织共有的。

合规团队应与管理者合作，负责以下事宜。

（1）在相关资源的支持下识别合规义务，并将那些合规义务转化为可执行的方针、程序和过程。

（2）将合规义务融入现有的方针、程序和过程。

（3）为员工提供或组织持续培训，以确保所有相关员工得到定期培训。

（4）促进合规职责融入职位描述和员工绩效管理过程。

（5）设定适当的合规报告和文件化体系。

（6）制定和实施信息管理过程，如通过热线、举报系统和其他机制进行投诉和/或反馈。

(7)确立合规绩效指标,监视和测量合规绩效。

(8)分析绩效以识别需要采取的纠正措施。

(9)识别合规风险,并管理与第三方有关的合规风险,如供应商、代理商、分销商、咨询顾问和承包商。

(10)确保按计划定期对合规管理体系进行评审。

(11)确保合规管理体系的建立、实施和维护能得到适当的专业建议。

(12)使员工可以得到与合规程序和参考资料相关的资源。

(13)针对合规相关事宜向组织提供客观建议。

以上资料来源:GB/T 35770—2017。

二、采购合规体系

构建采购合规体系,首先需要对采购流程进行清晰梳理,基本原则是,实现请购、订单下发、验收入库以及付款四个重要环节的分开和可追溯。采购合规体系中的主要风险点包括以下几项。

1. 预算

采购部门需要把采购价格控制在预算以内。公司预算的来源有如下三种。

(1)采购申报。优点是快速而准确,缺点是采购降低成本的动力不足。

(2)使用部门申报。优点是不让采购既做预算又控制实际价格,缺点是预算并非由市场部门申报,准确性较差。

(3)将上年采购价格削减作为本年的预算。优点是给采购压力,快速降低成本;缺点是公司缺乏增值理念,过度依赖低成本竞争,导致采购人员大量流失。

2. 请购

请购是采购对使用部门输入的控制点。请购环节对应计划内预算内请购、计划内预算外请购和计划外请购三种情况,见表3-1。

表3-1 请购控制策略

形式	行动指南
计划内预算内请购	符合管理要求,考虑简化审批流程
计划内预算外请购	需要使用部门和采购部门共同分析超预算原因,形成报告供领导审批,并通知财务修改预算
计划外请购	需要使用部门向主管领导解释原因,并重新申请预算,经过审批后执行

3. 询价

询价环节是违规的"重灾区"。如果组织缺乏完善的询价工具和监控机制,会有三种典型的违规情况发生。

（1）采购一人控制整个询价环节，将目标价格泄露给某个供应商，失去公平性。

（2）公司内部人员在询价期间打听各供应商报价情况，之后给某个供应商报信。

（3）供应商相互串标，哄抬价格。

4. 比价

比价是内控的重点。在完成询价之后，采购要填写比价表，体现中标价格低于预算的比例。对于审批者，要知道比价表的两个要点。

（1）中标价格低于或高于预算的比例和原因。一般在10%以内还算合理，如果过低或者过高，则要考虑预算是否有误或者采购价格是否合理。

（2）参与比价的供应商数量应与标的额相匹配。例如，规定50 000元以上的订单要有至少三家供应商比价，10 000~50 000元的订单要有至少两家供应商比价。

5. 订单或合同

订单或合同是采购活动的法律控制点。对于签署长期供货协议的供应商，采购只需要下发订单即可；对于没有签过合同的采购任务，采购首先需要与供应商拟订合同，签字盖章生效后再执行。这将涉及三个控制点。

（1）合同和订单的模板。对于有法务的公司，采购要找律师提供所有合同和订单的模板。对于没有法务的公司，采购需要参考同类采购项目的标准合同文本制作模板。

（2）分级审批订单的金额越大，一旦供应商违约，公司承担的风险和损失也就越大，这就需要对不同级别的员工按照不同金额设置审批权。达到风险与效率兼顾的目的。

（3）某些组织会要求财务总监和运营总监参与审批金额较大的订单。

6. 采购验收

对于直接原料，验收是指来料检验；对于设备，验收是指性能检测。

验收的控制点有两个。

（1）专职负责验收或者多部门联合验收。对于直接材料，由企业的质量工程师专职负责来料检验；对于间接材料，往往需要使用部门进行评价，因此需要采购深入使用现场验证使用部门的反馈是否属实，以控制合规性；对于设备，采购可以要求工艺部和生产部联合验收，双方都签字才能生效。

（2）验收时间与合同规定相符。有些使用部门并不知道供应商对验收时间的要求，如供应商要求到货后一个月内甲方需要完成验收，否则默认为验收合格。这就需要在到货后，采购提醒使用部门尽快验收，遇问题尽快反馈，否则一旦错过时间，公司就有遭受损失的风险。

7. 入库

部分公司由库管员同时完成系统和实物的入库操作，这导致了潜在的违规风险。

例如，在企业中存在着低值易耗品的"跑冒滴漏"现象，供应商送来一批低值易耗品然后取回，库管人员在系统中录入到货信息，然后使用部门的领料人员在系统中进行领取低值易耗品操作，这样财务部门人员很难验证这一系列操作的真实性。

针对这种问题，可采取合规管理办法加以解决。

（1）实物入库和系统入库的操作分别由入库员和仓库主管负责。仓库必须每天做来料盘点，确保账物相符。

（2）废物留存，财务检查。例如，领料部门操作领取 300 双手套，之后说用完废弃。财务要求领料部门必须保留废弃的 300 双手套，经过财务检查后才能用旧手套领取新手套。一进一出，两头控制，杜绝程序性漏洞。

8. 发票

采购要确保发票准确无误。

在流程清晰的大企业，供应商的发票直接送交财务，而不是由采购收到发票后请款。这样做可以避免采购同时掌控多个环节，因权力过大产生违规问题。但对于小公司，财务没有能力对供应商进行账务核查，这就需要核验发票并请款，为了防止其中的风险，常用的控制方法如下。

（1）开票前确认发票内容的准确性，避免发票作废重开导致的风险。

（2）发票提交要及时，确保支付按照合同约定进行。

（3）将按时付款指标作为采购业绩衡量的一个组成部分，避免延期支付对企业信誉造成损害。

9. 付款

付款是采购业务的终点。付款的操作和审批权在财务和总经理，但采购需要参与如下三件事情。

（1）采购需要知道是否会按时付款，以避免供应商因为付款出问题而涨价或者停止供应。当公司的现金流不足时，采购需要协助财务与供应商协商延迟付款。

（2）年底或年初时，采购需要支持财务与供应商的对账工作。

（3）在价格变化和税率变化时，采购需要通知财务价格变动情况并及时做出调整。

三、制定合规体系案例

宝马集团的供应商合规管理策略

宝马集团与 70 个国家的约 12 000 家供应商合作。合作伙伴需要满足宝马公司设定的环境和社会标准。

宝马集团与供应商的合作基于对产品和产品质量、供应安全、有竞争力的价格和创新的相互理解。

宝马集团对供应商进行可持续性风险管理，由三个不同的步骤组成。

1. 识别风险

宝马集团使用特定的可持续性风险过滤器来识别风险。该过滤器考虑区域和产品特定风险。这些风险可以是特定国家的社会风险，如童工或强迫劳动，还考虑由危险工艺材料和物质造成的健康和安全风险，以及有害排放干扰自然环境等生态风险。

2. 自我评估

供应商的每个生产和交货地点都必须在提名前通过填写关于生态、社会和治理标准执行情况的特定行业可持续性问卷进行自我评估。除此之外，宝马集团还收集了有关遵守人权、禁止强制劳动和节省资源使用材料的信息。此外，宝马集团还会检查供应商是否具有符合 ISO 14001 或 EMAS 的环境管理系统。

3. 评估和审计

供应商可以通过可持续性风险过滤器、媒体筛选和/或可持续性自我评估问卷来识别违反可持续性的行为。之后，通过宝马集团的独立可持续性审计或可持续性评估对这些选定地点进行检查和资格认证。可持续性审计由外部审计师进行，可持续性评估由宝马集团的员工执行。

 案例

N 公司案例

一、水泥采购合规过程

1. 合同签订

为进一步加强上游资源渠道建设，完善采购资源，降低采购成本，按照《C 集团有限公司战略采购管理实施细则》要求，2019 年，C 集团有限公司与 N 公司签订战略合作协议后，2020 年 6 月，C 集团有限公司深圳公司（以下简称"深圳公司"）与 N 公司依据双方的战略合作协议就结算价格、支付方式和数量等细节进行了数轮战略谈判，并根据《C 集团有限公司主营审批流程管理办法》要求履行合同审批流程后与对方签订了水泥采购合同。

2. 货款支付

由于水泥厂家均要求预付款结算，因此深圳公司与 N 公司双方也按照先款后货模式开展业务。业务人员每月月末根据各施工单位月度需求计划测算次月资金计划。每周按照各施工单位周度需求量申请付款金额。

3. 发运供应

每天收到各施工单位的进场计划后，根据计划在 N 公司的下单系统内选择具体规格和数量进行下单操作，N 公司收到订单后会安排车辆进行装运发货。水泥运到对应

工地后,现场收货人会核对送货单、合格证,对规格、数量进行验收,无误后进行卸货签收。

4. 结算对账

每月16日根据现场收货人的签收单,双方对上月16日到本月15日的发货明细进行逐一登记核对,并根据数字水泥网公布的网价进行结算。双方就数量、金额核对无误后,对结算明细表进行签字、盖章,N公司根据结算金额开具增值税专用发票。

二、存在的风险及控制措施

1. 资金风险

由于业务支付方式为先款后货,定价方式为数字水泥网上月下旬和本月上旬网价的平均价,该网价在每月16日和31日公布。发货期间按照N公司出场挂牌价预扣,有可能出现预扣单价大于实际结算单价,导致预付款存在一定的资金风险。

风险控制措施如下。

(1)事前控制:对于战略合作客户的选择较为严格,选择国企的水泥厂家合作,在资金上有一定安全保障。

(2)事中控制:一是N公司给予一定的授信额度,授信额度内可以先货后款,即先发货后付款;二是每天通过N公司的订单系统可以查询实际发货数量以及账户余额,进行实时核对,同时,根据C集团有限公司管理办法中"对同一收款单位预付款余额一般不超过2000万元"的要求,支付给N公司的每笔货款均不超过500万元,进一步减小资金损失风险。

(3)事后控制:每月结算完毕后,双方会进行财务对账,并对对账函进行签字盖章。

2. 供应风险

每年第四季度受赣江水位、环保要求等因素的影响,南昌市场水泥供应量不足以满足建筑市场的需求,会出现水泥供应不正常的风险。

风险控制措施:一是按照《C集团有限公司物资供应管理办法》要求,深圳公司积极与N公司沟通,持续做好供应全过程管理,在N公司厂区内设立专库,专门供应深圳公司各项目;二是深圳公司积极做好供应计划、供应组织和供应协调工作,特别是在每年季度施工旺季厂内水泥库存不足时,N公司通过绿色通道优先满足深圳公司需求。

3. 质量风险

水泥质量风险主要体现在技术指标不达标,特别是强度、比表面积受原材料影响较大。

风险控制措施:一是按照《C集团有限公司物资供应管理办法》要求,在合同中明确水泥质量标准及厂家对水泥质量承担的权利、义务、责任及违约罚则,明确质量保证金的计扣比例、周期和罚没条件；二是在水泥生产环节重点监督原材料质量，如有必要实行驻厂监造；三是在供应环节做好质量证明文件管理，加强进场验收，引入第三方检测机构不定期进行检测；四是一旦出现质量问题，立即启动预案，分析原因，立即整改；五是按照《C集团有限公司供应商管理办法》的规定，加强供应商管理，特别是因厂家原因导致质量不合格的，供应商应承担相应责任，可对其做出限制交易处理等措施。

三、总结

C集团建立了系统的采购管理制度和体系，从资源渠道建设、供应商管理、供应管理、资金支付、质量管理等各方面对采购实施全流程管控，针对性强，易操作，管理要点突出，风险管控事前、事中、事后到位，能有效避免采购风险，将采购风险有效隔离。

学习单元2　制定采购合规评价体系

一、采购合规体系的绩效评价

企业的合规工作是一项需要动态持续进行的工作，因此，组织需要确定如下内容。

（1）需要被监视和测量的内容和原因。

（2）监视、测量、分析、评价的方法，以确保有效的结果。

（3）何时宜进行监视和测量。

（4）何时宜分析、评价和报告监视和测量的结果。

组织应适当保留文件化信息，作为结果证据。组织应评价合规管理体系的绩效和合规管理体系的有效性。

（1）合规管理的监视。需要监视合规管理体系以确保实现合规绩效，组织需要制定持续监视计划，设定监视过程、时间表、资源和要收集的信息。

合规监视是为了评估合规管理体系有效性和组织合规绩效，收集信息的过程。典型的合规管理体系监视包括如下内容。

1）培训的有效性。

2）控制的有效性，如抽样检查的结果。

3）有效分配满足合规义务的职责。

4）合规义务的宣贯程度。

5）确认原先处理合规失败的有效性。

6）内部合规检验未按时间表执行的案例。

典型的合规绩效监视包括如下内容。

1）不合规和"近乎违规行为"（即未造成负面影响的事件）。

2）未履行合规义务的案例。

3）未实现目标的案例。

4）合规文化的情况。

5）组织确立的相关合规绩效指标。

（2）合规绩效信息的来源。组织应建立、实施、评价和维护用以寻求和接收合规绩效反馈信息的程序，反馈来源包括如下几项。

1）员工，如通过举报设施、热线电话、反馈和意见箱。

2）客户，如通过投诉处理系统。

3）供应商。

4）监管部门。

5）过程控制日志和活动记录。

（3）合规信息收集方法。需要通过多种不同渠道进行合规信息的采集，常见的收集途径包括如下几种。

1）出现或确认不合规时的特别报告。

2）通过热线电话、投诉和其他反馈（包括举报）所收集的信息。

3）漫谈会、研讨会和分组座谈会。

4）抽样和诚信试验，如神秘购物。

5）感觉调查的结果。

6）直接观察、正式访谈、工厂巡视和检查。

7）审核和评审。

8）利益相关方质询、培训要求和培训过程中的反馈（尤其是员工的反馈）。

（4）合规信息的分类。针对信息分类可以采取不同的分类方法，使用标签化的体系进行信息的存储，以方便后续检索和利用。

一旦收集了信息，需要对它进行分析和精确评估以确定不合规的根本原因和需采取的适当行动。分析应考虑系统性和反复发生的问题，并进行改正或改进，因为这些可能给组织带来重大且更加难以识别的合规风险。

（5）组织合规指标制定。组织确定一系列可衡量指标具有十分重要的意义，此类指标可帮助组织衡量其目标的实现程度，并量化合规绩效。

该过程应参考合规风险的评估结果，以确保各指标与组织的合规风险特征具有相关性。合规绩效测量内容和方式的问题，从某些方面而言具有挑战性，然而，这是证明合规管理体系有效性的重要部分。而且，必要的指标将随组织的成熟度、所处的发展阶段和新的、改进的程序实施程度而改变。

示例1：活动性指标的例子包括以下内容。

1）经过有效培训的员工比例。

2）监管部门联系的频率。

3）反馈机制的使用（包括用户对机制价值的评论）。

4）对于每项不合规，采取何种类型的纠正措施。

示例2：反应性指标的例子包括如下内容。

1）根据类型、区域和频率报告已识别的问题和不合规风险。

2）不合规的后果，包括对货币补偿、罚款和其他处罚、补救成本、声誉或员工时间成本影响的估价。

3）报告和采取纠正措施所花费的时间。

示例3：预测性指标的例子包括如下内容。

1）一定时期的不合规风险［测量目标（收益、健康和安全、声誉等）的潜在损失/收获］。

2）不合规趋势（基于过去趋势预测合规率）。

（6）合规报告制度。除非法律另有规定，组织应选择适合自己情况的内部合规报告的版式、内容和报告时间。合规的报告应融入组织的常规报告中。

即使是一个小失败，也表明当前过程和合规管理体系存在严重缺陷。如果不及时报告，可能导致人们认为失败不重要并导致此类失败成为系统性问题。

应鼓励员工反映并报告违法行为和其他不合规事件，并将报告视为积极的，不构成威胁的行动，而无须担心遭到报复。企业应在合规方针和程序中清晰地设定报告义务，并通过其他方法加以强化，如管理者在日常工作中对员工的非正式强化。

（7）合规报告的内容与记录。合规报告包括以下内容。

1）组织按要求向监管机构通报的全部事项。

2）合规义务变化及其对组织的影响，以及为了履行新义务，拟采用的行动方案。

3）对合规绩效的测量，包括不合规和持续改进。

4）可能的不合规数量和详细内容以及随后对他们的分析。

5）采取的纠正措施。

6）合规管理体系有效性、业绩和趋势的信息。

7）与监管部门的接触和关系进展。

8）审核结果和监视活动。

合规方针应促进常规报告时间表范围之外的实质性重大事件的立即报告。

合规报告的记录：应准确、即时地记录组织合规活动，这有助于监视和评审过程，并证明与合规管理体系的一致性。

记录应包括对投诉、争议的不合规和解决它们的步骤，并对其进行分类；应以确保清晰、容易、可辨认和可检索的方式保存记录；应保护这些记录，使其免于被增加、删除、修改、未经授权使用或隐藏。

组织的合规管理体系记录包括以下几项。

1）合规绩效信息，包括合规报告。

2）来自相关方的投诉、解决方案和沟通情况。

3）不合规及纠正和预防措施的详细内容。

4）对合规管理体系和采取行动的评审和审核的结果。

（8）合规的评审与改进。发生不合格和/或不合规时组织应采取如下措施。

1）对不合格和/或不合规做出反应，在适当情况下采取行动控制和纠正，并做好善后。

2）评价是否需要采取行动，消除不合格和/或不合规的根本原因，为了避免再次发生或在其他地方发生，可通过以下方式解决。

①评审不合格和/或不合规。

②确定不合格和/或不合规的原因。

③确定是否存在或有可能发生类似的不合格和/或不合规。

3）实施必要的行动。

4）评审所采取的纠正措施的有效性。

5）如必要，修改合规管理体系。未能避免或发现一次性不合规并不意味着合规管理体系预防和发现不合规总体无效。

应采用并宣传清晰、及时的上报过程，以确保所有不合规都能被提出、报告并最终上报给相关管理层，确保合规团队得到通知且能够为上报提供支持。在适当的情况下，应向最高管理者和治理机构上报，其中包括相关委员会，详细说明报告的对象、方式和时间以及内部和外部报告的时间表。

当组织需按法律要求报告不合规时，须根据适用法规或其他商定方式通知监管机构。

即使法律未要求组织报告不合规，组织也可考虑自愿向监管机构披露不合规，以减轻不合规的后果。

有效的合规管理体系应包括一种机制，使组织的员工和/或其他人以保密的方式报告可疑或实际的不当行为，又或违反组织合规义务的行为，而无须担心遭到报复。

二、企业采购合规评价案例

C集团深圳有限公司（以下简称"深圳公司"）是世界500强企业B股份有限公

司旗下的控股子公司，是 B 公司在华南区域专业从事物资集采供应、实施战略采购的平台，主要从事工程建筑物资供应链集成服务。

为优化采购资源、防范采购风险、保证采购质量、控制采购成本，深圳公司及各物资供应中心结合供应商日常供应中的产品或服务质量、生产供应或服务能力、履约能力、价格水平等方面，通过评价模型对本单位有交易的供应商采取日常评价和年度评价相结合的方式做出具体、客观的评价。

日常评价是对供应商供应过程中的产品质量、合同履约、交货、售后服务等做出的即时或阶段性评价；日常评价是每个月的结算周期结束后，各物资供应中心按照"供应商日常评价表"的评价标准，完成对供应商供应情况的日常评价工作并上报至公司采购管理部进行归纳汇总。

年度评价是对供应商的综合实力、日常供应情况、总体价格水平等做出的定期评价。年度评价得分为 60~89 分的为合格，90 分及以上的为优秀，低于 60 分的为不合格。年度评价为优秀的，将其列入本年度优质供应商名录；年度评价为合格的，列入本年度合格供应商名录；年度评价为不合格的，不得将其列入本年度合格供应商名录，同时限制其交易期。每年初，深圳公司对上一年度有交易的各类供应商进行一次年度评价，填写"供应商年度评价表""合格供应商准入评审表""优质供应商评审表"，经公司采购管理部归纳汇总，最后形成"供应商年度评价汇总表""优质供应商评价汇总表"上报集团公司采购管理部审核。

深圳公司在集团公司发布上一年度的合格供应商名录、优质供应商名录后，推荐出本公司的上年度优秀供应商，并为其发放"优秀供应商"授权牌，适时对供应商进行激励，维护良好供需关系，构建双赢的管理模式。深圳公司供应商管理采取日常评价及年度评价是为了优化采购资源、防范采购风险，也是造就企业竞争力的有效手段，通过供应商管理评价，可以根据评价结果选择更为优质的供应资源渠道，提高产品质量，降低成本，提升公司在市场竞争中的应变能力，搞好供应商的选择与管理，建立合理的管理体系，对提高企业核心竞争力也有着重大的意义。

职业模块 4 生产管理

培训课程1　生产策略制定
　　学习单元1　制定生产模式策略
　　学习单元2　设计生产计划优化方案

培训课程2　物料管理策略制定
　　学习单元1　制定物料控制模式
　　学习单元2　制定联合库存管理策略
　　学习单元3　制定安全库存策略

培训课程3　产品与服务开发协同
　　学习单元1　产品与服务开发策略
　　学习单元2　产品与服务开发优化项目方案设计

培训课程 1

生产策略制定

情景描述

我国是服装的生产及消费大国，服装行业随流行趋势变化越来越快，小批量、多品种、产品换季频繁且销售周期越来越短，服装的生产、流通都需在相对短时间内完成。特别是在电商渠道的销售方式影响下，每年大促销来临时，产品的生产、备货、退换等一系列的业务对服装供应链提出了更高的要求，需要对需求有更快和更加柔性的响应能力。

传统的服装生产是基于预测的，根据客户群体数量以及流行趋势的预测，对不同款的服装设计不同的色彩、尺码等，导致了服装的SKU[①]数量多，难以预测，退换货数量大。

在采用了智慧数字化生产模式后，服装生产企业为客户提供了数字化定制的解决方案。客户在服装品牌的App上，首先进行产品的选型，然后根据自己的身材特征以及喜好进行个性化定制并下单，平台在收到客户下达的定制化订单后，将数据发送给后台的智能化工厂，按照客户需求进行生产，实现了按照需求的个性化定制。

这种模式下，客户的满意度水平大大提升，企业的现金流明显好转，但同时对企业的数字化生产能力以及物流能力提出了更高的要求。

背景知识

在供应链中，生产运营是通过有效的生产策略制定，建立完善生产组织，在生产

---

①SKU 是 stock keeping unit 的缩写，即库存量单位。

计划与控制工作的引导下,按照供应链计划执行生产方案,实现供应链的目标。

学习单元 1　制定生产模式策略

一、产品生产特征

不同类型的企业根据其生产产品的不同,具有不同的模式,主要包括离散型生产模式、连续型生产模式以及项目型生产模式。

针对不同的生产特点,其供应链组织模式也具有差异性。

1. 离散型生产

(1) 生产计划

1) 影响因素多,生产计划制订复杂。

2) 生产能力需求根据每个产品综合建立,预测较为困难。

(2) 生产过程控制

1) 生产任务多,生产过程控制非常困难。

2) 生产数据多,且数据的收集、维护和检索工作量大。

3) 工作流程根据特定产品的不同经过不同的加工车间。因每个生产任务对同一车间能力的需求不同,因此工作流程经常出现不平衡。

4) 因产品的种类变化较多,非标准产品多,设备和工人必须有足够灵活的适应能力。

5) 通常情况下,一个产品的加工周期较长,每项工作在工作平台上的排队时间很长,引起加工时间的延迟和在制品库存的增加。

(3) 应用领域:机械加工、电子元器件制造、汽车、服装、家具、五金、医疗设备、玩具生产等。

2. 连续型生产

(1) 生产计划。相对离散型生产较为简单,计划较为稳定,设备的产能固定。

(2) 生产过程控制

1) 工艺固定,工作中心的安排符合工艺路线,通过各个工作平台的时间接近相同。

2) 工作平台专门生产有限的相似的产品,工具和设备为特定的产品而设计。

3) 物料从一个工作点到另外一个工作点使用机器传动,有一些在制品库存。

4）生产过程主要专注于物料的数量、质量和工艺参数的控制。

5）因为工作流程是自动的，实施和控制相对简单。

6）生产领料常以倒冲的方式进行，这是连续生产企业的特有特征。

7）配方的管理要求很高，如配方的安全性、保密性。

8）需要对产品的质量进行跟踪，往往需要从产成品到半成品、供应商等方面进行跟踪，因此对批次管理要求较高。

9）某些产品常常有保质期。

10）生产过程中常常出现联产品、副产品、等级品。

（3）应用领域。流程制造：流程制造包括重复生产和连续生产两种类型。

重复生产又称为大批量生产，与连续生产有很多相同之处，区别仅在于生产的产品是否可分离。重复生产的产品通常可一个个分开，它是离散型生产的高度标准化后，为批量生产而形成的一种方式；连续生产的产品是连续不断地经过加工设备的，一批产品通常不可分开。

3. 项目型生产

（1）生产计划。完全定制型，需要按照项目 BOM 的要求以工序作业计划作为组织生产、调整优化、下达指令、采取措施的依据。

（2）生产过程控制

1）高度定制化导致生产周期较长。

2）需要边设计边生产，整体的业务具有一次性特征，可复用性低。

3）生产所需原料品种多、规格变化大，单品需求量小，采购周期紧张。

4）对生产过程关键资源依赖度高，工序周期长。

5）生产过程串行化，并行难度大。

（3）应用领域。项目型生产是一种面向订单设计的生产类型，这类生产模式一般适用于大型复杂定制型产品，比如大型电力设备、航天器、船舶、电梯、起重设备等，因为每个产品的生产都与具体的订单紧密关联，所以又称为订单型生产模式。

二、企业生产战略

生产战略分为四种：追逐战略、均衡战略、分包战略和混合战略。

1. 追逐战略

追逐战略（见图 4-1）也称为需求匹配型生产模式。在维持稳定库存水平的前提下，调整生产计划来满足客户需求。

通俗来讲就是：客户要多少，生产就做多少，与此同时维持一定数量的安全库存（在精益生产环境下可以做到零库存）。

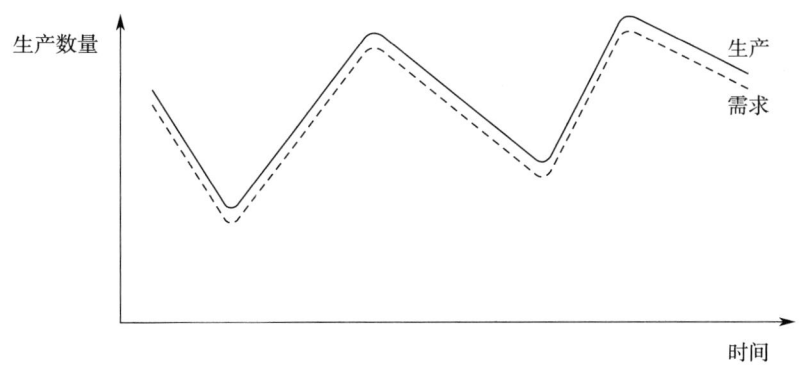

图 4-1 追逐战略

这种生产战略可以避免高库存，甚至做到零库存，因此适用于精益生产模式，将客户需求转换为拉动信号，产线根据拉动信号进行生产。精益企业强调通过减少过程浪费来缩短生产周期，因此，可以做到快速交付。在这样的前提下，就不需要建立库存。

追逐战略虽然可以降低库存成本，然而生产稳定性较低，需要不断调整生产计划，因此可能会产生以下成本。

（1）招聘、裁员、加班、减班（用于增加/减少产能）。

（2）当需求下降时，设备和人员闲置造成的产能浪费。

（3）频繁的设备换型。

2. 均衡战略

均衡战略（见图 4-2）也称为平准化生产模式，在维持平稳生产的同时，调整库存水平来满足波动的需求。

在均衡战略下，生产计划应尽可能保持稳定一致，且等于一段时期的平均需求。

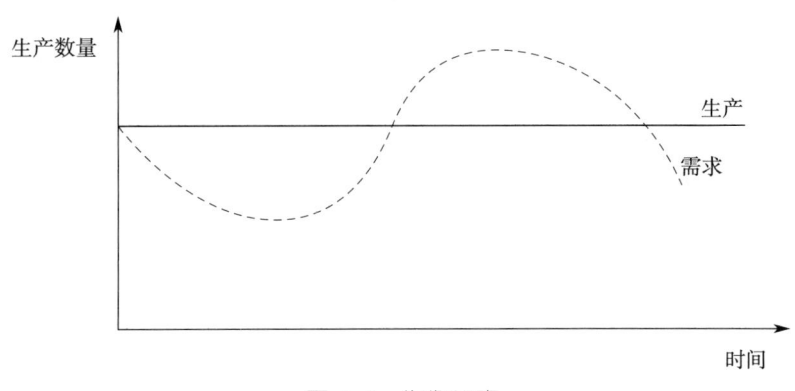

图 4-2 均衡战略

例如，空调的销售带有明显的季节性特征，夏季和冬季的需求量较大，而春秋季需求较低。但是在空调企业产能一定的条件下，在淡季时通过备库存生产模式为即将到来的销售旺季做好储备，同时，能够充分利用人员、设备的产能，保持生产稳定。

均衡战略依靠需求预测来设立库存水平,同时也需要考虑建立额外的安全库存来避免预测误差,防止由于低估需求导致的库存短缺。

在生产稳定的前提下,想要维持客户满意度,需要提升一定的库存持有成本。

3. 分包战略

分包战略(见图4-3)以均衡战略为基础,以分包的形式补足供需差异。企业内部按照全年最低需求量进行均衡化生产,再将超出部分的需求分包给外包企业来生产。

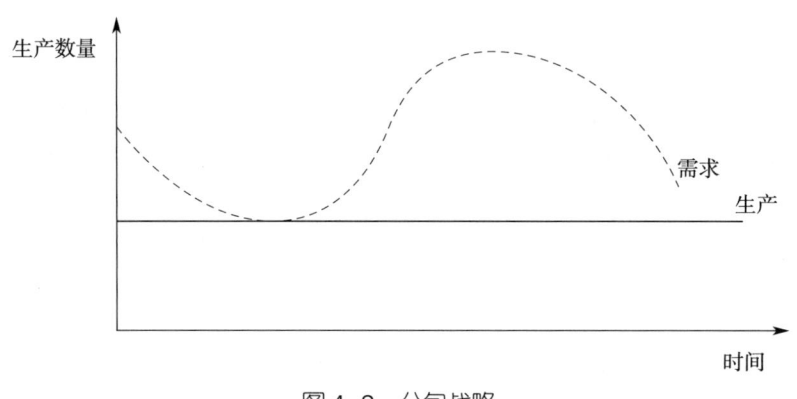

图4-3 分包战略

使用分包战略的优点如下。

(1)实现战略性均衡:避免产能变化造成的成本,降低转型成本,降低平均制造成本。

(2)避免多余的产能和库存。

使用分包战略的缺点如下。

(1)产生了外包成本。

(2)降低了企业利润。

(3)存在一定的质量风险。

(4)供应商产能不足风险。

(5)专利技术泄露风险。

4. 混合战略

混合战略(见图4-4)是前三种战略模式的综合。在需求量高的时期,以最大产能生产;在需求量低的时期,低速生产。

采取混合战略可在供需匹配以及均衡生产之间找到均衡点。混合战略的库存和劳动力调整成本,都会低于追逐战略。但和均衡战略一样,都依赖于较为精确的预测。企业也可以结合自身情况来决定是否选择分包方式来补足产能,如果选择分包,也仅仅是针对一段时期的需求,而非长期性活动。

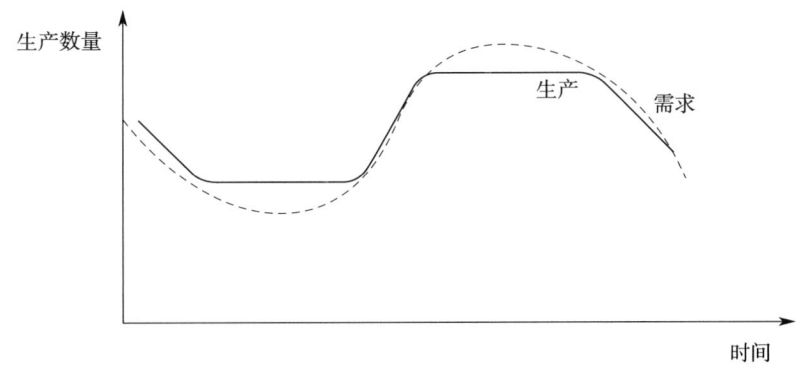

图 4-4 混合战略

三、生产模式

1. 供应链的推拉策略

（1）推动式供应链。在推动式供应链中，生产决策是根据长期需求预测的结果做出的。这一环境下，供应链需求稳定，市场供给小于需求。因此，企业生产的主要决策就是如何以更低的成本生产现有产品，并利用已经构建的渠道逐层将产品向下游推动。

（2）拉动式供应链。对于市场出现供大于求的情况，企业的生产模式必须能够更好地满足消费市场的需求变化，产品的种类不断增加，事先无法准确预测客户的需求情况，因此需要对客户的需求进行快速响应，以客户的订单需求驱动生产过程的展开。

（3）推拉结合的供应链模式。推动式供应链成本低、交付时间短，但是难以响应客户特殊的需求；拉动式供应链客户响应度高，但是成本高、交付周期长。为了解决这一矛盾，企业可以采用推拉结合的模式，在生产的上游环节将产品零件、模块保持在中性化状态，根据客户的订单需求进行快速组装，响应差异化需求，这是典型的模块化生产。将标准化和定制化的转换点称为"解耦点"，解耦点越靠近下游，对客户订单需求的响应速度越快。

例如，汉堡包生产的解耦点就比水饺更接近于下游客户需求，因此响应速度更快。

2. 在推拉策略驱动下的生产类型

按照企业组织生产的特点，可以把制造企业划分为 ETO、ATO、MTO 与 MTS（按订单设计、按订单装配、按订单生产和按库存生产）四种生产类型，如图 4-5 所示。

（1）MTS（make to stock 的缩写，即按库存生产）

1）MTS 是一种常规生产模式，生产者根据预期的消费者需求大规模生产商品。

2）MTS 要求公司保留成品库存，以便在客户产生购买需求时交付给客户。

3）制造商、分销商和零售商需要详细计划何时开始生产和分销，以确保成品在合适的时间出现在商店，供买家购买。

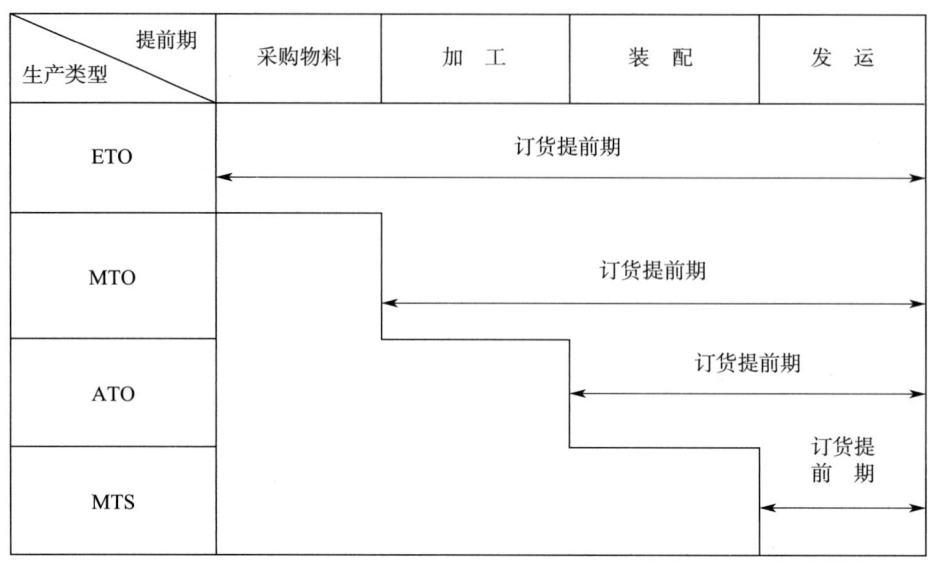

图 4-5 四种不同生产类型的比较

MTS 优势如下。

1）有效利用资源：根据预期需求提前做好生产计划。因此，还应有规划地使用资源，提高效率。

2）规模经济：由于货物是大规模生产的，固定的生产成本得以在大量产品上平均分配，推低了单位生产的成本。

3）调度：提前决定何时生产，生产多少。工作可以按照时间表顺利进行，在任何时候都可以确定还剩下多少工作。

4）快速响应时间：成品在商店有售，可以立即出售。客户可选择产品购买，同时提货。

MTS 劣势如下。

1）预测不准确：对消费者需求的预测有时会产生误导性。由于一些外部异常（如经济衰退），在预期的旺季，销售额可能会异常低。另外，在预期的淡季，需求可能会意外回升。

2）库存水平：尽管尽了最大努力做出准确的预测，但库存可能会不足或永远超额。

3）不可预测的消费者偏好：生产一定数量商品的决定是根据预期需求做出的。然而，客户的偏好和趋势不断变化。因此，库存存在因产品过时而浪费的风险。

（2）MTO（make to order 的缩写，即按订单生产）。MTO 是一种生产模式，生产者只有在客户下订单后才开始生产产品。在这种情况下，商品是根据客户的规格要求定制生产的。MTO 生产技术最适合行业专业部门，如飞机制造、建筑等。生产的流程只有在收到客户的订单后才开始，生产的单位数量也取决于客户的订单需求。

MTO 优势如下。

1）减少浪费：当库存商品未售出时，不仅浪费了制造材料，还浪费了生产这些商品所投入的资金和劳动力。在 MTO 模式下，由于产品是在收到客户订单后以指定数量制造的，因此浪费和损失可达到最小化。

2）品种更多：由于只生产和销售定制商品，MTO 可提供更多样化的产品选择。

MTO 劣势如下。

1）不规则销售：很难确定何时会出现对特定产品的需求。因此，有可能出现短时间的需求井喷或者一段时间内销量低下。

2）漫长的交货时间：由于产品在收到订单后开始生产，在一段时间后才能到达客户手中。而且由于产品定制需要时间，所以发货时间可能会更长。

3）原材料的可用性较低：需求的不确定性增加了企业保持足够原材料供应的必要性，以便在收到订单后立即开始生产；如果原材料没有准备好，则需要更多时间才能采购并将最终产品交付给客户。

（3）ATO（assemble to order 的缩写，即按订单装配）。ATO 属于 MTO 的一种特殊模式，制造商根据该策略储备子组装部件和库存，并在客户下订单时将部件组装成最终产品。该战略依赖于公司快速组装和交付货物的能力。

该模式中，制造商根据历史数据、宏观经济趋势和市场总体状况预测商品订单。根据预测，制造商订购并储备了成品的待组装部件。

然后，客户下订单，由于商品尚未完成，订单可以定制。制造商根据具体订单，将子组装件组装成成品交付给客户。

ATO 模式本质上是 MTS 和 MTO 生产模式的组合。在手机、计算机等产品的生产中采用了 ATO 模式。

ATO 的优势如下。

1）较低的资本成本：通过减少存储和库存需求，ATO 模式大大降低了资金成本，如仓储、材料和原材料投资。它允许制造商采用精益的商业模式，降低沉没成本。

2）订单的可定制性：制造商往往面临客户对定制商品的日益增长的需求，如果他们囤积成品，这些需求就无法满足。ATO 模式允许客户通过库存各种子组装部件来订购定制产品，这些部件可以组合在一起生产独特的成品。

3）快速定制：按顺序组装的方法通过保持所有部件的储备和只为最终组装花费时间，从而实现了更快的交付时间。通过优化最终组装时间，制造商可以比使用定制策略更快地交付定制商品。

ATO 的劣势如下。

1）预测不可靠。制造商根据历史销售数据，在子组装部件上使用 ATO 库存。然而，预测没有考虑到随着时间的推移可能发生的需求波动性。在需求异常高时，可能会导致库存部件短缺，在需求异常低时，可能会导致零件过剩。

2）子组件部件的管理。制造商必须监督和控制子组件的库存，这可能会增加运营成本，从而降低效率。重要的是要监控库存状况，以便在需求增加时实现供应链的平稳供应。

3）成品质量取决于最终组装的质量。ATO模式重视最终组装过程，因为这决定了成品的质量。因此，制造商必须确保从事最终组装的工人经过培训并保持高效工作，以使客户满意。

（4）ETO（engineer to order的缩写，即按订单设计）。ETO生产模式下，一种产品在很大程度上是按照某一特定客户的要求来设计的，所以说支持客户化的设计是该生产流程的重要功能和组成部分。因为绝大多数产品都是为特定客户量身定制的，所以这些产品有可能只生产一次。在这种生产类型中，产品的生产批量较小，但是设计工作往往非常复杂。在生产过程中，每一项工作都要特殊处理，因为每项工作都可能有不同的操作，不同的费用，需要不同的人员来完成。当然，除了该产品专用的材料之外，也有一些与其他产品共享的原材料。ETO一般用于项目管理式的产品。

船舶、航天器、大型装备和发电设备制造等领域的企业都是ETO企业的代表，因产品结构的复杂，边设计边生产的情况存在，无法实现MRP的处理流程。

由于交付产品的复杂性，因此ETO包含了设计的过程，在满足客户需求时，往往需要与客户合作，从需求和概念开始，需要与客户之间建立紧密的联系，最终生产出独特的产品。

四、案例——汽车生产模式的切换

汽车的工业化生产模式基本上就是流水线近百年的发展历史。福特将流水线技术引入T型车的生产，创造了汽车工业革命。传统的燃油汽车结构复杂，生产工序流程多，通过特定的产线生产少数几种共享底盘的车型。长期以来，汽车的生产向着精益化的方向不断发展，制造成本也在不断降低。

但是随着汽车市场竞争的加剧，传统车企面临着生产中的两难，批量化的汽车生产需要通过4S店以备有成品车库存的方式进行销售，如果销售周期过长，4S店资金的周转压力大、成本高。如果采取定制化汽车生产模式，交车时间过长，导致潜在消费者流失，投向竞争对手的怀抱，这也是企业难以承受的风险。

特别是在2020年，新的国六排放标准推行，导致车企生产的大量国五排放标准的轿车不得不采取"史上最优惠"的打折方案进行促销。如果不能在标准执行前将车辆库存出清，今后的损失将会进一步增加。

汽车企业在提供可定制化的方案时，往往仅在车辆动力总成、选装件以及车身颜色上给消费者一定的选择权，这就是通常所说的"大规模定制化"。

2020年也是电动汽车开始走进主流市场的一年，电动汽车相对传统燃油汽车，结构的模块化程度高、结构简单。中国的消费者开始采用C2M的购车解决方案，车企以高度定制化的手段实现了以需求驱动的汽车生产的模式。

C2M是将消费者需求和供应端直接连接起来，打通用户C端到制造M端信息互通的一种生产模式。

具体到汽车产业，C2M涵盖了汽车营销、整车生产、供应链物流等多个层面。每个客户都可以基于车企官网提供的大量多样化选择提出需求，这一需求随后被转化成为数据，经过处理分解后送往车企一端。汽车企业再设定好生产工序和时间排期，将配件需求发送到上游的各个供应商和物流商，从而生产出满足客户需求的个性化产品。这样既解决了车企库存问题，又解决了供应链存在的牛鞭效应问题，实现制造过程的精益化。

C2M模式的特征是实现工业的自动化、智能化、网络化、定制化和节能化。它通过互联网将不同的生产线连接在一起，运用庞大的计算机系统进行数据的即时交换，按照客户的产品订单要求，设定供应商和生产工序，最终生产出个性化产品。

C2M是制造业和信息工业发展到今天的必然趋势，一方面C2M发掘了消费者的需求，另一方面C2M带动了汽车产业迈向高质量发展，增强自身竞争力，优化了库存管理和供应链效率。

 **相关链接**

汽车制造C2M

用户在进行订单选配操作时，后台需要算法检验选配选项是否符合车企设置的配装规则，同时通过车企的制造中台请求数据检查库存、排产等，并向数据中台请求数据检索供应商的库存、生产、物流等状况，最终综合上述结果给出后续的方案，组合成可供应的定制车辆。

通过选配器生成的订单被送往生产部门后，还会在制造中台进行数据的集成，制订具体生产规划，分流向各个生产部门、供应商和物流公司，供应商和物流商再将规划返回到汽车企业。

C2M模式下的生产规划采用数字化技术，将物料、库存、排产、物流等环节以数字化的形式呈现并随时更新，解决在制订生产计划时需求波动、物料约束、库存约束、产能约束的问题。

每一个订单都按照系统设定的流程进行顺序生产，因此中间的物流过程也需要采用准时化顺序供应模式（JIS），即通过建立稳定可靠的信息系统进

> 行数据交互，使车企的整车生产线与供应商零部件生产线相耦合，双方的生产、供货、响应节奏保持一致，有效地解决了牛鞭效应问题。在该模式下，汽车供应链能够实现货物的即产即销，大幅降低库存管理成本。
>
> 问题：通过生产模式的变化，未来的定制化汽车模式是否会用于其他产品领域？

学习单元2　设计生产计划优化方案

一、生产计划排程

1. 生产计划的目标

生产过程是一个制造型企业价值创造的主要过程。生产过程中计划排程是核心环节。

具体来说，计划的主要目标决策包含以下几个方面。

（1）生产什么产品。

（2）什么时间生产。

（3）在何处生产。

（4）生产多少。

（5）确定物流需求。

（6）确定资源需求。

（7）确定提前期（日、周、月）。

生产计划排程是在有限产能的基础上，综合来自市场、物料、产能、工序流程、资金、管理制度、员工等多方面对生产的影响，经过排程系统优化出合理有效的生产计划。

2. 生产计划排程遵循的原则

（1）交期先后原则：对于交期越短的产品，越应该安排在最早的时间进行生产。

（2）客户分类原则：对于客户进行划分，对重点的A类客户给予优先级最高的待遇，其次为B类、C类客户。

（3）产能均衡原则：在产线上保持生产节拍的顺畅，速率相同的情况下实现生产瓶颈的最小化，充分利用产能的同时减少堆积和停工待料现象。

（4）工艺流程原则：在生产工艺流程中，耗时长、工序多的产品应得到更高优先级关注。

3. 排程的区间规则

计划排程的目的是保证计划能够得到充分有效的执行，但是企业经常会遇到客户插单的现象，如果计划变更，会导致设备切换的损失、订单加急所产生的费用，以及员工加班等额外费用，并最终影响客户的满意度。

为了有效缓解客户插单所导致的风险，在计划排程中需要规定明确的时间区间。计划可以分为如下三个区间。

（1）冻结区（frozen zone）。临近生产的实际订单。这个区域内的计划被冻结，不可更改。除非遇到紧急情况，变更需要企业负责人批准。每个企业对于冻结区时间规定不同，一般是临近生产的2周内。

（2）宽松区（slushy zone）。这个区域的计划通常包含实际订单和预测，在不严重影响物料和设备等因素的情况下，可以调整计划。每个企业对于宽松区时间规定不同，一般是生产起始日之后的3周至2个月。

（3）可变区（liquid zone）。可变区的计划是根据预测来定的，在S&OP规定的生产计划范围内可以随时调整。每个企业对于可变区时间规定不同，一般是生产起始日之后的2~6个月。

建立了明确的计划区间后，计划员需严格执行。如果遇到特殊情况，比如重要客户的急单，就需要计划员组织相关部门召开紧急会议，根据各部门提供的反馈来分析变更计划的利弊，然后交由上层管理层（通常需要厂长级别）进行审批，最后根据审批结果对生产计划进行调整。长此以往，客户也会渐渐了解企业的交货周期并进行配合，急单的情况也会大大减少。

如果为了满足重要客户或者长期订单的需求，则企业需要通过分析客户的历史订单数据，以及与客户的有效沟通，确定恰当的安全库存水平，以面对客户可能出现的急单情况。

4. 计划排程的规则

（1）随机法则：对于任何一个等待进行的工作采取相同概率的排程方法，这主要用来与其他方法做基准化比较。

（2）先进先出：以先到达的工作任务作为优先。

（3）最早到期：以等待中的生产任务最先到达交期为优先。

（4）最短作业时间：以等待中的生产任务中作业时间最短的为优先。

（5）最小宽松时间：以时间宽松度最紧的任务为优先。

（6）最小工作剩余：以等待的工作中仍剩余的加工时间最短的任务为优先。

（7）关键比率：以距离到期日剩余时间与剩余加工时间比率最小的任务为优先。

二、优化方法

1. 改进预测

为了创建最佳的生产排程计划，特别是在波动性较强的供应链中，需要进行数据驱动的具有高可视性供应链的需求和部件预测。传统上可以通过 Excel 完成相应任务，而随着生产过程的复杂程度加剧，需要从供应链的每一个环节收集数据，利用人工智能以及大数据方法创建持续的预测。一种可行的方式是，通过参数化建模，对于在不同场景下供应链的运行状况进行仿真与预测，提高预测的实时性和准确度。

2. 建立生产计划排程的流程映射

生产计划排程是计划性工作，需要和实际的生产之间建立映射关系，以清晰地掌握每一项任务是否准确地按照计划排程所设定的目标进行。

3. 利用数字孪生技术

有了强大的预测和对实际制造过程的可视性程度，计划部门可以制订可靠的生产计划。然而，由于需求的不稳定，导致计划需要有更强的柔性与之匹配，因此利用数字孪生技术，能够在沙盒仿真环境下进行模拟分析，并将结果可视化，这样的好处在于能够快速在若干项可行的选择中找到最优方案，而不需要在实体环境中进行试错。

4. 整合供应链

企业的决策行为如果局限于内部目标最大化的情况，仍然无法有效应对外部环境的变化，而只能被动地通过备有更多库存来解决外部的不确定性。在数字化环境下，通过上下游供应链的集成，能够将计划工作向上下游延伸，通过协同以及数据的共享，可以利用合作伙伴的数据来改进预测和优化的结果。

5. 增强透明度

向生产敏捷转型背后的驱动因素是业务中每个领域的数据和指标的实时可用性。共享、实时获取信息，使供应链相关者能够获取同步化的信息，共同决定下一步的行动方案。从异步决策到同步决策，简化了计划流程，减少了沟通协调工作，提高了沟通的效率，最大程度上减少了由于信息不畅所导致的各种浪费。

三、使用规划求解工具进行生产计划优化

对于生产计划需要进行有效的规划，以提高设备利用率以及实现总利润最大化。

实例：一家企业需要生产甲乙两种产品，分别需要在 ABCD 四个设备上进行加工。生产每种产品在各设备上的加工时间、各设备的总生产能力和每种产品的单位利润见表 4-1。

表 4-1 产品生产加工信息表　　　　　　　　　　　单位：h

设备	甲	乙	产能
A	2	2	12
B	1	2	8
C	4	0	16
D	0	4	12
单位利润	2	3	—

如何生产才能实现利润的最大化呢？

对上述问题进行模型化描述：设甲产品应该生产 x_1 件，乙产品应该生产 x_2 件。这就是决策变量。

显然，总利润 $P=2x_1+3x_2$。

要使总利润最大，所以目标函数就是：$P_{max}=2x_1+3x_2$。

对于设备 A 来说，每生产 1 件甲产品需要在设备 A 上加工 2 h，每生产 1 件乙产品也需要在设备 A 上加工 2 h，但设备 A 全天可以的加工时间最多只有 12 h（即设备 A 的生产能力）。显然，在生产甲乙两个产品时设备 A 的实际加工时间不能超过它的最大可用加工时间，这一约束条件可以表达为：$2x_1+2x_2 \leqslant 12$。因此，综合表 4-1 及上述分析可得到式（4-1）。

$$P_{max}=2x_1+3x_2$$

$$\begin{aligned} 2x_1+2x_2 &\leqslant 12 \quad (A) \\ x_1+2x_2 &\leqslant 8 \quad (B) \\ 4x_1 &\leqslant 16 \quad (C) \\ 4x_2 &\leqslant 12 \quad (D) \\ x_1,\ x_2 &\geqslant 0 \end{aligned}$$

式（4-1）

最后一个约束表示甲乙两种产品生产的数量不能为负。

使用 Excel 进行规划求解。

规划求解器 Solver 能够解决大量数据优化问题，前提是能够正确写出表达式。Excel 规划求解案例见二维码。

培训课程 2

物料管理策略制定

背景知识

在生产企业中，往往存在着 PMC[①] 部门，主要承担生产及物料的控制任务。通常分为两个部分：PC[②] 和 MC[③]。

PC：生产控制，又叫生产管制或生管，主要职能是生产的计划与生产的进度控制。

MC：物料控制或物控，主要职能是物料计划、请购、物料调度、物料的控制（坏料控制和正常进出用料控制）等。

学习单元 1　制定物料控制模式

物料管理在企业的生产过程中有着重要作用。物料管理注重于"恰好"，物料数量过多导致呆滞库存的出现以及资金占用过多，物料数量不足导致生产线中断等现象。

因此为了促进生产过程的均衡有效，需要对生产物料进行合理有序的控制。一般而言，制造业通常需要品种、规格繁多的原材料和配套件，而各类物料的及时供应十分重要，同时，企业加强物料管理也是减少流动资金占用、改善企业各项技术经济指

---

① PMC 是 production material control 的缩写，即生产物料控制。
② PC 是 production control 的缩写，即生产控制。
③ MC 是 material control 的缩写，即物料控制。

标的重要环节。在企业内部，物料管理占据着非常重要的地位，生产物料管理系统的应用便成为企业实现生产经营信息化的有力工具。

首先，物料控制活动是一个过程，通过它来保障生产制造系统的顺利执行，使制造系统的运转符合设定的目标。控制本身并不是终极目的，而是达到目的的手段，实现生产经营的改善。

其次，生产是围绕产品在运转，产品是由物料组成的，物料是构成产品最主要的成本要素。

最后，生产过程中往往有不良品产生。企业盈利的途径之一是"开源节流"，控制生产过程中的不良率，减少损耗，降低库存，提高资金利用率等手段，都是企业节流的有效途径。

企业在接到订单后，就要对物料进行分析。

（1）对产品进行物料构成分析，一般是由研发及技术部提供产品的物料清单。

（2）对生产工艺及物料分阶段的生产过程进行分析。

（3）对库存可用量进行查询。

（4）对生产过程各阶段的损耗进行分析。

（5）对相关物料的采购周期及最低采购量进行了解。

物控部门依据这些信息做出合理的物料需求计划，以满足销售订单的要求，包括数量及交期、品质的要求。这是第一阶段的控制，即确保既要满足出货需求，又要做到在满足合理损耗的基础上达到零库存的目标。

一、物料管理的目标

物料管理的目标主要包括如下方面。

（1）最大限度地降低物料成本，从而实现利润最大化。

（2）以尽可能低的总成本采购所需质量和数量的材料。

（3）减少与库存相关的投资，实现较高的库存周转率。

（4）有效地购买、接收、运输和存储材料，以降低存储和仓库相关成本。

（5）追踪新的供应来源，并与供应商建立密切合作关系，确保其以合理的价格持续供应材料。

（6）通过简化、标准化、价值分析、进口替代等方式降低成本。

（7）改进文书工作程序，以尽量减少采购材料的延误。

（8）在质量控制、消耗和材料成本估算等领域进行研究，以最大限度地降低生产成本。

（9）培训物料管理人员，以提高公司的运营效率。

二、生产物料管理的原则

物料管理在企业运作中涉及成本控制、质量控制以及工程分析几个方面,是企业运作中流量较大的资源之一。所以如何控制物流的合理性和有效性在某种程度上决定了企业的短期和长期收益。物料管理部门应保证物料供应适时(right time)、适质(right quality)、适量(right quantity)、适价(right price)、适地(right place),这就是物料管理的 5R 原则。

良好的物料管理需要实现"三不"目标。

(1)不断料。不让生产线停工去等待所需的物料,生产配料要及时。

(2)不呆料、滞料。需要使用、能够使用的物料才采购进来,不需要使用、不能够使用的物料需要及时处理掉。

(3)不囤料、积料。物料采购要适时,储存数量也要适量,以减少公司的资金积压。

为了实现上述目标,第一,要有恰当的用料计划,在不增加额外库存和资金占用的前提下,为生产部门提供所需的物料。

第二,需要在物料仓储管理中缩短库存存储时间。

第三,强化采购管理,不仅要通过采购控制成本,还要保障稳定的供应。

第四,实现账料相符。企业信息化管理的基础是信息能够与实体呈现真实对应关系,再好的信息系统缺少真实的数据作为支撑,也难以发挥作用。

第五,确保物料的品质,从进料到上线使用,必须保障各个环节的质量,避免由于物料不良造成生产过程中的损失。

第六,合理处置呆滞物料。实时监控物料的存储水平,对于存储时间过长,已经无法被产品所消耗的物料,要及时进行清理,降低仓储成本和管理成本,通过合理的产品规划减少呆滞物料出现的概率。

三、物料控制的主要任务

(1)物料需求计划的制订与监督执行。

(2)配合产品开发部做好 BOM、工艺路线的整理和编制。

(3)进行供应商交期统计和控制,有效进行材料跟进。

(4)生产过程中待料、退料、补料和借料以及订单改制的管理。

(5)呆废料定期处理。

(6)物料进、销、存的核实与控制。

(7)公司所有生产材料采购请购的预审。

(8)针对销售订单或生产进行物料使用状况统计和分析,为成本控制提供数据。

学习单元 2　制定联合库存管理策略

在上一单元提到，为了确保生产的顺利执行，需要对物料进行有效控制，为了实现上游供给和生产需求的有效衔接，在供求不一致的情况下，需要通过必要的库存进行适当的缓冲。传统上，在各企业独立运营条件下，各自形成了库存的孤岛，这一规避风险的方式导致了供应链上供求不平衡被放大，引发了系统性风险。

联合库存管理策略实施要点如下。

一、信任问题

合作过程中需要双方或多方建立高度的信任关系，这种信任关系是通过重复性的交易逐渐形成的，信任的基础是基于共同获利的，因此在建立联合库存管理模式时，需要能够给参与合作的双方或多方都带来可感知的收益增长。另外，信任的维系需要有违约惩罚予以保障，以规则形式使投机行为的违约成本大于投机收益，确保合作过程基于长期利益导向而非短期利益。

二、信息透明度

联合库存管理需要保证合作方之间能够获得及时、准确的数据，这才有可能实现以信息换库存，上下游之间分享销售、生产、物流等方面的数据，以物联网技术手段获取各种时点数据，并形成可视化分析报告，便于决策。

三、存货所有权确认

确定由谁来进行补充库存的决策以前，零售商收到货物时，所有权也同时转移了，变为寄售关系后，供应商拥有库存直到货物被售出。同时，由于供应商管理责任增大、成本增加了，双方要对条款进行洽谈，使零售商与供应商共享系统的整体库存下降。

四、资金支付问题

以往在上下游协作过程中根据合作方权力大小的不同，在货款支付上往往有账期条件。过长的账期不利于合作的顺利开展，因此在供应链上形成合作关系后，需要通过快速交付促进资金流的加速，提高供应链上各方的资金周转率。

学习单元 3　制定安全库存策略

一、保有安全库存的必要性

安全库存（safety stock）是库存中为减少该物品缺货的风险而持有的额外数量库存。当销售额超过计划和/或供应商无法在预期时间交付时，它充当缓冲库存。

在缺乏足够的数据进行计算和预测时，安全库存的数量会维持在较高水平。对于具有较强波动性的产品需求，也需要通过较高的安全库存来响应市场的变化。

例如对于新产品上市，由于缺乏足够的过往数据，因此需要安全库存作为战略工具，以应对市场不确定性风险。而当产品的生产与销售进入稳定状态，可以通过 MRP 系统进行计划时，安全库存的水平可逐渐下降，以降低企业的库存成本。

安全库存主要用于 MTS 制造策略，其主要目标是吸收客户需求的波动性。MTS 模式下，生产计划是基于预测的，安全库存降低了预测误差对客户服务水平的影响。创建安全库存还将有效对冲客户需求增加所导致的缺货，为企业响应市场需求提供了保障。

安全库存被用作缓冲器，以保护组织免受因规划不准确或供应商遵守时间表不当而导致的缺货。因此，其成本（包括材料成本和管理成本）通常被视为安全冗余的代价，对于保障供应链安全具有重要意义。此外，部分具有时间敏感性的商品，如果作为安全库存保存太久，则可能会变质和浪费。

二、安全库存的决定因素

安全库存水平和服务水平之间呈现正相关关系，需要的服务水平越高，所需准备的安全库存水平也越高。

服务水平指响应客户需求的能力。服务满足率指满足的次数与总服务次数的商，因此，OTD（on time delivery）是衡量客户满意度的重要指标。

持有更多的安全库存能够降低缺货的概率，提供更好的服务满足率。但是需要保证在服务水平和服务成本之间做出优化：在高竞争度环境下，需要提供更好的服务水平，以避免客户的流失，而在竞争程度较低的环境下，一些缺货情况是企业可以容忍的。缺货成本主要包括：延迟交付成本、订单损失成本、客户损失成本。

安全库存的数量主要取决于以下几方面的因素：（1）提前期内的需求变化情况；（2）订货频率；（3）所需的服务水平；（4）提前期长度；（5）预测和控制提前期的能力。

三、安全库存的制定方法

1. 安全库存的计算公式

（1）通用的计算公式

安全库存 =（预计最大消耗量 – 平均消耗量）× 采购提前期

（2）基于统计学的计算公式

安全库存 = 日平均消耗量 × 一定服务水平下的前置期标准差

2. 安全库存的计算原理

安全库存的计算需要借助统计学方面的知识，对顾客需求量的变化和提前期的变化做一些基本的假设，从而在顾客需求发生变化、提前期发生变化以及两者同时发生变化的情况下，分别求出各自的安全库存量。即假设顾客的需求服从正态分布，通过设定的显著性水平来估算需求的最大值，从而确定合理的库存。

统计学中的显著性水平 α，在物流计划中叫作缺货率，与物流中的服务水平（$1-\alpha$，订单满足率）是对应的，显著性水平 = 缺货率 =1– 服务水平。如统计学上的显著性水平一般取为 $\alpha=0.05$，即服务水平为 0.95，缺货率为 0.05。服务水平就是指对顾客需求情况的满足程度。

库存 = 平均需求 + 安全库存。平均需求也叫周期库存。安全库存（safety stock）用 SS 来表示，那么有：显著性水平为 α，服务水平为 $1-\alpha$ 的情况下所对应的服务水平系数，它是基于统计学中的标准正态分布的原理来计算的，它们之间的关系可以通过正态分布表查得。

服务水平 $1-\alpha$ 越大，SS 就越大。服务水平越大，订单满足率就越高，发生缺货的概率就越小，但需要设置的安全库存 SS 就会越高。因而需要综合考虑顾客的服务水平、缺货成本和库存持有成本三者之间的关系，最后确定一个合理的库存。

3. 使用 Excel 计算安全库存（见图 4–6）

I5　=AVERAGE(H4:J4)

	A	B	C	D	E	F	G	H	I	J
1										
2		过去销售量						预测销售量		
3	假设	Jul-19	Aug-19	Sep-19	Oct-19	Nov-19	Dec-19	Jan-20	Feb-20	Mar-20
4		5.91	5.01	5.03	5.29	5.97	5.89	5.50	5.57	5.48
5		0.39	-0.51	-0.49	-0.23	0.45	0.37		5.52	
6		交付周期(月)		3						
7		服务水平		0.9						
8	计算				公式		描述			
9		交付周期需求		16.55	SUM(H4:J4)		预测需求求和			
10		误差标准差		0.46	STDEV(B5:G5)		根据过去销售预测的偏差			
11		服务系数		1.28	NORMSINV(D7)		逆累积正态分布			
12		交付期系数		1.73	SQRT(D6)		预测率			
13		安全库存		1.01	D10*D11*D12		各系数相乘			
14		再订货点		17.56	D9+D13		交付周期需求+安全库存			
15										
16										

图 4–6　使用 Excel 计算安全库存

培训课程 3

产品与服务开发协同

情景描述

DF公司是一家生产各种小家电的生产企业。为了能够不断响应市场需求，公司的研发部门需要持续地跟踪市场需求的变化，用新品来满足市场的需求，同时不断丰富企业的产品线。但是公司负责新品采购的供应链经理却常常很苦恼。

由于新品需要大量的设计，因此，要根据研发部门的需求找供应商进行定制化开发，但是由于处于产品的试制阶段，需求量小，供应商往往不愿合作，即便有供应商愿意合作，报出的价格也比普通的同类型产品高出好几倍，同时交货周期也超出了平常的产品采购周期。

由于上述的几个原因，导致了供应链部门和研发部门经常存在矛盾，每当研发失败或出现延误时，研发部门总监总是将矛头指向供应链上负责采购的部门。

请问，新产品/服务的开发应如何进行有效的协同，才能更好地满足需求呢？

背景知识

在高度竞争的时代，新产品开发的速度决定了基于时间的竞争优势。因此，在产品生产开发过程中采用协同化的手段，能够有效提高新产品上市的速度，压缩开发成本，提高产品利润，为客户创造更大价值。

学习单元 1　产品与服务开发策略

一、产品与服务开发的核心思想

1. 新产品开发是一项投资决策

强调要对产品开发进行有效的投资组合分析，并在开发过程中设置检查点，通过阶段性评审来决定项目是继续、暂停、终止，还是改变方向。

2. 基于市场的开发

强调产品创新一定是基于市场需求和竞争分析的创新。为此，需要把正确定义产品概念、市场需求作为流程的第一步，开始就把事情做正确。

3. 跨企业、部门、系统的协同团队

采用跨部门的产品开发团队，通过有效的沟通、协调以及决策，达到尽快将产品推向市场的目的。

4. 并行工程思想

通过严密的计划、准确的接口设计，把原来的许多后续活动提前进行，这样可以缩短产品上市时间。

5. 可复用性

采用公用构建模块提高产品开发的效率。

6. 优化结构化流程

产品开发项目的相对不确定性，要求开发流程在非结构化与过于结构化之间找到平衡。

二、产品及服务开发的流程

企业需要通过持续的新品开发来满足组织增长、获取市场和利润的需求，因此产品和服务开发成为重要的一环。企业现有的生产线能够满足运营的需求，通过重复和扩大规模来获取利润。而根据产品生命周期理论，任何产品或服务都有一定的生命周期，因此需要在现有产品能够持续创造利润的基础上，通过产品及服务的开发来实现组织的持续扩张。

产品及服务的开发流程包括以下五方面内容。

1. 产品创意

创意是新产品或服务的重要来源。好的创意能够满足市场需求或者创造新需求。

创意有以下四种常见的类型。

（1）突破性创意。例如，微波炉产品的推出就是对传统炉灶市场的突破性创意，创造了全新的市场需求。突破性创意具有较大的不确定性，创新可能会面临失败，或者带有较大的破坏性。例如线上购物对实体店商业活动造成了颠覆性的冲击。

（2）功能迭代。对于计算机、手机等电子产品，在不同的组件上增加新的功能或者是功能升级，创造客户的需求更新，这也是新产品开发的一种模式，在这一模式下更容易预测市场。

（3）衍生创意。这是在现有的产品基础上，产生的附加性产品或者服务。例如对于手机，衍生出了手机壳、贴膜等一系列相关产品的需求；对于汽车，衍生了洗车服务的需求等。衍生创意具有较强的相关性，可以根据关联产品或者服务推测市场。

（4）客户定制。客户往往是创意的来源。例如乐高公司提供了消费者展现创意的平台，然后由全球的消费者进行票选，对于投票量较高的创意，由乐高公司进行设计生产，这种创意的模式能够更好地响应市场，并且将消费者转变为产品的设计者。

2. 创意概念的批准

并不是所有创意都能够变成现实，将创意变成现实需要消耗企业大量的资源，因此，为了提高新品开发的成功率，需要对不同的创意进行评审，并得到组织的批准。在这一环节，主要有以下六个方面的准则。

（1）战略目标一致性。好的产品创意需要与企业的发展战略以及目标保持高度的一致性，从公司的使命、战略层面上，能够起到有效的支持作用。

（2）竞争优势。好的创意并不总是能够得到企业的认可，其重要原因在于是否能够具有相对的竞争优势地位。在评估批准阶段，如果某产品或服务在市场中不具备足够的竞争优势，往往难以获得公司决策层的支持。

（3）市场评估。需要针对市场的现状以及未来的市场潜力、竞争状况、潜在盈利能力等方面进行评估，以确认该创新具有足够的价值。

（4）核心能力。创新的产品或服务需要能够充分利用组织的核心能力，将企业的能力资产应用在新品上，能够起到更好的杠杆作用。

（5）技术能力。需要评估从技术角度创新的可行性，主要确定技术保障能力、主要困难等。

（6）财务影响。最后一个方面是确认该产品或服务的创新能够给企业带来的收益、风险等情况。

经过上述六个方面的审核，创意概念才能够得到组织高层的批准，并且得到相应的资源开展后续创新活动。

3. 开发产品或服务

产品或服务开发阶段的主要工作由研发部门承担，供应链部门更多地需要从市场以及采购方面提供支持，以确保开发能够按照预期的进度进行。

4. 产品或服务测试

产品与服务在开发完成后，需要通过技术、市场等方面的测试，以确保产品或服务在正式上线前修正潜在的问题或缺陷。

5. 产品或服务上线

新产品或服务的上线，需要供应链能够确保产品的投放、生产原料的持续供应等，当新品逐渐被市场接受，能够持续创造价值时，下一周期的新产品的创新开发工作又将启动。

三、产品与服务开发的策略

1. 构建跨部门协作团队

在新产品或者服务开发时，需要跨部门团队进行整合，让不同部门能够快速响应新品开发的流程。因此研发任务就不仅仅是研发部门的工作。如果公司的规模很小，研发产品的种类有限时，研发部门与其他部门之间合作不充分的问题并不显著，产品开发过程基本上是：先由研发人员确定产品规格并开发出样品，然后测试人员熟悉产品并在小批量试制后进行测试，发现问题返回研发解决，测试通过后由制造人员准备生产工艺，采购人员订购物料后批量生产发货。这种接力棒式的串行开发模式导致了开发周期长，产品难以在短时间内交付，从而导致竞争力的丧失。

而通过集成化产品开发策略，采用跨部门团队来负责产品开发，改变了职能型组织的运作。开发团队不再局限于研发部门，而是汇集开发、测试、制造、市场、销售、技术服务、财务、供应、采购、质量等职能部门代表及所属领域的专业智慧和资源，通过项目管理的方法进行协同管理，共同对项目成功负责。

跨部门团队并行协作的开发模式，改变了功能组织串行的开发模式，将各职能组织分散低效的决策，汇集到一个个的决策点，将各职能组织的矛盾和意见集中起来考虑，达成整体最优的结果，提升决策质量，全方位构筑产品竞争力，最终导向商业成功。

这种机制，能有效地管理开发工作，保证开发工作和配套工作同步进行，缩短开发周期。

2. 使用结构化流程

在研发体系中，组织结构和研发流程是相互依赖和并存的。组织结构决定研发流程的定义同时也为研发流程服务，传统的研发流程多局限于研发部的内部职能工作流程，并不涉及整个产品的开发流程，同时该流程多采用串行开发的模式，缺乏明确的阶段划分和层次划分。而 IPD（innovative product development）的核心思想中结构化的产品开发流程就是针对这些问题提出的解决思路和方法。

在 IPD 流程中，产品研发一般包括以下六个阶段：概念阶段、计划阶段、开发阶段、验证阶段、生产阶段、品类阶段。

（1）概念阶段是对产品的基本功能、外观、价格、服务、市场销售方式、制造等基本需求进行设计的阶段，这个阶段主要产生新产品的需求说明书。

（2）计划阶段制定产品规格说明书，确定产品的系统结构方案、明确产品研发后续阶段的人力资源需求和时间进度计划。

（3）开发阶段是根据产品系统结构方案进行产品详细设计，并实现系统集成，同期还要完成与新产品制造有关的制造工艺开发。

（4）验证阶段进行批量试制，验证产品是否符合规格说明书的各项要求，包括验证新产品制造工艺是否符合批量生产要求。验证阶段后期还要向市场和企业生产部门发布新产品，并经历新产品产量逐渐放大的过程。

（5）生产阶段对完成开发的新产品进行批量生产和销售。

（6）品类阶段则对即将退出市场的产品进行各种收尾工作。

3. 创建并行工程

在开发过程中引进"异步开发"的概念。异步开发也称并行工程。通过严密的计划、准确的接口设计，把原来的许多后续活动提前进行，这样可以缩短产品上市时间。它比串行研发流程的效率要高很多。

4. 创造可复用模块

在新品开发过程中，如果项目 A 中开发中使用的部分模块在项目 B 中也需要使用，传统的做法是将 A 中的模块拷贝到 B 项目中，然后根据 B 的需求进行修改。

但是在现实开发过程中，模块和系统的耦合度很高时，就会导致直接移植还需要后续大量的修改工作，还需要花费时间和精力。

因此，新产品开发的过程中，尽量通过定义标准化的接口，开发内部功能聚合度高、子系统之间耦合度低的模块，在不同的新项目开发时直接调用模块，降低了新品开发的时间与精力成本，推动了标准化程度的提升。

四、供应商早期参与

供应商早期参与就是在新产品的开发阶段，制造企业邀请供应商一起合作，共同参与新产品的设计和开发过程，这要求供应商愿意并且承诺在客户产品设计的早期阶段就与客户进行紧密的合作，并且愿意为之投入资源。

供应商早期参与新产品的开发可以为制造商带来很大收益，例如缩短新产品开发周期、降低开发成本、改进产品质量、降低采购成本、避免重复设计、降低市场风险等。

供应商参与早期新产品开发的动机主要包括：（1）在高竞争性环境下与客户建

立更强的合作关系;(2)双方合作性投入能够更好地理解市场;(3)提高创新能力;(4)提升产品的用户质量;(5)更好的沟通与协作。

这些优势为供应商早期开发提供了足够的合作动机。例如,一家手机生产企业为了实现 5G 手机的研发与生产,需要提升手机的信号质量,因此需要采用更为先进的陶瓷天线技术。供应商 A 企业与这家手机生产企业有过多年的合作,技术过硬,同时在 5G 陶瓷天线领域有着专门技术。因此,为了使供应商早期介入新品的研发过程中,两家企业共同成立了技术研发攻关组,手机生产企业的研发工程师进入 A 企业,与 A 企业的工程师团队进行合作开发,双方在研发阶段就进行了技术层面的对接,经过两个多月的联合研发,A 企业成功向该手机企业交付了成熟的技术方案。

由于 A 企业同时也是多家手机生产企业的上游供应商,为了保证信息的安全性,联合攻关组开辟了单独的研发工作空间,并且与其他部门隔离开,确保研发过程的保密性。

通过供应商的早期参与,下游企业能够有效地实现更好的产品设计,同时供应商企业也获得了稳定的订单。

学习单元 2　产品与服务开发优化项目方案设计

一、产品开发流程的优化

流程优化,指的是通过一些方法论与信息化手段,对企业的业务流程进行梳理和再造,使流程更符合企业发展或客户服务的需要。

新产品或服务开发项目的优化方案是对于已有产品或服务的创新,这种创新能够带来成本的压缩、质量的提升、功能的增加或者是服务水平的提高,从而使企业的产品与服务更具有市场竞争力。

为了实现这一优化目标,需要从以下几个方面展开优化设计。

1. 收集与分析数据,明确产品及服务优化目标

通过全面收集当前产品或服务的数据,通过数据分析明确存在的问题。通过准确的定位,能够提升优化的目标,提高优化的效率,对优化的效果进行客观的评估。

例如经过数据分析,企业发现下游客户对产品的质量认可度较高,而对于产品交付的时间方面希望能够更为准确透明,因此服务开发的方向就应该是如何提升交付过程的透明度,而不是进一步提升产品的质量水平。

2. 进行产品/服务核心功能评估

产品或服务的核心功能是客户的核心评价指标,也是企业产品与服务所具备的核心竞争力。因此需要充分挖掘产品满足客户核心需求的能力,形成差异化竞争优势,而不是在外围进行创新。

例如,在企业客户售后服务与投诉的流程设计中,最为重要的是如何能够快速有效地解决客户的问题,为客户提供妥善的解决方案,避免矛盾升级。

3. 进行产品生命周期评估

产品的优化覆盖了产品的整个生命周期。通常,在产品生命周期的诞生阶段,企业的战略优先要求实现产品核心功能和需求,而产品的体验感还需要通过后期客户需求的调查逐渐更新与迭代。

在产品生命周期的成长阶段,产品已得到市场、用户的认可,大量的目标用户在使用产品过程中会产生新的需求,企业要不断完善产品来满足用户的诉求,在这个阶段可能更多的是对附加功能进行迭代。

产品在进入稳定阶段后,产品已经成为现金流项目。为了最大化创造收益,需要对产品的商业运营进行优化,实现各项商业指标,并且通过批量化降低成本,在竞争中取得优势地位。

在产品进入衰退期后,就需要对定位和价值进行重构,发现新机会和市场,并用创新产品与服务满足市场的新需求。

4. 产品/服务优化的方向

在优化过程中存在两个不同的方向:一方面对于已有的功能需求进行优化与完善;另一方面针对客户产生的衍生需求增加新的产品或服务。

例如,在为客户提供物流服务过程中,不断完善仓储服务水平,降低货损率是第一种优化方向,而为仓储客户提供基于存货质押的金融服务就属于第二种优化方向。

二、新产品开发优化的具体实施

传统上,供应链的关注点主要是量产,但是产品的成本结构绝大多数是在设计阶段决定的。因此需要通过 VA/VE[①] 等手段实现价值的优化。为了能够更好地影响后续的产品开发,供应链部门需要早期介入新产品开发过程。

例如在产品设计与零部件采购中,研发部门所选择的零部件以性能为主要考虑指标,而忽视了市场可得性,因此,如果选择的采购部件在市场上处于供小于求的情况时,就会对后续的生产以及成本造成影响。因此,作为供应链部门需要分享在产品市场方面的知识与经验,协助开发部门进行决策。

---

① VA/VE 是 value analysis/value engineering 的缩写,即价值分析和价值工程。

除了技术外，供应链在系统和流程上也应改变。传统的供应链主要服务量产阶段，其流程、系统是效率型的，成本可以持续改进，但交付周期相对较长。对新产品来说，交付周期比成本更为重要。所以，供应链要做出相应的调整，以便更好地支持产品开发。

如果沿用企业现有的采购流程，新品采购所面临的困境是：交付时间长、计划不明确，导致新品研发过程屡屡受到供应不足导致的缺料窘境，问题往往最终归结为采购部门的责任。

其实，虽然同样是零部件产品采购，但是产品需求的属性与目标是不同的，通过品项分析可以知道，在少量新品采购中，企业往往与供应商之间缺少稳定的合作关系，产品需要通过中间贸易商进行采购，如果仍然以成本 KPI 进行考核，新品的供应需求就难以得到时间的保障。

因此，需要为新品采购制定特殊的供应流程，将供应的质量、时间放在更为重要的位置。以满足研发部门的高效开发目标，等到项目成熟并进入量产阶段，再进行持续的成本工程，不断优化供应结构。

职业模块 5 物流管理

培训课程 1　物流运营策略制定
　　学习单元 1　制定物流运营策略
　　学习单元 2　制定物流考核评价体系

培训课程 2　逆向物流体系设计
　　学习单元 1　设计逆向物流网络体系
　　学习单元 2　制定逆向物流管理策略

培训课程 3　物流外包战略制定
　　学习单元 1　选择物流运营模式
　　学习单元 2　制定物流供应商选择策略

培训课程 1

物流运营策略制定

背景知识

在供应链中，物流是连接上下游资源流动的重要途径。良好的物流运营能够促进供应链合作的顺利开展，可以降低成本，提高协作效率，缩短交付时间。

学习单元 1　制定物流运营策略

情景描述

义乌有一家出口型生产企业，主要市场是欧盟国家，产品一般采用集装箱货柜以海运方式出口，整个航程大约需要40天。因此从客户下单到交货的周期往往都在2个月以上。面对越来越激烈的竞争环境，客户对于交货提前期的要求越来越高，企业不得不采取提前备货的方式满足潜在的市场需求。但是新的问题又产生了，提前备货面对需求稳定的产品还好，而如果客户需要对产品进行定制化，这种方式也难以实施。有时候，企业不得已也会选择用航空的方式进行小批量的货运，但是利润就基本没有了。2014年，义新欧班列开通，从义乌出发，全长13 502公里，全程只需要21天就可以抵达。这条班列的开通，为企业的物流运营提供了新的解决思路。

一、物流运营的范畴

运营是连接战略和作业的重要环节。在供应链上,物流的运营首先需要从架构、制度以及人才配备三个方面展开。

1. 物流组织结构的设计

物流组织结构设计是指确定整个企业物流组织的框架和结构,确定企业中各职能部门、各层次及各个环节的联系和协调方式。

一般来说,物流组织根据服务领域的不同,可以按照前台、中台、后台的模式设计组织架构(见图5-1),前台是直接面对服务客户的部分,可以按照业务板块、区域进行划分;中台是为前台提供战略支持与流程优化的部门,是系统的运营中枢;后台是组织的资源保障部门。

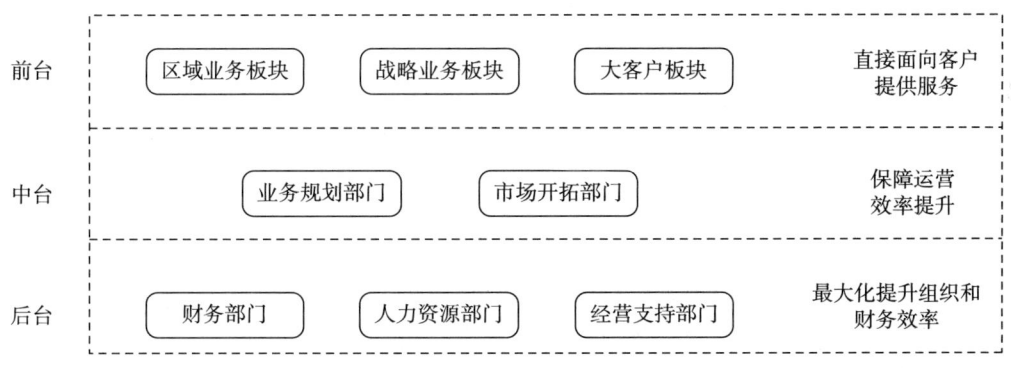

图 5-1　企业前中后台组织架构设计模式

强大的业务中台能够为前台提供源源不断的能力支撑,通过构建可复用的公共能力,实现业务的标准化和抽象化,便于前台部门根据实际需求调用。

2. 物流组织规章制度的建立

建立物流组织规章制度要从总体和局部两方面着手,具体明确各层次、各环节管理部门的行为准则,工作要求以及协调、调查和反馈制度,从制度上保证管理工作的整体性、系统性和有效性。

物流组织规章制度包含组织层面和岗位层面两个部分。

3. 物流组织人力资源配备

根据组织结构以及岗位的需求,在物流组织中需要配备合适的人力资源。再好的运营策略都必须依靠人来执行,因此,需要根据岗位能力要求将合适的人放在恰当的岗位。

物流运营管理组织机构的设计、规章制度的建立以及人力资源配备三方面紧密结合,是运营管理组织总体正常运营、开展组织行为的前提。

二、物流运营策略

1. 仓储运营策略

仓储运营策略包括仓储网络布局、仓库功能定位与规划设计、仓库运营流程管理、SOP（标准作业程序，standard operation procedure 的缩写）体系构建、仓储运营团队建设等。

（1）仓储网络布局。仓储网络布局首先考虑选址与规划布局，主要针对企业当前和未来的需求进行评估，综合考虑需求、成本、便利性等方面要素。

在获取仓储资源时，可以采取自建、租赁、合同仓库等形式获取。

自建仓库具有最好的可控性，但是成本高、周期长；选择租赁方式能够实现"所见即所得"，但是功能、面积等要素往往不一定能够达到最优选择；合同仓库由专业化仓储管理团队进行管理运营，具有更好的仓储管理能力，特别是选择具有网络运营能力的仓储服务，能够快速地实现仓储网点布局。

（2）仓库功能定位与规划设计。由于存储对象的差异，仓库需要具备的功能也不同。主要根据计划存储商品的 SKU 数、件型，以及对库房温度、湿度、光照、进出货频次等需求的综合评估。

在规划时，需要对功能区划、出入库方式以及自动化程度进行统筹规划设计。例如，功能区一般分为：月台、收货区、入库暂存区、理货上架区、流通加工区（拣货区、复核区、打包区）、出库交接区、逆向处理区（临期产品处理区、退货待上架区、退备件区）、仓储管理区等。

在出入库动线设计上，主要有三种形式：U 形、I 形、T 形，需要根据实际的需求以及仓库的先决条件进行规划设计，必要时需要使用仿真系统事前进行仿真模拟，以决定合适的动线布局方案。

在自动化程度选择上，需要根据业务量大小、人工成本、技术成熟度等因素选择合适的自动化仓储系统，例如针对托盘存储可以使用 ASRS 立体货架系统，如果是需要快速周转的多品类、小批量产品，则需要使用密集库系统。如果人工分拣量较大，则可以采用 AMR[①] 无人仓系统方案设计。

（3）仓库运营流程管理。仓库的运营流程需要按照实际的业务需求进行设计，一般在 WMS 系统的支持下，完成仓库运营流程的系统化和自动化。在系统数据流的支持下完成仓库运营作业过程。此时应考虑仓储流程和软硬件设备的匹配，主要用到的硬件包括条码扫描枪、一维/二维条码、RFID 标签/阅读器、电子拣货标签等。

运营流程主要包括基础数据维护、入库模块、在库管理模块、出库模块、产品跟

---

① AMR 是 autonomous mobile robot 的缩写，即自主移动机器人。

踪模块等。

（4）SOP体系构建。在仓库管理中需要大量人员共同协作完成仓库作业任务，因此作为运营人员需要构建标准作业流程，主要覆盖了入库、在库、出库、交接发货四个环节的管理，针对这四个环节通过构建数据采集体系、标准流程体系、KPI考核体系，实现对操作过程的有效控制。

（5）仓储运营团队建设。仓储运营团队人员构成较为复杂，因此需要对不同岗位的人员采取不同的管理策略，通过"搭班子、定战略、带队伍"的方式构建具有执行力的运营团队。在团队管理中需要从宏观到微观建立愿景和目标，通过培训赋能，建立考核排名，规范日常运营制度等途径，实现团队的高效运营。

2. 运输与配送运营策略

物流运输配送的运营包含了如下几个方面。

（1）物流网络设计。物流网络设计是在仓储、生产等网点布局的基础上，确定连接线路、运输形式、运输频次等。在多个备选方案中从成本、物流服务水平、市场反应速度、资产使用率等多方面进行评价和权衡，最后确定物流网络方案。因为涉及的网点和路径数量巨大，因此需要借助某些供应链建模工具进行仿真分析，得出可行的优化方案。

（2）线路优化。物流线路优化是在满足预定任务的条件下，确立不同的优化目标（最短路径、最短时间、最低碳排放等），基于不同的限制和约束条件，求出最优可行解的过程。在线路优化中有精确算法和启发式算法两大类。精确算法是指可求出其最优解的算法，主要有：割平面法、分支定界法、动态规划法等。由于精确算法的计算量一般会跟随问题规模的增大呈指数增长，在实际优化过程中其应用范围很有限。目前在计算机辅助下，启发式算法应用越来越广泛，例如禁忌搜索算法、模拟退火算法、遗传算法、蚁群算法、A-Star算法等。

（3）配载管理。物流的均衡配载需要对货物、单据、运力、信息、资金同时进行把握，最终实现物流服务供求均衡。针对这五种流程，需要实现货物流的流速均衡，运力流的负载均衡，以及货物、单据、运力的三协同。

均衡合理的配载管理能够在一定资源条件下，通过资源在时间与空间上的合理配置，实现最大化的利用，从而降低了成本、提高了服务水平。

（4）多式联运。多式联运是由两种及以上的交通工具相互衔接、转运而共同完成的运输过程。多式联运能够充分发挥不同运输形式的优势，实现成本下降、一票式服务。特别是网络货运的开展，承运人以信息流为依托，整合不同的运力资源，为客户提供一站式的运输服务，提高了货源和运力的有效撮合能力，让企业能够更方便地使用多式联运服务。

（5）交叉转运。交叉转运是指从不同供应商处来的产品不在某个设施中储存，而是用这个设施为那些从供应商处来的卡车提供卸货场地。同时这些大批量的产品被分成小份，根据当天的需要进行再次组合，尽快装运到外运的卡车上，送往最终目的地。交叉转运作业流程如图5-2所示。

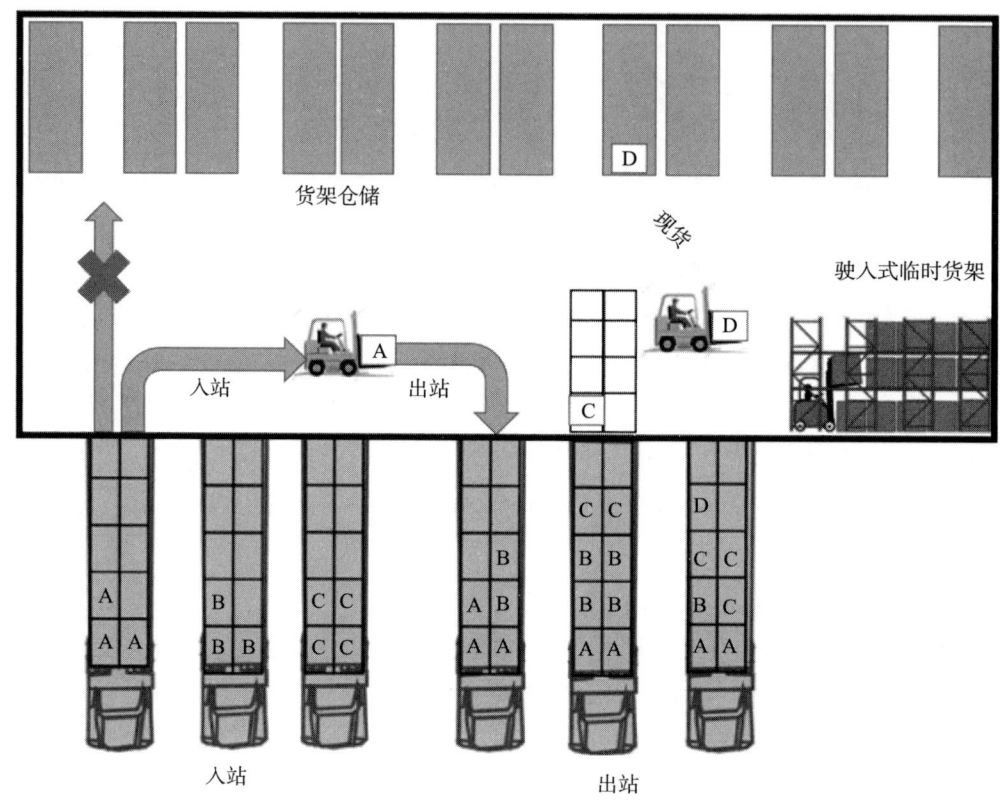

图5-2 交叉转运作业流程

学习单元2 制定物流考核评价体系

一、物流服务通用考核指标

1. 订单按时完成率

订单按时完成率指统计期内按时完成客户订单数占订单总数的比率。

$$订单按时完成率 = \frac{按时完成订单数}{订单总数} \times 100\%$$

2．订单满足率

订单满足率指统计期内实际交货数量与订单需求数量的比率。

$$订单满足率 = \frac{实际交货数量}{订单需求总数量} \times 100\%$$

3．订单处理正确率

订单处理正确率指统计期内无差错订单处理数占订单总数的比率。

$$订单处理正确率 = \frac{无差错订单处理数}{订单总数} \times 100\%$$

4．货损率

货损率指统计期内交货时损失的物品数量与应交付的物品总数量的比率。

$$货损率 = \frac{损失数量}{应交付总数量} \times 100\%$$

5．货差率

货差率指统计期内货物累计差错数量占总数量的比率。

$$货差率 = \frac{差错数量}{总数量} \times 100\%$$

6．账货相符率

账货相符率指经盘点，库存物品账货相符的笔数占储存物品总笔数的比率。

$$账货相符率 = \frac{账货相符笔数}{储存物品总笔数} \times 100\%$$

7．有效投诉率

有效投诉率指统计期内客户有效投诉涉及订单数占订单总数的比率。

$$有效投诉率 = \frac{有效投诉涉及订单数}{订单总数} \times 100\%$$

二、仓储考核指标体系

仓储考核的绩效指标需要实现可量化、可考核的目标，主要包括如下几个方面。

1．收／发货及时（准确）率

收／发货及时（准确）率是在原料、半成品、成品的收货和发货环节，衡量及时率和准确率两个维度的指标。公式为：

$$收／发货及时（准确）率 = \frac{收／发货及时（准确）的数量}{收（发）货的总数量} \times 100\%$$

2．货物破损率

货物破损率体现了仓储操作不当引起的物料包装破损或者货物损坏情况，公式是：

$$货物破损率 = \frac{货物破损数量}{总货物数量} \times 100\%$$

3. 账物相符率

账物相符率体现了仓库账册上的货物存储量与实际仓库中保存的货物数量之间的符合程度。公式为：

$$账物相符率 = \frac{账物相符笔数}{库存货物总笔数} \times 100\%$$

4. 库存周转率

$$库存周转率 = \frac{货物周转量}{库存总量} \times 100\%$$

5. 长库龄物料占比

$$长库龄物料占比 = \frac{长库龄物料金额}{总库存金额} \times 100\%$$

6. 库位利用率

$$库位利用率 = \frac{被占用的库位数量}{总库位数量} \times 100\%$$

7. 平均 SKU 占用库位数

$$平均\ SKU\ 占用库位数 = \frac{总库位数量}{库位上总\ SKU} \times 100\%$$

8. 库位周转率

$$库位周转率 = \frac{有变动的库位数量}{总库位数量} \times 100\%$$

9. 库存准确率

$$库存准确率 = \frac{盘点准确数量}{盘点总数量} \times 100\%$$

三、运输与配送考核指标体系

运输与配送考核指标主要包括及时到货率、到货完好率、到货准确率、签单返回率、急单满足率以及关键事件，如货物丢失和重大投诉等。

1. 及时到货率

及时到货率是指每月及时发货总数与月发货总数之比，主要考核运输部门的送货及时率，其中不可抗因素（如天气原因等）不计入延迟订单数。

2. 到货完好率

到货完好率是指每月货物总票数减去月破损数之差与月发货总数之比，是一个非常重要的指标，要求运输团队在运输过程中必须注意易碎品等物料的安全运输问题。

3. 到货准确率

到货准确率是指月到货准确数与月发货总数之比，这项指标按实际情况记录，如拣货环节出现问题或运输配送过程出现问题。

4. 签单返回率

签单返回率是指每月签单返回总数与月发货总数之比，签收单必须保证每票返回，如企业有收货章则应加盖企业有效章。

5. 急单满足率

急单满足率是指每月急单完成总数与月急单总票数之比，急单满足率越高，一般客户的满意度也就越高。

6. 关键事件

关键事件一般包括货物丢失、重大投诉和虚假信息，此类问题都较为严重，必须确保万无一失。

运输营运绩效指标的建立可以反映出整个运输团队的运作情况，包括在运输时间上的控制以及对货物安全性的保障等。但是在考核的同时也应注意各种突发事件或不可控因素的发生，如遭遇长时间的堵车、重大雨雪天气以及客户方面要求更改送货时间等情况，均应考核其状况的真实性，如确属实，则无须计入不合格指标数值，只在备注中写明何种特殊情况导致即可，示例见表5-1。

表 5-1　绩效考核表（示例）

指标	指标描述	目标值	指标完成情况	偏离度
及时到货率	$\left(1-\dfrac{月延误总票数}{月发货总票数}\right)\times 100\%$	≥98%	90	-8%

培训课程 2 逆向物流体系设计

背景知识

逆向物流适用于与产品和材料再利用相关的所有过程。它是"将物品从典型的最终目的地运送出去以获取价值或妥善处置的过程"。再制造和产品翻新活动也包含在逆向物流的定义中。

由于可持续性发展理论的兴起,对于供应链闭环运作的要求越来越高,因此逆向物流成为实现供应链闭环的重要途径。

产品交付后的任何过程或管理都涉及逆向物流。如果产品有缺陷,客户会退回产品。然后,制造公司必须组织有缺陷产品的运输、测试、拆卸、维修、回收或处置产品。该产品将通过逆向供应链网络传递,与正向物流相比,逆向物流难度更大,但是潜在价值也更大。

学习单元 1 设计逆向物流网络体系

一、逆向物流的生态系统

1. 退货——初始化逆向物流流程

退货流程从客户支持开始。产品的售后管理和产品支持通常由制造商外包给第三方完成。第三方往往需要处理产品的退回流程,这一流程需要经过多次运输。

2. 返回 – 处置

检查过程从分类诊断开始。它通常在返回点由外包服务提供商执行。经过初步的产品检查后结果可能包括：维修并返还给用户，无问题下退回库存，维修翻新。每个选项都可能涉及不同的服务提供商的活动。

3. 维修 / 翻新

根据产品类别的不同，可能需要认证、测试设备和训练有素的工作人员。在某些情况下，产品可能会循环到再制造中。

4. 重新包装

根据合同，这项任务可以由维修点或经销商执行。它可能需要特殊设备，包括重新打标签过程。对转售资产和批量转移的资产设定了不同的包装要求，它们被重新包装，以增加转售价值。

5. 转售

在电商渠道以及线下渠道中，存在不同的二级市场渠道。一些主要供应商专门从事转售翻新货物的业务。二级渠道可能负责翻新产品的产品支持和保修。这些是循环经济的关键组成部分。

6. 重复使用

在产品生命周期终结时，资产可以被回收或重新使用。一些产品存在退货市场（如手机），而另一些产品可能会升级或进行创造性再利用。

7. 再循环

逆向物流行业目标是尽可能减少废弃物进入垃圾填埋场。再循环是在上述方式都无法达成目的的情况下，通过粉碎、熔炼等方式销毁产品或者制造原材料。

二、逆向物流网络结构

逆向物流网络结构主要包括回收点、预处理中心、再制造中心、废弃物处置点等。由于逆向物流的方式方法和正向物流有较大的区别，因此需要通过将多个分散的、难以预测的起点来源向一个或者少数几个目的地移动，是一种典型的多对一的物流网络结构。

由于处理的产品类型以及目的不同，主要有四种不同的逆向物流网络结构。

1. 可直接再利用的逆向物流网络

这类网络主要是回收可直接再利用的产品。例如，可再利用包装在闭合环状网络中，包装一旦返回包装提供中心，就可直接被再次利用。在整个过程中，时间是最大的不确定因素。

可再利用物品只需要简单地再处理，如清洗、检查等，故网络简单、层次少，此外，由于再利用和原始利用之间不存在区别，故闭合环状结构就很自然了，该网络多用于多种类型包装的回收。网络中决定回收品数量和防止损失是一个重要问题。运输费用是主要的成本要素，因此该网络是分散型网络，节点以靠近顾客群为原则来设置。

常见产品对象为托盘、周转箱等物流容器。为了能够提高可直接重用产品的运输效率，往往需要对容器进行再设计，以方便堆叠，加大运输密度。

2. 再制造加工逆向物流网络

这种逆向物流网络的一些典型例子如复印机、汽车发动机、旧计算机的再制造加工网络等，其所涉及的产品价值高，常常都是由OEM企业来做，再利用的产品或部件会用于新产品的生产，回收市场和再利用市场也有重合。此外，供应的不确定性也是影响逆向物流网络的一个重要因素，回收费用也较高。

再制造加工网络中涉及的回收作业，如修理、制造加工、打磨等，需要用到生产制造知识，需要运用生产设备，故这项产品回收再利用的工作通常是由OEM企业来做，如果市场准入门槛较低，则会吸收一些专业的第三方。由于新、旧产品的销售市场有重合，故该网络涉及正反物流的联合运输和同时处理两个方向的物流，而整合正反两向物流的闭合结构成为必然选择，故该网络大多是在现有正向物流系统基础上扩展形成的。

再制造产品的使用是循环经济的重要组成部分，随着技术条件的提升，越来越多具有较高价值的产品经过再制造能够达到甚至超过原有产品性能，延长了产品的使用生命周期，降低了客户的支出。

3. 再循环逆向物流网络

这种网络所处理的材料大都是低值产品，如纸张、塑料、沙、钢铁副产品，然而却要求先进的处理技术和设备，故投资量很高，这就意味着该类型的网络需要大批量的处理工作，形成规模经济，回收才具有价值，而且再循环网络多是集中网络结构。此外，网络构建的各责任方之间的紧密合作也是大规模、批量处理的保证。由于回收的方式有限以及材料再循环的技术可行性并不严格依赖于收集物的质量，故再循环网络模型很简单、层次不多。特别是在钢铁冶金中，废钢冶金比矿石冶金具有更好的能效比，有效节约了资源。

4. 商业退货逆向物流网络

商业退货主要发生在零售业和制造业，源于商业回收或客户投诉退货，包括错误订单、缺陷产品、积压存货等。为了减少成本、降低库存和增加灵活性，可以在较大区域范围内设置一个分销中心，集中处理来自不同地区的退回商品。

三、逆向物流网络规划与设计

逆向物流网络的规划与设计需要考虑到产品、消费使用习惯等一系列属性。其目标与正向物流具有一致性，如何实现以最低的成本获得最大化的社会收益与企业经济收益。社会收益主要从环境污染代价的角度考量。企业需要以碳中和视角看待逆向物流问题，有效的产品回收与再利用是企业延伸责任的重要环节。同时，通过逆向物流的运营，进一步强化了生产者与客户之间的关联，创造了为客户持续提供服务，发掘生命周期价值的机会。

1. 逆向物流网络规划主要解决的问题

（1）逆向物流设施功能设计。进行逆向物流网络规划，首先要明确完成整个逆向物流过程到底需要哪些设施，每一设施有何作用，在每一设施内具体将进行哪些逆向物流作业流程。通过这种分析，可以将不必要的设施从计划中去掉，或者将有些功能相似、流程相似的设施进行合并，以减少固定投资。

（2）设施布局。要确定逆向物流设施（包括回收中心、中转站、再处理设施等）的数量及其平面地理位置，即网络设施选址问题。这些固定设施的平面位置布局决定了整个逆向物流系统（甚至整个供应链系统）的模式、结构和形状，对于回流产品的收运方式、储存模式及逆向物流作业过程控制都有影响。

（3）设施规模确定。要确定每一设施应配置多大的容量。例如，回收中心的仓储规模、处理速度，拆解中心的最大拆解能力、最大再加工能力等。在一定的区域范围内，如果设施规模定得太高，会导致设施的实际利用效率低于设计容量，造成资源浪费；反之，如果容量配置过低，又会导致对需求的反应能力过低，不能满足实际需要，同时会导致逆向物流成本上升。

（4）市场和供给配置。要确定每个设施应服务于哪些市场。每个设施的供货来源由谁负责？逆向物流设施的供应源和市场与正向物流设施的供应源和市场是相反的。产品消费市场的分散性，决定了废旧产品的来源也是分散的，即逆向物流设施供应源的分散性。市场配置和供应源的配置会影响逆向物流产品运输方式及运输成本。

逆向物流网络规划的上述问题，既涉及空间规划问题，又包括时间规划问题。物流设施的数量、规模及其位置布局规划必须考虑客户的位置分布，与运输成本有关；而逆向物流网络功能设计及设施布局还会影响对回流产品的处置周期，更短的处置时间不仅会带给客户更高的满意度，还有利于及时挽救回流产品的价值。因此，从时间角度考虑也会影响逆向物流网络的规划。

2. 逆向物流网络设计的主要内容

逆向物流网络设计的主要内容包括：一是确定回收产品从收集地到市场需求终点的整个流通渠道的结构；二是逆向物流网络结构的效率分析及绩效评价。

（1）确定网络渠道的结构。逆向物流网络规划的主要任务是确定回收产品从收集地到市场需求终点的整个流通渠道的结构，包括逆向物流设施的类型、数量与位置，设施所服务的顾客群体与回收产品类别，回收产品在设施之间的运输方式等。具体设计时，可以将逆向物流网络规划中的决策问题分为三个层次来考虑：战略层、战术层、运作层。

1）战略层：包括逆向物流网络结构的回收策略、组织类型与关系等，具体如逆向物流网络要实现什么样的功能、采取什么样的类型、选择哪些参与者、参与者相互间是什么关系等问题。回收利用选择、逆向物流的参与者类型、产生逆向物流的原因、是否从事产品回收活动、如何根据产品特性选择相应回收处理方法、为适应回收再利用而改进产品设计（面向回收设计）等，这些都属于战略决策问题。

2）战术层：包括回收与整合管理、生产计划、库存管理、信息技术、绩效评价等。例如，库存管理研究包括回收产品的原因、产品类型、回收产品的库存量及其库存控制问题。信息技术研究包括组织间的信息流管理、共享、激励等问题。在战术决策水平上，企业需要将产品回收与整个自身组织进行整合。具体活动就是要把回收、加工处理操作、仓储、再利用再制造等构成一条完整的回收链。

3）运作层：关心最为具体的企业经营活动，包括运输路线与调度、成本核算、回收处理策略的具体实施与选择、再制造生产任务安排等，以及拆卸调度及维修调度规则。物流活动的成本核算、信息分析监控、信息数据处理等也都是企业具体的经营操作层的活动。在回收链的始端，使用何种预测技术预测回收产品的数量、范围以及质量分布也属于运作决策。

（2）网络结构的效率分析及绩效评价。结构影响效率，不同的结构对逆向供应链乃至整个供应链的绩效有着根本的影响。因而，网络结构设计的好坏要通过对其进行效率分析和进一步的绩效评价来确定。

逆向物流的绩效评价可以从成本、资本效率、风险和客户管理四个角度来进行。企业需要对成本及资本运营效率的考核确立标准，建立指标体系。风险评估包括从事逆向物流所遭遇的自然风险（风、洪水等）、人为破坏风险（失窃、损坏等）、经济风险（违约、跌价、过期等）。企业所在的行业不同，顾客满意度的含义及范围也不同。反映客户满意程度的指标有很多，如客户反应速度、应急处理能力等。对于外包类型的逆向物流企业可能涉及的指标有修理质量、修理及时程度、协议履行程度、回收产品的质量水平、退款调解能力等。这几个绩效评价都应基于对逆向物流网络的仔细研究之上，根据其特点与回收产品的特点等建立科学的评价指标体系。另外，用于逆向物流绩效评价的方法也有很多，可以采用定性与定量方法相结合的方式。定量的方法如模糊评价、灰度评价、DEA评价、AHP/ANP评价或以上方法的综合评价等。

学习单元 2　制定逆向物流管理策略

一、从减量化到再生的逆向物流实施步骤

1. 减量化（reduce）

减少逆向物流的最根本原则在于消除逆向物流。因此通过减量化能够有效控制逆向物流的产生量。例如，通过电子化方式传递新闻，带来了报纸的消失，因此，废旧纸张的逆向物流出现了急剧下降。减量化能够在源头控制逆向物流的产生。

2. 可修复（repair）

产品在正常使用过程中，由于意外故障导致的功能损失，可以通过简单的修复方式恢复其功能，对于这种一般性故障，往往可以在距离消费终端最近的地点完成，逆向物流一般以点对点方式实现。

3. 可复用（reuse）

尽可能使用可循环的产品，减少一次性产品的使用。例如，在物流过程中，包装承托容器特别是纸质包装的消耗量巨大，通过减少一次性包装的使用，能够有效降低过程性消耗，减少物流包装成本。

4. 翻新（refurbish）

部分产品由于丧失了部分原始功能，由授权的第三方进行修复与整理，将其销售到二级市场，实现产品价值的进一步挖掘，同时降低了二级市场消费者的支出水平，实现了双赢。

5. 可循环再生（recycle）

对于已经无法通过上述几个步骤进行处理的产品，需要在经过分选后进入资源再利用阶段。使资源回到原始状态，如玻璃、纸张、铝、钢铁等。

举例来说，汽车的轮胎在使用过程中，遇到漏气现象首先就近寻找补胎店进行轮胎修补；如果驱动轮轮胎磨损加大，在符合安全的前提下，可以更换到非驱动轮位置使用；在到达使用寿命后，可以将轮胎由轮胎店回收，集中到轮胎翻新工厂，在确认子午线正常的前提下，重新对轮胎上胶翻新，经过翻新后的轮胎可以在低速行驶的应用场景下使用。若轮胎完全没有使用价值，还可以将轮胎破碎以提炼橡胶材料，重新用于轮胎的生产。

二、逆向物流管理与评价方法

针对逆向物流可以使用质量成本法、ABC 成本法、平衡计分卡法等方法进行分析。

1. 质量成本法

质量成本包括一致性成本（预防性成本和产品质量监控成本）和不一致性成本（内部失败成本和外部失败成本）。

举例来说，逆向物流中的质量成本包括如下几项。

（1）预防性成本——训练商店中的员工如何减少客户退货行为。

（2）监控成本——根据流程检查清单保障客户退货率最小化。

（3）内部失败成本——仓库空间分配给了客户退货但是客户并未退货所带来的成本。

（4）外部失败成本——仓库空间分配给了客户退货所带来的成本。

2. ABC 成本法

ABC 成本法是以活动为基础的成本计量方法。举例说明，逆向物流中 ABC 方法可以识别供应链上每一项活动的成本，而不是将其加总在一起。由此可以得出逆向物流中真实的功能成本，如仓储费用、运输费用等分别花了多少钱，在什么产品上产生了逆向物流支出等，这对于企业持续改进逆向物流过程存在巨大价值。

3. 平衡计分卡法

平衡计分卡法是用于测量财务、客户、内部业务、创新与学习四个维度指标的方法。在逆向物流中，同样可以使用这一方法进行评价。

例如，对于一件消费产品。

（1）财务维度——产品退回的成本。

（2）客户维度——退货百分比。

（3）内部业务维度——退货环节处理次数。

（4）创新与学习维度——受过训练的员工正确处理退货产品的比例。

三、逆向物流管理策略案例

电子产品的逆向物流该如何优化服务与成本

H 公司是一家提供多标准全系列通信产品及解决方案的供应商，位于珠三角全球制造中心，自主研发多种无线对讲机终端设备。经过 20 多年的发展，实现了从原料采购、智能制造工厂贴片组装，到销售的一体化模式，产品可以满足客户高精度、小批量、多品种的柔性化、定制化的产品交付要求。

产品的高品质得到了客户的青睐，H 公司的产品应用往往涉及一些环境较为恶劣的场景，因此，客户对产品的外观结构、硬度、强度、防水性以及电子元器件的精密度均有较高的要求，以确保产品使用过程中的可靠性和稳定性。

为了在激烈的市场竞争中吸引客户，H公司为客户提供了更为优惠的交付条件。但是满足客户需求的同时，企业也面临着新的困扰。由于使用异常造成的产品退换货所需要支付的成本，竟然比生产一台设备的成本高一倍。

在一次公司内部降本增效会议上，供应链总监把这个问题抛了出来，市场部经理说："既然退货处理这样麻烦，不如直接给客户补发一台新的。这样不仅提高了客户满意度，成本或许比现在还低一些。"品管部门总监却不这样认为："如果没有产品的退回质检，我们也不知道到底是什么环节出了问题，这不利于产品质量的改进……"

公司的物流部门负责公司实际的逆向物流任务，对于企业当前所面临的各种退货，最清楚发生了些什么。公司的物流总监表示，目前企业的退货所引发的逆向物流问题归纳起来主要有六种情况。

（1）品质退换货类型：主要是产品在使用中出现品质异常，产生的退换货需要由品质部门做出判断和协助处理。

（2）应收坏账退货类型：公司无法从客户处收回货款，这是预防坏账损失的主动退货活动。

（3）经销商退货（压货处理）：由公司营收目标、市场扩张或者经销商返利等目标驱动的市场压货行为，以及由合作关系破裂或者库存积压超过1年等原因造成的退货。

（4）合同变更造成的退换货：由于客户方案改变造成的产品无法满足项目需求引起的退换货。

（5）试验性销售：客户试用到期后，未转为销售的产品将做退回处理。

（6）分销配送中心低周转率存货：分销配送中心销量不佳，对于库龄超过360天的存货，公司要求做退回处理。

公司董事长认为，退货问题不是物流部门能够独立解决的，涉及技术、财务、市场等多个部门之间的协同。逆向物流不同于产品销售，包含了客户服务问题以及企业对市场把控力度不强等问题。通过对逆向物流的分析研判，需要拿出一套完整的逆向物流解决方案，这个任务就交给供应链部门协调解决。

供应链陈总监在企业里已经工作了10年，有采购、物流、生产等环节的工作经验，因此，对于逆向物流问题的产生还是比较清楚的。退货会给公司带来损失，首先需要针对不同的情况划清责任，对处理方案的制定达成共识。

陈总监需要写一份企业逆向物流的分析报告以及对策提交给公司决策层，并制定相应的政策来提高企业的供应链逆向物流运营水平。

请结合上述提到的不同情况引发的逆向物流进行分析，并提出可能的解决方案。

举例如下。

1. 品质差异退换货问题。

2. 应收坏账风险问题。
3. 压货逆向物流问题。
4. 需求变更问题。
5. 滞期成品库存问题。

企业的解答如下。

针对第一类因品质退货换货问题的逆向流程，有明确的处理方式，分为两种情况。

（1）客诉引发的品质退货；（2）制造过程中发现的隐患，召回退货。对于客户投诉，品质部门会召集相关部门研究解决策略。内部分析验证和解决问题，再针对客诉的货物安排人员现场处理或返厂维修。

最严重的情况就是召回返工，若能在代理商、维修点解决的，则就近解决。

第二类应收坏账问题，由财务和销售主导处理。针对收不回钱的货物安排遣返。最大的问题是货物的完整性和对市场价值要能做出准确预估，才能给出合理的逆向路径。判断是否可直接在当地进行二次销售，或在当地配送中心进行简单处理后做二次销售，最差的情况是返回工厂清拆处理。

第三类是压货逆向物流问题。一类是提前销售收入，并不是流向终端客户的货物在积压一定时间后，折回原产地的行为。另一类是为了快速占领市场份额，提早铺货的行为。对公司的现金流，资金效益以及存货价值都有一定程度损失。对于快速扩张的企业，这种是常见的营销手段。

第四类问题是需求变更，无理由退换货产生的逆向物流。针对这种情况，首先要做协商调解，尽可能避免逆向物流，减少运输和产品价值损耗。其次，要合理地评估退货的折旧损耗，尽可能在当地的配送中心接收和实现二次销售。最后是返厂，不但涉及运输、产品价值损耗，若产生二次销售则均要重新上线返工检测各项性能。还有更大的问题：实物流和账务流缺乏衔接，经常出现实物已回归，账务迟迟未处理的情况；要么反之，出现账务已处理，实物丢失的状况。"退库仓"的账实不符问题突出。

为确保账实问题，在退货电子流上，增加了各个部门的职能，以确保逆向物流中的运输安排、仓库接收、品质判断、财务评估存货价值都能及时地对接处理。对于国内逆流，比较简单。对于海外的逆流，要考虑进出口逆向清关，报关时提前做好资料对接和安排，确保合规性。

第五类问题是未转销售前的货物逆向流，最大的问题是库存价值，费用化和折旧都是财务在逆向流中要核算清楚的。过去所有的退货商品都是原价再进，导致公司库存价值虚高。在计划部极力推动下，财务部门终于给出了一套损耗核算机制，按照年限完整地评估货物价值。

针对电子产品的逆向物流问题，能否有更为通用的解决方案呢？请在掌握了一定的逆向物流知识后针对案例提出你的见解。

对于退回的产品，一般按照五个不同层级进行处理：（1）直接再利用；（2）修理；（3）再生；（4）再制造；（5）无害化处理。

在企业中目前采取的方法如下。

（1）二次销售：先评估产品未来是否有销售，是否配置，性能是否完整。对于通用的产品，供应链根据新需求返工发货。对于非通用的呆滞设备，就联动销售部、财务部，给出适当让利措施，打包销售、促销。

（2）清拆处理：将设备拆散后，选择其中有价值的部分进行再加工利用。

（3）计提报废：拆卸后，实在无法再利用的部件，就做计提处理，将消耗降到最低。

通过本课程的学习，你还能想出哪些更为可行的逆向物流方案？

请写下你的想法，并和培训师进行交流。

培训课程 3 物流外包战略制定

背景知识

在社会专业化分工的大背景下，企业为了提升核心竞争力，除了少数大集团外，多数企业会选择聚焦主业，将非核心业务外包。

中国的社会流通体系近年来得到了飞速发展，具体表现在物流总量不断提升、物流差异化服务涌现、物流成本下降，社会化物流服务能力逐渐赶上了世界发达国家水平。

学习单元1　选择物流运营模式

企业物流业务需求的成长需要考虑采用不同的运营模式与之匹配。主要存在三种不同的模式：自营物流、外包物流以及外包和自营相结合的混合模式。

一、自营物流

自营物流指企业自行经营物流的模式，通过建设全资或控股物流子公司，完成企业物流配送业务，即企业自己建立一套物流体系。

自营物流更适合于拥有稳定批量的物流业务，通过自营方式实现资源的有效利用。

1. 自营物流的优势

（1）掌握控制权。企业自营物流，可以根据掌握的资料对物流活动的各个环节进行有效调节，能够迅速地取得供应商、销售商以及最终顾客的第一手信息，解决管理物流活动过程中出现的问题，以便随时调整经营策略。通过自营物流，企业可以全过程地有效控制物流系统的运作。

（2）避免商业秘密的泄露。一般来说，企业为了维持正常的运营，对某些特殊运营环节必须采取保密措施，比如原材料的构成、生产工艺等。当企业将物流业务外包，特别是引入第三方物流来经营其生产环节中的内部物流时，其基本的运营情况就不可避免地向第三方公开。若企业物流外包，企业经营中的商业秘密就可能会通过第三方物流泄露给竞争对手，影响企业的市场竞争力。

（3）降低交易成本。企业靠自己完成物流业务，就不必对相关的运输、仓储、配送和售后服务的费用问题与物流企业进行谈判，避免了交易结果的不确定性，从而降低交易风险，减少交易费用。

（4）盘活企业原有资产。企业选择自营物流的模式，在改造企业经营管理结构和机制的基础上使原有物流资源得到充分的利用，盘活原有的企业资产，为企业创造利润空间。

（5）提高企业品牌价值。企业自营物流，能够更好地控制市场营销活动，一方面企业可以为顾客提供优质的服务，顾客能更好地熟悉企业、了解产品，让顾客感受到企业的亲和力，切身体会到企业的人文关怀，提高企业在顾客心目中的形象；另一方面，企业可以快速掌握顾客信息和市场发展动向，从而根据顾客需求和市场信息制定和调整战略，提高企业的市场竞争力。

2. 自营物流的劣势

（1）资源配置不合理。物流活动最主要的环节就是运输和仓储，因此，企业自营物流必须具备与生产能力相符的运输力量和仓储容量。市场的供需存在着不可预期的波动性，从而为企业经营带来一系列的风险。同时，现代物流正在向标准化的方向发展，企业为了保证与价值链上下游的有效连接，必须改进物流设备，这将加大企业固定资金的投入。

处于销售旺季时，如果企业运力不足，可能导致企业失去商机，不仅影响销售额的提高，还可能在下一波的销售淡季到来时由于产品未及时售出而发生产品积压；处于销售淡季时，企业的运力和仓储空间就会出现闲置，导致企业资金无法有效利用，在计算固定成本的情况下却没有收益。

（2）企业配送效率低下，管理难以控制。对于绝大部分企业而言，物流并不是企业擅长的活动。在这种情况下，企业自营物流就等于迫使自己从事不擅长的业务活动，企业的管理人员往往需要花费过多的时间、精力和资源从事物流的工作，结果可能是既没做好辅助性的工作，又没做好关键业务。

（3）规模有限，物流配送的专业化程度非常低，成本较高。对规模较小的企业来说，企业产品数量有限，采用自营物流，不足以形成规模效应，一方面会导致物流成本过高,产品成本升高,降低了市场竞争力;另一方面由于规模的限制,物流配送的专业化程度较低,企业的需求无法得到满足。

(4)管理机制约束。物流活动涉及企业生产的方方面面,由于各部门都存在着独立的利益,都追求自身效益的最大化,从而给物流活动的有效开展带来麻烦。在我国企业现有经营管理机制下,如何协调各方面的利益,甚至要求某些部门牺牲自身利益以达到企业整体效益的最大化是一件困难的事。

如果将物流管理权力提高到各事业部之上,可能导致原本分布于各环节的物流活动被互相推诿,责任承担不明确;如果把物流管理权力分散在各事业部,则无法避免个体利益的最大化和整体利益的弱化;如果把物流管理权力放在与各事业部平行的位置上,则可能导致物流管理要求无法得到有效的执行。

二、外包物流

外包物流是物流需求方为了集中资源,增强核心竞争力,将物流业务以合约方式委托给专业第三方物流企业运营的模式。良好的物流外包为双方都带来了收益的增加、效率的提升。

在企业物流需求不稳定的条件下,即使拥有物流资源,能力也难以充分发挥价值,采取外包的方式能够有效降低企业在非核心业务上的投入。对于某些以生产为核心业务的企业,将物流业务外包能够降低固定资产投入,提高投资回报率。

1. 外包物流的优势

(1)业务优势。可以使制造企业获得自身不能提供的物流服务。在很多情况下,客户所需要的物流服务通常需要特别的专业技能和知识,制造企业所有的物流服务要求不是靠企业内部的物流就能满足的。特别是对于中小企业来说,物流外包可以突破企业资源限制。

(2)成本优势。一方面,将物流业务外包可以降低制造企业的运营成本。由于第三方物流企业在经营规模、经营范围上的经济性,降低了包括劳动力要素在内的物流运营成本。另一方面,对于制造企业来说,物流成本在产品的成本中占据了较大的比重,物流外包可以减少企业在固定资产方面的投资,加速资本周转。

(3)客户服务优势。比起制造企业,第三方物流企业在信息网络和配送节点两方面都具有资源优势。利用信息网络可以加大订单的处理能力、减少对客户需求的反应时间。配送节点多,可以进行直接到户的点对点配送,使商品更快地到达顾客手中,提高顾客的满意度。而且,第三方物流在物流服务方面具备独特的专业能力和优势,能为顾客提供更为周到的服务,从而加强企业的市场号召力。

(4)归核优势。对于制造企业来说,物流业务不是企业的关键业务,第三方物流企业因为从事很多物流项目的运营,通过整合各项物流资源,物流作业更加高效;而且物流的运营成本相对较低,制造企业如果将物流业务外包给第三方,将获得更周到的物流服务,可以集中精力发展核心业务。

2. 外包物流的劣势

(1)物流的控制能力减弱。第三方物流企业的介入,使得制造企业自身对物流的控制能力下降,制造企业要承担物流失控的风险,从而降低了企业的客服水平。另外,当双方协调出现问题,由于第三方的存在,双方更容易出现相互推诿的局面,影响物流的效率。

(2)客户关系管理的风险。制造企业通过第三方物流来完成产品的配送与售后服务,削弱了企业与客户之间的关系,不利于稳定密切客户关系的建立。而且客户信息是企业非常重要的资源,第三方物流企业有很多客户,它们在为企业的竞争对手提供服务时,增大了泄露企业商业秘密的可能性。

(3)连带经营风险。物流外包是一种长期的合作伙伴关系,如果物流服务商自身经营不好,就会影响企业的运营。而如果解除合作关系,又会产生较高的成本,因为两个企业稳定的合作关系是需要较长时间来磨合的。

三、混合模式

对于部分企业,在物流的需求上既具有稳定的需求,同时又具有一定的季节波动特征。此时,由企业自有能力部分可以完成稳定的物流需求,而对于突发性与季节性物流需求则采用外包形式来实现,如图 5-3 所示。

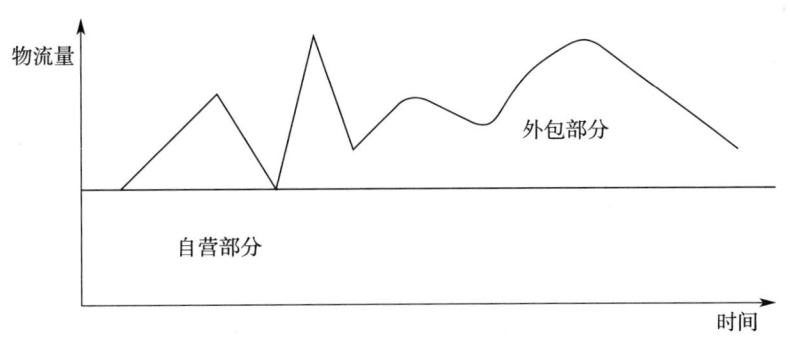

图 5-3 混合物流外包模式

例如对于超市,需求相对稳定的日杂百货类商品,由超市自营配送中心负责配送,而对于具有较强本地化特征的生鲜类商品,大部分由供应商直送门店,这样的模式即为物流的混合模式。

目前由于物流服务能力的不断提升,越来越多的企业开始全面转向由专业化物流服务企业提供物流服务,体现了社会专业化分工的趋势。

对于已有物流能力的企业来说,需要选择渐进式的物流社会化策略。例如对于物流资产较多、人员较多、物流业务较多的企业，一般宜采用逐步过渡的方式，按物流业务与产品或地理区域分步实施。比如，保留仓储将配送外包，或保留配送、仓储将运输外包，再或者把企业物流的信息系统外包。此外，企业还可以保留物流资产、人员、业务，只把物流的管理职能外包给专业化的第三方物流公司，逐渐将物流非核心资产剥离。

部分企业也采取了资本合作模式，将物流能力单独剥离，成立提供社会化物流的专业公司，参与市场竞争，同时也能够为企业提供社会化的物流服务。

 案例

T公司的物流整合道路

在家电领域，X公司主要生产洗衣机，K公司主要产品是冰箱，两家企业原先都有自营的物流业务，随着白色家电领域的竞争日趋激烈，降低成本是重要的竞争优势来源。两家企业的物流成本超过了4亿元，占生产成本的4%。

生产企业为了提高核心业务的竞争力，把非核心部分的业务外包，就可以集中精力从事自己的核心业务，全力以赴地适应变化，谋求发展。Z公司是中国运输行业的旗舰企业，新型综合物流企业。它也在积极利用自身的物流强项寻求与物流资源丰富的企业结成战略联盟。三家公司经过充分沟通终于达成了结成战略联盟的协议：一致同意以2∶2∶6的比例组建第三方物流公司，由Z公司做资源整合、供应链重组，成立了物流T公司。

T公司的物流运作战略，不必添置运输车队，T公司物流管理是客户企业供应链流程的一部分，它对从起始点到消费地的货物流和货物储存、服务及相关信息进行有效的计划、实施和控制，以满足客户的需求。三方利益一致，业务达到无缝连接，开出了一条中国家电专业物流的新路子。

四、物流外包的阶段

物流作为一项专业服务，使用专业化的物流服务商能够降低企业在供应链上的成本投入，为客户提供更好的服务水平。根据外包提供的服务水平的差异，可以划分为以下三个阶段。

1. 第三方物流

狭义上的第三方物流指提供某一项或者某几项物流服务的专业物流服务商，例如运输、仓储、配送等服务企业。广义上的第三方物流指除了货主以及收货方之外的物流服务提供者。

企业第一阶段采用了物流功能外包方式，将某一部分职能交由外部的第三方物流

企业处理，例如由第三方物流企业完成运输任务。这种职能外包的方式降低了企业在固定资本上的投入，实现了"按需购买服务"的模式。

弊端在于，虽然部分职能由外部企业完成，但是所有的计划、管理、优化等工作仍然由企业自主完成，不同的第三方物流之间缺少有效的沟通与协作，系统优化的空间较小。

2. 第四方物流

这一阶段是由于物流提供方和需求方协同演化的结果。需求方希望能够由物流提供方承担更多的任务，而单一功能的物流提供方也需要通过不断扩张业务范围，为客户提供一体化的服务。服务的链条越长，增值的空间越大，同时实现优化的能力越强。

常见的第四方物流通过整合自身的物流资源，为客户提供一站式解决方案，往往这一物流模式也被称为"合同物流"。

3. 第五方物流

市场上除了有成规模的大型第四方物流外，还存在着大量中部与尾部的物流服务提供者，这些物流服务提供商可能只有少数几辆货车，或者是零散的仓储资源。

第五方物流通过构建信息平台，将零散的物流资源与需求进行对接，通过对信息以及物流流程的管控，构成了更广泛的面向全社会的物流解决方案，这种第五方物流企业又被称作"网络承运人"。

简单地理解，就是在物流领域的滴滴打车和爱彼迎。滴滴打车将分散的车辆资源进行了整合，而爱彼迎将各地的闲置房屋整合，构建了全球最大的旅馆。

市场中具有稳定供给和需求的物流可以通过前面的自营或者第三方、第四方物流模式完成，而面对广大的下沉市场，需要提供"按需物流"模式。

物流平台的规模越大，所能够实现的优化空间也越大，通过优化信息流，可以实现货物和车辆资源的更好匹配，减少资源闲置与浪费的现象。同时，由于松散化的结构，也能够实现资源的动态配置，使市场的响应更加高效。

学习单元 2　制定物流供应商选择策略

一、物流供应商的选择和评价指标

该指标体系有 2 层，第一层包括质量、能力、财务、服务和信息技术等 5 项指标，第二层是第一层下属的子指标，共 23 项，如图 5-4 所示。

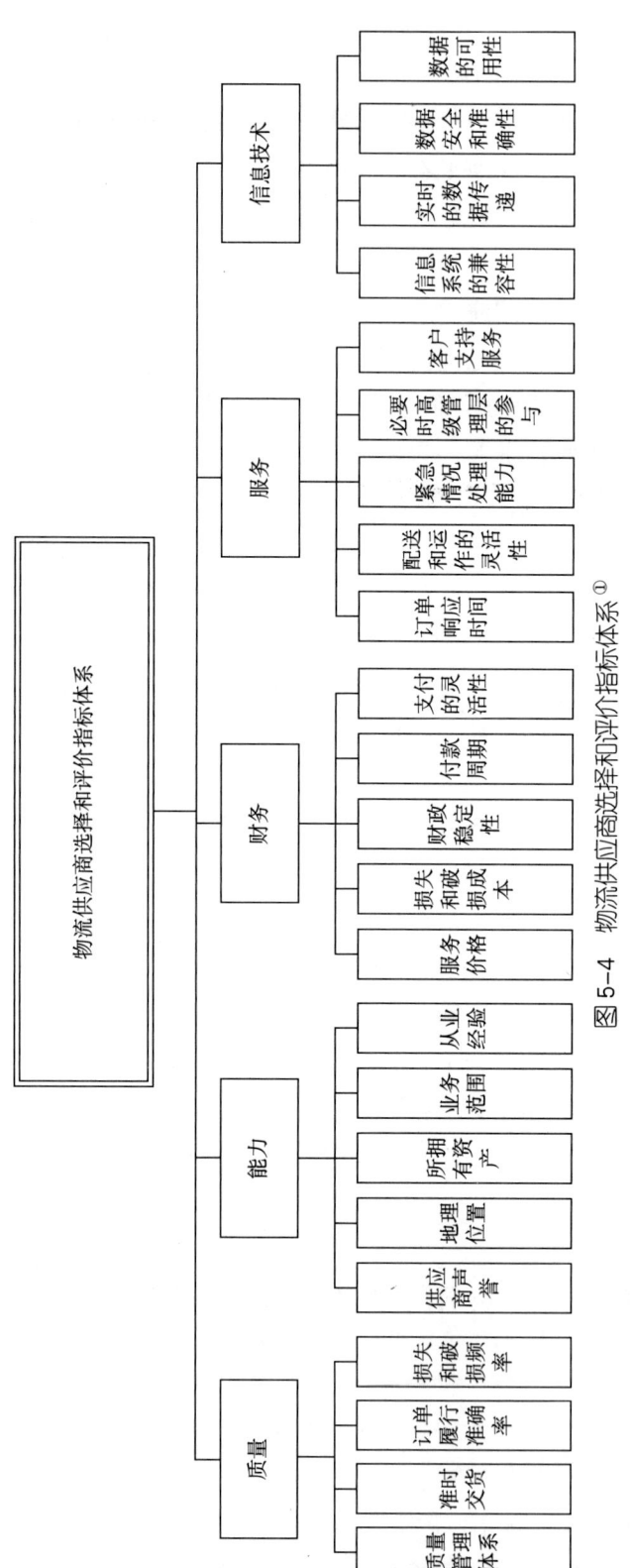

图 5-4 物流供应商选择和评价指标体系[1]

---

[1] 资料来源：《第三方物流供应商选择和评价指标体系的研究》，魏世奇、蔡临宁主编。

指标体系的详细说明如下。

1. 质量管理体系

质量管理体系指物流供应商用来评价、报告和改善其质量绩效的体系和工具。此指标用来明确供应商的质量管理水平。

2. 准时交货

准时交货指物流供应商根据订单数量交付物流服务的准确性，表示交付的服务日期与订单需求日期的匹配程度。

3. 订单履行准确率

订单履行准确率指物流供应商履行的订单全部良好的比率，包括准时、无破损、数量准确等，目的是衡量物流供应商对订单的执行能力。

4. 损失和破损频率

损失和破损频率指物流供应商在提供服务的过程中造成的正常范围内的损失和破损频率，目的是衡量供应商在订单执行过程中对订单的控制力。

5. 供应商声誉

供应商声誉指供应商在业界的声望和信誉，此指标衡量物流供应商在业界的名声和信誉情况。

6. 地理位置

地理位置指供应商的地理位置和业务的地理范围，供应商提供的广阔的地理范围能为客户提供更多深入市场的机会和途径，同时也可以使客户节省配送和营销产品的费用。

7. 所拥有资产

供应商的资产情况以及供应商良好资产的可用性，体现了其能够满足客户要求的能力。

8. 业务范围

业务范围指供应商提供的业务范围，供应商的业务范围广和服务种类多可以为采购方企业提供更好的服务。

9. 从业经验

从业经验指供应商先前服务相同行业或类似公司的经验，这些经验可以使物流供应商能够快速准确地为客户提供相似的服务。

10. 服务价格

服务价格指供应商为所提供的物流服务而收取的费用，可用于衡量供应商提供服务的价格水平。

11. 损失和破损成本

损失和破损成本指供应商在提供服务的过程中带来的正常范围内的损失和破损成

本。此指标衡量供应商对订单的控制力,损失越小越好。

12. 财政稳定性

财政稳定性指供应商的财政情况,供应商健全的财政绩效能够保证服务的连续性以及装备和服务的持续改进。此指标衡量供应商的财政状况,从而减少业务风险。

13. 付款周期

付款周期指企业付给供应商的服务款项的时间周期,周期越长对本企业越有利。

14. 支付的灵活性

支付的灵活性指企业在给供应商付款时的灵活性,能够增加双方的信任度,体现供应商的诚意,增进双方的关系。

15. 订单响应时间

订单响应时间指从企业发出订单到接到供应商的回复的时间间隔,用于衡量供应商对订单的反应态度。

16. 配送和运作的灵活性

配送和运作的灵活性指物流供应商按照企业的要求灵活地配送和运作的能力,这种灵活性可以使企业为客户提供定制化的服务,尤其是可以满足特殊和非常规的需求。

17. 紧急情况处理能力

紧急情况处理能力指在紧急情况发生时物流供应商的处理能力,如提前通知,启动紧急预案等,这对于保证服务的连续性是必需的。

18. 必要时高级管理层的参与

必要时高级管理层的参与指要建立长期的关系,供应商高级管理层要参与到质量改善、关系维护之中,此指标用来衡量供应商的建立长期关系的决心和诚意。

19. 客户支持服务

客户支持服务指供应商的客户支持服务的水平,是否提供 24×7 帮助等。

20. 信息系统的兼容性

信息系统的兼容性指供应商和客户的信息系统之间的兼容性,双方的兼容性好才能提高工作流的效率和信息的准确性。

21. 实时的数据传递

实时的数据传递指供应商能否为客户提供数据的实时传递,它影响着客户对当前情况的分析和对未来的预测。

22. 数据安全和准确性

数据安全和准确性指供应商 IT 系统对数据的加密,IT 系统能够稳定提供准确的、完整可靠的数据传递服务。

23. 数据的可用性

数据的可用性指经过授权的用户应当能够根据需要及时地在供应商 IT 系统中访问

到所需数据，目的是衡量供应商 IT 系统中数据的可利用能力。

二、物流供应商选择的步骤

1. 分析市场竞争环境

通过环境分析，了解自身对物流供应商的需求以及外部能力供给，可以选择 PESTEL、VRIO、SWOT 等分析工具进行。

2. 建立供应商选择目标

企业必须确定物流供应商评价程序，根据企业对物流服务的需求确立不同的可量化目标，其中主要包括成本、服务水平、质量、时效性等一系列目标要素。

3. 建立供应商评价标准

供应商综合评价的指标体系是企业对供应商进行综合评价的依据和标准，是反映企业本身和环境所构成的复杂系统不同属性的指标，是按隶属关系、层次结构有序组成的集合。应根据系统全面性、简明科学性、稳定可比性、灵活可操作性的原则，建立综合评价指标体系。虽然不同行业、企业在物流供应商的需求上存在差异，但综合评价指标体系应涉及供应商的过往业绩、资质、软硬件条件、人才与管理、质量体系、服务承诺、报价等方面。

4. 建立评价小组

企业需要建立一个跨职能的评价小组以实施物流供应商评价工作。

5. 供应商参与

一旦企业决定实施供应商评价，评价小组必须与初步选定的物流供应商取得联系，以确认他们是否愿意与企业建立合作关系，是否有获得更高业绩水平的愿望。企业应尽可能早地让供应商参与评价的设计过程，然而因为企业的力量和资源有限，只能与少数的、关键的供应商保持紧密合作，所以参与的供应商不宜太多。

6. 评价供应商

评价供应商的一个主要工作是调查、收集有关供应商的生产运作等全方位的信息。在收集供应商信息的基础上，就可以利用一定的工具和技术方法进行供应商的评价了。在评价的过程后有一个决策点，根据一定的技术方法选择供应商，如果选择成功，则可开始实施合作关系，如果没有合适供应商可选，则返回步骤 2 重新开始评价选择。

7. 实施合作关系

在实施合作关系的过程中，市场需求将不断变化，可以根据实际情况的需要及时修改供应商评价标准，或重新开始供应商的评价选择。在重新选择供应商时，应给予原供应商足够的时间以适应变化。

三、物流供应商选择的方法

1. 直观判断法

直观判断法是指通过调查、征询意见、综合分析和判断来选择供应商的一种方法，是一种主观性较强的判断方法。

2. 考核选择法

考核选择法是在对供应商进行充分调查了解的基础上，再经过认真考核、分析比较后选择供应商的方法。

3. 招标选择法

当采购物资数量大、供应市场竞争激烈时，可以采用招标方法来选择供应商。

4. 协商选择法

当潜在供应商较多、采购者难以抉择时，可以采用协商选择法，即由采购单位选出供应条件较为有利的几个供应商，同他们分别进行协商，再确定合适的供应商。当采购时间紧迫，投标单位少，供应商竞争不激烈，订购物资规格和技术条件比较复杂时，协商选择方法比招标方法更为合适。

5. 成本比较法

成本比较法是需求方按指标体系的比例来评价各供应商的方法。

职业模块 ❻ 创新管理

培训课程 1　供应链创新管理
　　学习单元 1　制定供应链创新策略
　　学习单元 2　供应链创新项目开发与管理

培训课程 2　供应链金融业务规划
　　学习单元 1　供应链金融业务发展策略制定
　　学习单元 2　供应链金融商业模式与实践案例
　　学习单元 3　供应链金融业务风险控制

培训课程 3　供应链数字化战略制定
　　学习单元 1　供应链数字化战略
　　学习单元 2　供应链大数据战略
　　学习单元 3　区块链技术在供应链上的应用

培训课程 1

供应链创新管理

2017年,《国务院办公厅关于积极推进供应链创新与应用的指导意见》发布,文件对我国供应链创新发展作出全面部署。2018年,商务部、工业和信息化部等8部门联合下发《关于开展供应链创新与应用试点的通知》,在全国范围内开展供应链创新与应用试点。2021年,在总结创新应用试点的基础上,《商务部等8单位关于开展全国供应链创新与应用示范创建工作的通知》发布,标志着中国的供应链创新应用开始从点到面全面推开,贯彻新发展理念,以供给侧结构性改革为主线,将供应链思维融入经济发展全局,推动政府治理机制创新,促进供应链协同化、标准化、数字化、绿色化、全球化发展,着力构建产供销有机衔接和内外贸有效贯通的现代供应链体系,巩固提升全球供应链地位,推动经济高质量发展,为加快构建以国内大循环为主体、国内国际双循环相互促进的新发展格局提供有力支撑。

学习单元1 制定供应链创新策略

供应链创新包含思想、流程、技术等多个层面的创新。对于具有较好应用基础的企业,供应链创新集中于提高供应链管理和协同水平、加强供应链技术和模式创新、建设和完善各类供应链平台、规范开展供应链金融业务、积极倡导供应链全程绿色化等多个领域。

一、供应链创新需解决的问题短板

我国企业的供应链发展起步相对较晚,但是发展速度快、涵盖面广,已经深度融入全球供应链分工协作体系。但是目前仍然存在较多不足,主要包括以下几个方面。

1. 信息技术在企业中应用不足

新一代通信技术以及计算技术的发展带来了市场连接程度的深化,消费市场的需求正在深刻地影响着市场供给。价值创造方式正在发生巨大的改变。例如,深谙供应链运营之道的企业,能够通过销售渠道获得更为准确的市场信息,并快速整合上游的合作企业,以快速构建信任、高效协作的供应链体系,准确响应市场需求,这对于供应链的运营能力提出了更高的要求。但大量企业的信息化程度尚且不能满足环境的需求,企业之间的信息连接速度慢、准确性差、协同困难。

2. 产业之间有效分工以及外包协作不充分

供应链要求合作伙伴之间进行快速有效的连接与整合,将不同利益主体的核心优势最大化,企业功能的剥离与重组需要进一步以供应链价值最大化为目标。而长期以来,由于企业自身闭环运作以及社会专业化外包供给能力不足,导致了分工协作不充分、不均衡。

3. 供应链服务创新模式匮乏

供应链服务模式相对单一,具体表现为物流型、贸易型、收租型以及金融型供应链服务,较少能够为供应链上的企业提供一体化的服务。供应链服务对产业发展的支撑未能得到足够体现。

4. 参与全球市场竞争力不强

我国大量企业参与全球市场,长期以"两头在外"模式发展。但是缺少对渠道、市场的控制力,多数企业处于产业链条上增值率较低的环节,获取全球利润的能力不足。

二、供应链创新的领域

1. 提高供应链管理水平

运用现代供应链管理思维和方法,推动设计、采购、制造、运营、物流、销售、消费信息交互等流程再造,加快企业供应链数字化升级,提升企业内部信息、物料、资金、产品等流转配置效率,推动经营成本降低;建立企业间供应链战略合作伙伴关系,加强信息共享、服务支持、并行工程、群体决策等方面的协同管理,打造大中小企业协同发展的供应链协作体系;推动标准实施应用,提高关键产品和过程的质量保障能力。加强企业间供应链标准对接,在信息管理、物流作业流程、商业流程、服务流程等方面加快形成统一互认规范体系。

2. 强化供应链创新引领

加快物联网、大数据、边缘计算、区块链、5G、人工智能、增强现实/虚拟现实等供应链新技术集成应用,推进数字化供应链加速发展;推广应用需求预测系统、自动排产系统、智能补货系统、分销管理系统,提高供应链透明度与可控性;建设和完善各类供应链平台,充分发挥供应链平台的资源集聚、供需对接和信息服务功能,构建产业供应链发展新生态。

3. 拓展供应链专业服务

发挥技术优势、市场优势、平台优势,积极赋能中小企业,提供购销管理、质量管理、追溯服务等。探索拓展供应链专业服务,提供原材料供应、采购执行、仓储管理、库存管理、订单开发、产品代销、出口代理等专项服务或集成服务。鼓励金融机构积极发展流程型、智能型供应链金融业务,为上下游企业提供基于供应链的授信、保理、结算、保险等金融服务。

4. 积极布局全球供应链

加快推动供应链条向海外延伸,提升境外战略资源获取力及保障力,实施更高水平的"走出去",向全球价值链中高端跃升,提升全球竞争力。积极开展返程投资,提升具有自主知识产权的核心关键技术研发水平,形成国内与国外整合式经营、资本国际化运作的新局面。积极加强全球物流枢纽和通道资源掌控,在海外关键节点布局仓储物流中心、分拨中心,强化与国内航空、海运等国际物流企业协同发展,形成高效安全的国际物流供应链网络。

5. 推动供应链绿色发展

积极响应国家"双碳战略",将 ESG 理念融入供应链可持续发展的战略目标。推动企业环境和碳排放信息公开,引导督促企业选择绿色供应商,实施绿色采购,针对重点行业积极打造绿色供应链。提高仓储物流设备自动化、智能化建设水平,优化仓储作业流程,合理调度运输车辆,优化路径,减少车辆空载,推广共同配送、单元化载具循环共用等运作模式,推动物流链降本增效。推广利用绿色包装,提高绿色商品销售比例,主动宣传绿色消费理念,引领绿色消费新风尚。

6. 加强供应链风险防范

增强供应链风险防范意识,建立基于突发事件的供应链安全防控措施。建立供应链风险预警系统,制定和实施多元化发展战略,着力在网络布局、流程管控、物流保障、应急储备、技术和人员管理等方面增强供应链弹性,提升风险防范和抵御能力,促进供应链全链条安全、稳定、可持续发展。

三、不同类型企业供应链创新的策略

1. 制造型企业供应链创新策略

制造型企业在实现生产制造过程自动化、数字化的基础上,逐步推动业务流程的自动化与数字化,利用先进信息化手段实现供应链管理水平的提升。

制造型企业需要将多个分散的信息系统进行整合,打通企业内部数据流与外部数据流,实现需求预测系统、自动排产系统、智能补货系统、分销管理系统的平台化运营,实现上下游能够使用同样的数据进行协同决策,提高供应链上下游信息的透明化,促进企业之间合作密切程度的进一步深化。

2. 贸易型企业供应链创新策略

贸易型企业通过搭建平台,实现上下游的有效衔接。需要通过对大数据、云计算、人工智能、区块链等技术的融合创新应用,提高贸易的自动化、智能化水平,缩短交易时间、提高交易过程的可信度与可追溯性。

贸易型平台上的数据需要具有真实化、实时化与可视化能力,平台上交易的企业能够根据平台所提供的信息做出更快的响应与决策,通过数据的可视化实现供应链的透明化。

3. 平台服务企业供应链创新策略

综合型供应链服务平台需要持续扩大平台的使用率,更多地将线下业务迁移到线上处理,降低平台的边际成本、提升平台的边际收益。

在综合性服务方面,需要根据平台客户的需求,不断延长服务链条,为客户提供设计、物流、金融等一系列的综合性供应链服务,协助平台上企业实现专业化发展,利用供应链平台对接各种不同资源,支持供应链上实体产业的创新发展。

4. 物流服务型企业供应链创新策略

供应链物流服务企业需要不断提升物流设施设备的自动化智能化水平,以标准化、大吞吐量的专业化物流服务为客户提供物流能力。特别是对大量不具备自建物流能力的中小型企业,专业化物流服务提供商所提供的云物流能力,实现了 LaaS(物流即服务)服务。

物流服务提供商在物流仓储配送运输等服务的基础上,需要能够对物流的数据进行存储、分析与综合运用,为客户提供更为专业化的物流优化建议,提供整合性一体化物流服务,以提升制造业、物流业两业深度融合水平。

学习单元 2　供应链创新项目开发与管理

企业供应链创新项目需要内外部团队的紧密结合,从明确创新方向到项目定位、资源筹措、进度计划直至项目运营与反馈,逐渐将供应链创新项目发展为供应链上的常态化机制,推进供应链不断升级迭代,满足市场发展的需求。

一、供应链创新项目的分类

1. 供应链平台创新

供应链企业从客户需求的角度出发，构建交易平台、服务平台，为上下游客户提供线上交易、支付、仓储、运输、加工、数据、技术、资讯等一站式服务，并且可以基于市场订单信息开展需求分析、预测，引导上游生产厂商制订生产计划，并通过对上游采购、仓储、配送等进行统一管理，提高供应链快速响应能力。

2. 供应链一体化创新

对于具有一定规模优势、具备工贸一体化平台的供应链服务企业，基于物流、信息流、资金流的一体化运作，为供应链上的客户提供整合资源、规划方案、运营服务等一体化解决方案，为中小型客户提供供应链转型、发展、升级的路径。通过将社会零散的服务资源进行整合，形成具有规模化效应的运输、仓储、配送等物流能力，在商流和信息流的驱动下，优化服务的对接与匹配，提升供应链运营效率。

3. 供应链与现代信息技术融合创新

通过应用区块链技术，打造区块链和供应链的"双链融合"模式，促进供应链上下游实时化分享准确信息，增强供应链的透明度，实现业务流程的自动化。在供应链上应用大数据技术采集不同过程数据，根据消费端的反馈调整供给能力，实现面向供应商的自动订货，并通过消费者画像，协助供应商进行分析决策，提高供需匹配的精准性，促进供应商提前备货，降低无效库存与资金占用成本。在物流环节中，通过无人仓、无人车以及人工智能等各类物流技术产品设备的应用，实现重体力、重复性劳动岗位的机械化换人、自动化减人，提升供应链的自动化、智能化水平。

4. 供应链发展模式创新

通过将智能制造与供应链相融合，协助生产企业将下游的用户需求与上游供应商的供给连接，使终端用户参与产品设计研发、生产制造、物流配送、迭代升级等环节，以用户需求驱动供应链协同创新。

5. 供应链国际化创新

企业供应链从本土化向全球化发展，结合中国跨境电商行业的发展，为全球市场提供定制化服务；在全球资源采购中，向原产地拓展供应链服务，构建全球化资源输入与市场销售的一体化全球供应链模式。

6. 供应链绿色化创新

生产与流通企业执行企业延伸责任，将产品和服务的管理延伸至消费后市场，通过溯源技术、模块化开发技术、逆向物流技术等，实现销售渠道和回收渠道的并行设计，实现绿色化产业链闭环，降低资源消耗、提升环境友好性水平。

7. 供应链金融创新

供应链服务企业和金融机构合作,通过对供应链上业务模式的分析与监控,提升供应链金融的风控水平,实现产业与金融的数字化协同,以线上可信数据流方式提高金融服务的针对性、有效性,满足供应链实体产业对融资的需求。

二、供应链创新项目开发流程

1. 项目构思

根据企业的供应链战略发展目标,拟定供应链创新发展方向,通过项目调研,充分理解项目的背景以及项目价值,撰写项目建议书。

2. 项目可行性研究

当项目建议书被公司批准后,就可以从项目的技术可行性与经济可行性方面进行分析和论证,可以由自身部门或者第三方机构提供项目可行性研究报告。

3. 项目准备

项目可行性论证通过后,企业需要组建项目工作小组,筹措相应的资源,制订项目工作计划等。

4. 项目设计与开发

按照项目计划要求,需要进行总体设计,确立创新项目框架;之后确定项目模块化方案设计,形成项目进度计划。

5. 项目测试与试运行

项目在正式上线前需要进行小范围测试,通过试运行结果进行调整与优化。

6. 项目上线发布

经过前期测试后,项目进入发布与运行阶段,项目团队将新项目整合入现有业务架构与流程。

7. 项目监控与迭代升级

项目在运行过程中需要进行持续性跟踪与优化,针对新问题、新需求进行迭代开发,使项目运营进入持续改善流程。

三、供应链创新项目案例

为纺织供应链赋能的供应链服务平台

服装纺织领域是一个供应链相对较长、参与成员复杂的供应链体系。供应链上下游合作程度不足,往往造成行业发展速度缓慢,创新能力不足,在与国际服装品牌的竞争中处于劣势。因此,对于纺织供应链的创新成为 A 供应链集团所关注的重点。为了提升区域纺织服装供应链的水平,A 集团开展了如下供应链创新项目。

1. 纺织领域的协作研发

市场上服装琳琅满目，决定服装质量的一个重要环节就是原料布的品质与创新，举例来说，服装上要做出花纹，就需要在纺织环节调节送经量和密度参数，这需要由布商与纺织企业联合研发新品布面样式。

在早期的服装用布上氨纶丝比例很低，但是在试验中发现掺入适当比例的氨纶丝可以很好地提升面料的弹性，但比例的控制很重要，如果比例不正确会导致在后道工序染色、后整理时出现问题。

因此在供应链上，布商联合纺织企业、染厂、后整理企业共同组建研发团队进行新品研发测试，所设计的氨纶丝面料获得了巨大的成功，在内衣、紧身衣等需要有弹性的服饰中得到了广泛的应用。

2. 低附加值环节集中生产的供应链思维创新

纺织环节在将聚酯涤纶丝加工为坯布的过程中又分为三道工序：加弹、整经、纺织。其中，整经环节占据了一个典型纺织企业三分之一的空间，却没有提供任何附加值（整经相当于织毛衣的时候打毛线球的操作，将几百个丝饼上的丝集中到一个盘头上）。

一个典型纺织企业一般有三分之一的空间是仓库，三分之一的空间是整经，只有剩余的三分之一的空间在进行有附加值的生产。仓储和整经环节几乎不带来任何附加值，导致纺织企业普遍亩产效益很低。而与此同时，部分纺织产业集聚区的工业用地价格非常昂贵，有的地区甚至超过了300万元/亩（1亩≈666.67平方米），如此贵的地价，却在进行着低附加值的生产，亟须优化供应链管理。

考虑到主流品种聚酯涤纶丝的整经工艺高度统一，可以进行集中式生产。因此，A集团进行了供应链协同思维的创新，提出集中整经的服务。

将工艺高度统一、市场使用量大的聚酯涤纶丝进行区域集中化整经生产，与"物流供应链+金融供应链"的服务模式进一步结合，纺织企业提货时不是提聚酯工厂发出的丝饼分包包装的涤纶丝，而是可以直接提完成整经工序的满纱线盘头。通过供应链协同和资源集中配置，进一步优化掉低附加值的生产环节，释放空间并提升生产效率。

培训课程 2 供应链金融业务规划

学习单元 1 供应链金融业务发展策略制定

一、供应链金融的概念与特点

1. 供应链金融的概念

供应链金融是指"以核心客户为依托,以真实贸易背景为前提,运用自偿性贸易融资的方式,通过应收账款质押登记、第三方监管等专业手段封闭资金流或控制物权,为供应链上下游企业提供的综合性金融产品和服务"。

供应链金融属于供应链管理的范畴,是供应链资金流、信息流、物流的整合。有效的供应链金融策略能促进供应链企业间更好地合作。供应链金融在整个供应链网络上开展应收账款融资、库存融资、预付账款融资以及信用融资等服务。

2. 供应链金融的特点

(1)事件驱动。供应链金融以真实业务作为驱动因素,从真实的供应链上下游交易出发驱动融资供求行为的发生。

(2)闭环运作。供应链上的融资需求被限制在一定的范围内,根据具体的业务、数量进行审核,资金流与物流按照合约规定运作。

(3)自偿性原则。基于真实贸易场景下所产生的确定性未来现金流,金融机构给予借款企业短期融资,借款企业将销售收入作为短期融资的还款来源,并将借款企业的销售收入自动导回银行的特定账户中,进而归还借款。

(4)连续性。供应链金融行为在运作良好的供应链上持续发生,使供应链金融成为供应链合作的重要组成。

二、供应链金融的业务模式

1. 供应链金融的类型

供应链金融可以粗分为担保融资和信用融资两类,具体见表6-1。担保融资较好理解,是基于抵押物的融资行为,而信用融资是基于供应链中上下游之间的真实业务所展开的融资活动。对于大量小微型企业以及个体从业者而言,在数据具有较高可信度的条件下,采用信用融资的方式能够更好地促进供应链上资金的流动性。

表 6-1 供应链金融业务模式

划分方式	说明
担保融资	应收账款融资、库存融资、预付款融资
信用融资	无抵押物,利用供应链中真实的交易活动数据所形成的信用度进行融资

2. 供应链金融业务模式

(1)应收账款融资。应收账款融资模式是指企业为取得运营资金,以卖方与买方签订真实贸易合同产生的应收账款为基础,为卖方提供并以合同项下的应收账款作为还款来源的融资业务。应收账款融资主要应用于核心企业的上游融资,通常需要发货以实现物权的转移促使合同生效,同时也需要告知核心企业,得到核心企业确权。企业运用应收账款融资可以获得销售回款的提前实现,加速流动资金的周转。此外,无须提供传统流动资金贷款所需的抵质押和其他担保。在无追索权的模式下,企业可以实现资产出表,优化资产负债表,缩短应收账款的周转天数,实现商业信用风险的转移。应收账款融资包含以下模式:保理、保理池融资、反向保理等。

(2)库存融资。库存融资又被称为存货融资,主要是指将企业库存的货物抵质押进行的融资。该模式更适用于存货量大、库存周转慢的企业。对于货品类别而言,考虑到货品质押的管理和价值波动风险,标准品(价值更易评估)、能够识别到单品的物品(防止货品被恶意调包造成损失)更适合采用该模式。在该模式下,通常会引入第三方物流对抵质押品实行监管。

库存融资能帮助企业释放库存占用的资金,加速资金的周转速度,帮助企业平衡生产销售稳定性与提高资金流动性及利用效率的需求。

库存融资包括现货融资和仓单融资两大类。现货融资分为静态融资和动态融资,仓单融资分为普通仓单和标准仓单。

(3)预付款融资。预付款融资是银行等金融机构代买方向卖方支付全额货款的一种融资方式。实务中,预付款融资类产品主要用于核心企业的下游融资,即主要为核心企业的销售渠道融资,其担保基础是买方对卖方的提货权。预付款融资包含两种主要业务模式。

1）先票/款后货授信。银行给买方（下游渠道商）融资，在买方交纳一定比例保证金的前提下，银行预付采购款项给卖方（通常为核心企业），卖方按照购销合同以及合作协议书的约定发货给银行指定的仓储监管企业，货物到达后设定抵质押作为银行授信担保，然后仓储监管企业按照银行指令逐步放货给借款的买方，此即为未来货权融资或者先票/款后货融资。

2）担保提货（保兑仓）授信。担保提货（保兑仓）授信，是指在买方交纳一定保证金的前提下，银行贷出金额货款供买方向卖方（核心企业）采购，卖方出具金额提单作为授信的抵质押物，但在该模式下卖方（核心企业）不再发货给银行指定的物流监管企业，而是本身承担了监管职能，按照银行指令逐步放货给借款的渠道商。随后，买方分次向银行提交提货保证金，银行再分次通知卖方向客户发货，通常情况下，卖方出具回购承诺和承担相应的发货不足退款责任。该产品又被称为卖方担保买方信贷模式。

（4）信用融资。供应链中的信用融资模式，没有确定的抵押物基础，是以供应链网络内各方长期业务往来所积累的信任为依托。对于银行等资金方而言，由于没有抵押物，在风控上更加依赖供应链网络内交易行为的数据化、可视化，业务流程上对资金流向闭环的设计和控制，以及从业企业对于所服务行业的具体业务的专业知识。

订单融资是一种比较典型的供应链金融中的信用融资模式。订单融资是供应商为了采购原材料或者组织生产向银行等金融机构申请所需资金，银行则根据供应商的信用决定是否向其授信。另一种信用融资是面向供应链中小微型物流服务提供者的经营贷，通过大数据监控物流服务的真实性，为其日常运营过程提供信用贷款服务。

三、供应链金融发展策略

供应链金融服务的主体为供应链核心企业以及金融机构，供应链核心企业通过掌控业务过程可以更好地发掘供应链金融应用场景，而金融机构建立的资金池能够为供应链上的企业注入流动性。

供应链金融发展模式如图 6-1 所示。

在供应链的不同环节，可以根据债权或者货权进行质押融资，以提升资金的流动性，在供应链全过程，通过数据的采集与验证，能够基于历史数据和实时运营数据进行信用融资。

不同的融资模式为商业银行拓展了新的业务领域，对于供应链上的核心企业，利用金融增值服务可更好地将供应链上合作伙伴进行整合，通过对数据流的控制促进了供应链透明度的提升，增强了供应链的合作强度。

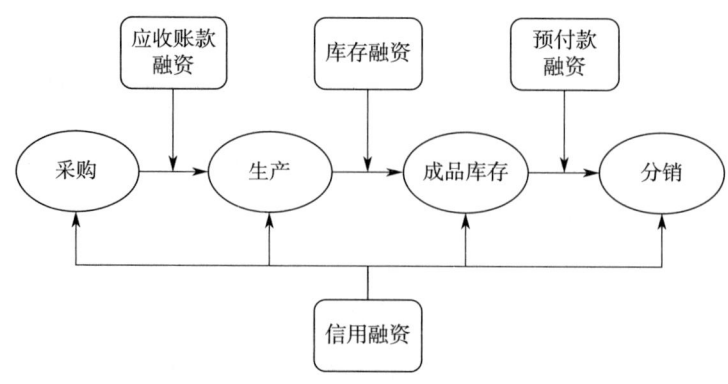

图 6-1 供应链金融发展模式

供应链上核心企业需要构建完整的供应链金融服务生态，整合各方力量，形成完整金融闭环，如图 6-2 所示。

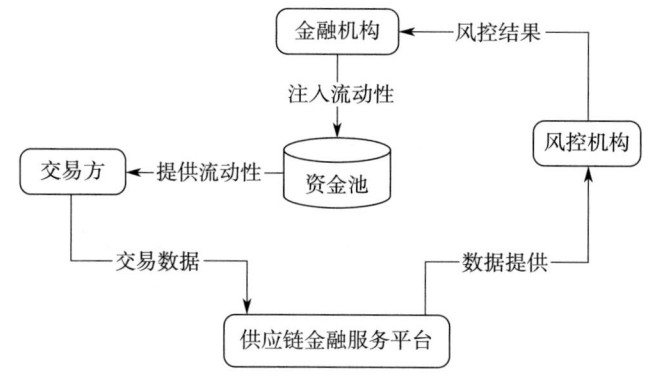

图 6-2 核心企业主导的供应链金融模式

核心企业所构建的供应链金融服务平台所具有的价值包括如下 4 点。

1. 信用背书

利用核心企业相对节点企业更高的信用，以核心企业信用为整个产业链整体信用做背书。

2. 稳定客户群

依托核心企业平台已有的业务关系，可以快速实现与大量具有融资需求的供应链非核心节点企业的合作。

3. 对链上节点企业的识别

核心企业处于行业信息的优势地位，能更好地识别融资企业的信用特征，与传统金融机构仅能识别显性能力相比，它具有更好的发现待融资客户的能力。例如，银行等机构无法直接对供应链上的交易进行直接融资，而必须通过具有高变现能力的质押物进行融资，因此大量轻资产运营的供应链企业难以直接从银行获得融资支持。

4. 大数据风控

核心企业掌握了大量节点企业相关的业务数据，这些数据对融资风控非常重要，这些数据的动态变化是风控预警的重要依据。

学习单元 2　供应链金融商业模式与实践案例

一、供应链金融的商业模式

1. 银行 + 核心企业模式

这一模式下，商业银行作为出资方，核心企业作为运营方共同为供应链上的企业提供金融服务。商业银行通过核心企业将服务拓展到供应链的上下游，既拓展了业务量，又打开了盈利空间。核心企业需要对供应链具有完善的控制体系，能够维系供应链上合作伙伴的关系。

2. 物流平台为核心模式

商业银行对物流公司的业务规模和经营能力进行评估，对资质较好的物流公司直接进行授信，由物流公司负责贷款运营和风险管理。物流公司在货物的验收、评估和监管方面具有明显优势，降低了商业银行的放贷风险。

3. 电商平台模式

电商平台因其具有数据优势，可以便捷地开展供应链金融服务。平台上企业的真实交易活动在电商平台上完成，平台累积了大量、连续的历史交易数据，包括交易对手的履约情况。

贷款发放和还款形成资金闭环。贷款资金流向与交易行为一致，还款来源明确。支付结算都通过互联网第三方支付完成。

电商平台可对接多种资金方。资金可以来自商业银行、自有资金等不同途径。

4. 第三方供应链金融服务平台模式

通过搭建第三方平台，将核心企业、商业银行、保理公司、担保公司、征信机构、增信机构连接在一起，形成供应链金融的生态圈。优质的应收账款资产通过第三方平台对接各资金方，包括商业银行、资产证券化通道和互联网金融平台等。采用增信手段将应收账款资产标准化，从而获得更好的流动性。

二、供应链金融实践案例

××供应链有限公司是一家面向纺织行业的大型供应链服务企业。在为大量中小型纺织企业服务过程中,提供了多种不同的金融服务。

1. 盘活制造业企业动产

通过动产抵押和仓单融资,盘活企业动产价值。

2. 激发后发优势,促进制造业回归研发制造

行业发展到一定阶段会出现马太效应,早期进入市场的企业积累了更多的资金,从而在原料采购上占据了绝对优势,通过在价格低点时更多地备货,便可以在原料成本上抢占先机,而后进一步在销售定价时赢得价格战。

但是这种模式并不利于行业的发展,后起的有实力、有市场的企业往往由于没有足够的资金便失去了发展的机会。

3. "物流+金融"的供应链思维创新

例如,长期以来从上游聚酯工厂到下游纺织工厂之间的交易和物流模式为:纺织工厂从聚酯工厂采购涤纶丝,一次性付清全款,从聚酯工厂直接将货物发到纺织工厂的厂区,即直销直运的模式,如图6-3所示。

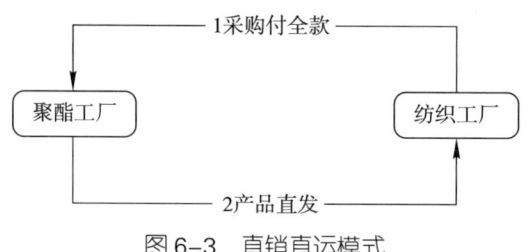

图6-3 直销直运模式

但这里存在两个问题:一是纺织工厂的资金有限,采购原料需要全款现付,对下游销售则有1~3个月账期,采购的资金压力很大;二是纺织工厂的库存空间很有限,在聚酯工厂又仅有7~15天的存放时间,超过时间要付仓储费,有时还会发生强制提货,纺织工厂库存的压力很大。

针对此,××供应链有限公司提供了"物流供应链+金融供应链"的供应链合作模式创新:××供应链有限公司在需求集中地(纺织产业集群)建立集中仓储,纺织工厂预付一定比例的保证金,××供应链有限公司帮助其向上游支付全款锁定原料涤纶丝,再将涤纶丝通过干线物流集中配送到需求地集中仓储,进行集中备货和储存。纺织工厂需要使用原料时,可分批付款分批提货。供应链平台采购模式如图6-4所示。

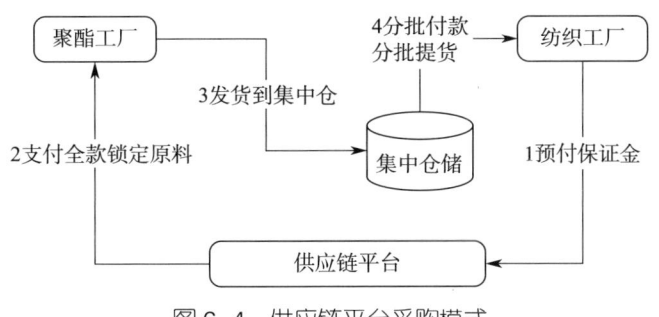

图 6-4　供应链平台采购模式

这种供应链创新模式下，一是通过集中备货、干线物流和需求地集中仓储，降低了物流仓储成本；二是节约了企业的仓储空间，腾出更多空间供企业增加生产能力，提高亩产均值；三是按需分批付款分批提货，提高采购频次，减少集中备货时的资金压力和资金成本。通过供应链服务和资源整合的思维创新，加强供应链协同，优化供应链资源利用效益。

××供应链有限公司作为面向产业集群的智慧供应链集成服务平台，提供了涵盖供应链金融、价格管理、智能制造、仓储物流等多维度的供应链服务，旨在将这些制造企业的非核心功能外包给平台，使制造企业专注于研发、制造和销售中，增强实体应有的核心竞争力。最终实现的目标是：将平台集成下非核心功能的规模效应与核心功能产品研发制造的差异竞争进行有机的统一，促进行业的高质量发展。

4. 数据重塑生态信用体系

传统银行对传统实体企业授信仅仅基于土地、厂房、担保的模式，××供应链有限公司建立的智慧供应链金融解决方案，以企业生产经营数据进行数据增信，重塑传统纺织制造行业的信用体系。

××供应链有限公司为企业提供行业定制的智慧工厂解决方案，涵盖机器换人、工厂管理数字化软件化等多项功能，在数据充分授权的基础上，通过对企业侧、公开侧、公共侧数据的深度融合和分析，形成企业数字画像，建设完成基于7个维度、66项指标的大数据智能获客和动态贷后风控体系，评估园区内风险最低、成长性最好的企业，并在出现行业性风险、企业级风险（如开机率异常、产品库存过高、采购成本高于同行太多等）时，实时进行风险推送。从而降低金融机构的管理成本，并推动真正优秀的实体经编纺织企业获得更低成本的融资，打通传统制造业与金融业的信息壁垒，破解普惠金融长期面临的监管不连续、贷后风控难问题。

学习单元3　供应链金融业务风险控制

一、供应链金融风险分类

供应链金融的风险可以分为三个层面。

1. 宏观层面——外部环境风险

在供应链金融活动中，宏观层面的经济制度、经济周期、产业政策、技术变化，甚至自然、文化等变化都有可能通过影响产业供应链运营活动而改变企业的融资情境和要素。

2. 行业层面——供应链网络风险

供应链网络中，各个参与主体在供应链网络的交易互动过程中都可能会产生和传递变化的风险。这种风险的成因包括以下几个方面：（1）在分工细化的趋势下，企业非核心功能外包，供应链网络中各企业之间的分工合作广度和深度都有所加强，使生产、分销、物流过程中的所有权界限变得模糊；（2）供应链中企业的过度反应、不信任和扭曲等复杂行为，造成混乱效应；（3）供应链结构惯性和反应迟钝，所带来的冲击。

3. 企业层面——供应链金融融资主体的风险

此类风险包括主体的财务资质、主体的资源和能力、在行业中的位置和影响力、主体的历史信用情况、主体的盈利和业务运营状况等客观因素方面，也包括了与参与主体的有限理性、潜在的机会主义行为相关的道德风险。

二、供应链金融风险的表现形式

1. 套利、套汇和套税

套利、套汇和套税即通过虚构交易行为和物流行为实施套利、套汇和套税。套利、套汇是指利用利率或汇率的波动，制造虚假的贸易和物流赚利差和汇差，或在银行利用获取的低利率贷款再贷出去；套税是指利用货物与票据之间的不一致来赚得相应的税收利益。

2. 虚假仓单

虚假仓单即通过开具虚假仓单骗取资金。融资方与仓储服务提供方恶意串通，将他人的货物开立仓单，向金融机构骗取贷款。

3. 自保自融

自保自融即通过关联方进行担保或者实施动产监管，以骗取资金。

4. 重复质押

重复质押即凭借供应链业务或资产，多渠道套取资金，放大融资风险。

以上各类风险事件虽然表现各异，但是问题的共性还是聚焦在供应链金融业务中的贸易背景真实性和涉及的相关资产透明性上，即与欺诈行为识别和道德风险相关。

三、供应链金融风控策略

在互联网和大数据环境下，供应链金融风控更多地依赖于科技金融手段。物联网主要是通过传感技术、导航技术、定位技术等方式，在仓储和货运环节实现相关环节和物品的线上化、可视化。云计算大大降低了供应链金融体系内企业数字化、线上化的成本，让各类服务触手可及。大数据、人工智能为供应链金融的风控和决策提供重要支撑，大数据建模可对借款人或借款企业资质事先筛查和精准画像。区块链技术具有分布式数据存储、点对点传输、共识机制、加密算法等特点，为供应链金融核心企业应付账款的快速确权提供了便利，同时减少了中间环节，而且交易数据可以作为存证，中间环节无法篡改和造假，还可以追踪溯源。

1. 物联网实时化数据采集

物联网通过传感技术、导航技术、定位技术等方式，在仓储和货运环节实现线上化、可视化，控制和动态管理交易过程，提高终端交易的真实性，甚至在异常情况出现时实现及时预警。

物联网的可视跟踪技术极大提高了供应链金融的运营效率，并能有效控制风险。综合利用物联网技术，能够有效实现对动产的识别、定位、跟踪、动态监控，有效解决全过程中的信息不对称。银行无须要求将动产质押物运送至指定仓库进行第三方监管，动产的动态信息实时接入银行的系统；银行可从时间、空间、物理状态等维度全面感知和监控质押动产的存续状态和变化，提高风控精细化水平；对质押动产的任何未经许可的操作，银行可以立即获得预警信息，通知相关人员及时采取干预行动，降低可能的损失。

2. 大数据、人工智能分析

大数据对于供应链金融风险的控制体现在信息的收集与分析方面，基于此，人工智能可通过风控模型进行风险分析与评估。

供应链金融平台可以接入和整合相关主体的交易历史与交易习惯等信息，并对交易背后的物流信息进行跟踪，全面掌控平台上相关主体的交易行为。

在多维、动态、海量信息的基础上，大数据和人工智能能够提升客户画像能力，实现精准营销和智能风控。通过引入客户行为数据，将客户行为数据与银行资金信息数据、物流数据相结合,得到"商流+物流+资金流+信息流"的全景视图,从而提高金融机构客户筛选和精准营销的能力,提升智能风控决策水平。

3. 区块链打造可信数据存证

区块链是点对点通信、数字加密、分布式账本、多方协同共识算法等多个领域的融合技术,具有不可篡改、链上数据可溯源的特性,非常适用于多方参与的供应链金融业务场景。

参与到供应链中的核心企业、供应商、金融机构等,可以利用区块链分布式账本技术,及时共享供应链中的交易数据、应收数据、应付数据、电子账单流转数据,同时通过加密账本技术设置相应权限,只有有权限的企业能看到相关数据,有效地保护了隐私。

区块链中的智能合约技术将合约的签订和执行进行锁定,避免由于人工操作失误或其他外部风险导致的合约执行障碍。在智能合约条件触发时即可自动进行支付行为。

区块链技术构建了低成本的信任机制,通过可信数据存证,确保了数据在流转过程中的交易记录真实可查证。例如,传统的商业承兑以区块链技术为底层技术支撑,在智能合约的支持下,能够进行更高效的流转与拆分。

四、供应链金融风控案例

1. 智能获客

××产业园区拥有经编纺织企业 500 余家,××供应链有限公司通过企业侧、公共侧、公开侧 7 个维度、66 项指标的大数据分析,定位到 A 纺织有限公司是园区内安全性排名前十、成长性也排名前十的优秀企业。因此,联合银行为其提供了更低成本的动产盘活融资服务,实现机器设备、库存产品的抵押融资,该企业成本比原来降低了 2%。

2. 动态风控

与 A 纺织有限公司的合作开始后,××供应链有限公司的智慧金融大脑开始 24 小时×365 天连续性的贷后风控,借助生产机器上的 IoT 设备、智慧仓库系统、电子交易系统,以及公开侧、公共侧数据的授权获取,实时监控企业的原料库存、产品库存、开机状况、产品品质、采购成本、销售账期、应收账款、司法舆情等,并实时从区域性、行业性角度分析企业的系统性风险,一旦规则识别到异常,会向手机端实时推送信息,提醒风控人员处置;如出现抵押物失联等情况,会第一时间自动启动最高级别应急预案,例如派出人员立即赶赴 A 纺织有限公司进行现场处置。

3. 与银行的互动

××供应链有限公司与银行共同出资完成 A 纺织有限公司的授信放款,如果系统识别到风险，会同时通知××供应链有限公司和出资银行。同时，银行的授信不是直接放款，而是以采购原料的形式提供给A纺织有限公司，实现定向支付，并借助生产机器上的IoT设备、智慧仓库系统对原料的领用、使用、库存情况进行实时监管。

培训课程 3

供应链数字化战略制定

情景描述

"世界上最有价值的资源不再是石油,而是数据。"与石油不同,数据没有内在价值。一堆随机数据本质上是没有价值的。然而,如果利用得当,供应链数据可以像任何公司资产一样真实且有价值。特别是通过数据获取,对供应商、客户和市场的深入洞察,可以极大地改善供应链计划和执行的各个方面。

电商企业在面对来自全国不同地区的消费者时,如何实现快速交付成为重要的问题。电商供应链的运营者意识到,只有通过数据驱动的供应链运营,才能够更好地响应市场的需求。同时,通过大量用户数据的采集与分析,做出的决策才会更加可靠。

某电商企业向全国80%以上的城市提出了次日达的服务承诺,为了达成这一目标,需要对供应链进行数字化改造。

首先,在全国主要区域建立了分布式云仓,根据市场需求的分析与预测进行商品提前调拨。其次,在客户下单后,根据客户所在的位置将订单数据下发到距离客户最近的云仓,减少物流的时间。再次,利用自动化系统实现对客户订单的全过程追踪,保证了从仓内拣货到物流配送的全过程透明化。最后,客户能够实时了解订单的状态,降低了不确定性。

数字化改造实现了企业能够动态管理的在库SKU数量达到500万以上,平均库存周转天数缩短到30天,在全国范围内实现了90%以上的订单可24小时送达。

学习单元 1 供应链数字化战略

当今,物联网、先进机器人、大数据分析等技术开始广泛应用在供应链管理中。越来越多的产品与环节通过传感器采集真实的实时数据,通过自动化方法增强供应链的可视性,减少供应链上的浪费,并且显著提升客户的满意度。

在传统的工作模式下,由业务流驱动了数据流和物流的发生,数据起到了为后续的决策提供支持的作用。而随着数据实时性的提升,利用下游客户的订单数据驱动定制化已经成为部分先行企业的最佳实践。

一、供应链数字化技术趋势

1. 快速交付

产品面向客户的交付可以压缩到小时乃至分钟级。这些能力是经过高效先进的预测方法建立的。通过采集大量内部以及外部数据的方式,特别是对客户产品的状态数据的采集,提供了更为准确的客户需求预测。这些预测融入了更多变量,例如天气、假期、产品状态报告等。与传统依靠销量数据预测的方法相比,更具准确性。

亚马逊、京东等电商平台,能够有效分析客户在线行为,并且进行提前的预测性库存前置,在客户产生订单时能够直接完成交付。

2. 柔性交付

实时的系统级规划能够对变化的需求与供应做出灵活反应,缩短规划周期及冻结期,形成连续的生产与动态调整,即便在产品已经发送后,也能够实时根据客户的需求重新规划产品路由,在新的时间约束下将产品送达客户所需要的地点。

3. 精细粒度客户细分

客户对个性化产品的需求在不断增长,大规模定制化生产将投入实际应用。客户所在的集群划分越来越细,对于客户的需求企业将进一步拓展到单件产品管理,而非批量管理。其前提是,所有的产品都能够获得唯一的数字化身份信息,并且在自动化系统的支持下,实现低成本的小批量服务。

4. 精确化绩效管理

下一代供应链绩效管理系统需要在整个供应链中提供实时的、端到端的透明度。所能够提供的信息范围从顶层的 KPI 到流程数据，在供应链数据形成云上资源后，不同的供应链合作方可以根据共同的数据事实和绩效指标进行决策，避免由于数据不一致性导致的供应链协作失败。

在数字化绩效管理系统中，系统需要自动设置目标。系统还需要能够从数据中分析出潜在风险，并且形成有效的供应链绩效指标闭环，从系统整体效率最大化角度设定不同部门的指标体系。

5. 高效流程自动化

在计划和实际任务执行过程中，供应链流程自动化系统不断提升系统的效率水平。大量自动化机器人能够实现仓储物流的完全自动化。无人驾驶技术、优化装车与配载技术、网络优化技术等能够更好地实现资源的优化使用，同时能够让资源在不同的客户之间进行有效的分享。

传统流程无法实现自动化的重要原因在于数据的不准确性，系统无法实时获取数据，也无法将实时方案下发到执行过程，数字化供应链是解决这些问题的终极方案。

二、供应链数字化的价值

多项数字化技术应用的逐渐成熟，降低了数字化技术的应用成本，对供应链的结构体系带来了三个巨大转变，重塑了供应链价值体系。

1. 供应链的价值转变

（1）从链到网。企业内外部的互联更加密切，通过生态体系的构建，供应链上的合作关系逐渐相互渗透，构成了复杂网状结构。

（2）从短期价值向长期价值转变。数字化供应链的投入随着应用程度的加深，呈现边际成本递减、边际收益递增的特点。

（3）供应链从成本中心向利润中心转变。供应链逐渐转变为创造价值的利润中心，而不再仅仅是一个支持性服务部门。

2. 供应链数字化价值体现

（1）客户体验提升。数字化技术提升了客户需求的端到端满足，通过数据采集，客户得到了高定制化体验。

（2）供应链计划精准。通过大数据技术实现了供应链合作伙伴以同样的数据进行计划决策，客户端数据实时同步到供应链的各个环节，使供应链计划的准确程度进一步提升。

（3）生产制造环节可靠性提升。数字化技术实现生产到物流的一体化，物联网技术监控与数据采集能够实时动态地了解生产过程，对生产过程与设备的质量进行预测性管理。

（4）物流柔性化。企业无须自建物流系统便能够拥有触达全球的物流体系，数字化技术能够协助企业实现物流能力的柔性化以及物流过程的可视化。

（5）供应商透明化协同。企业在与供应商进行合作时，能够将供应链通过追溯系统向上一层级延伸，拓展到二级、三级供应商，更好掌控供应链过程。

（6）供应链全过程可视。数字化技术构建强大数据中台。供应链运营过程数据以可信方式进行存储和使用，不同身份的供应链合作伙伴基于可信的数据共享，提升了供应链协同和响应能力。

三、供应链数字化转型途径

供应链数字化转型的方向已经在多数企业得以确立，但是如何实现有效的转型仍然需要有可行的框架。主要框架应包括如下几项内容：（1）创建变革的动机；（2）评估数字化成熟度；（3）将转型与优化结合；（4）避免投资收益率下降；（5）清晰阐明关键变革行动。

表 6-2 所示的转型方案分析表可供参考使用。

表 6-2 数字化转型方案分析表

数字化转型项目概览			
项目名称			
概述			
项目概况		关键目标	
净现值		1	
总成本		2	
价值评分		3	
风险评分		4	
		5	

续表

转型项目类别	关键假设
强制项目	1
维护性项目	2
商业机会项目	3
创新项目	4
	5

关键利益相关者		关键绩效指标	
姓名	职位	前置指标	后置指标

四、供应链数字化战略案例

××供应链有限公司在纺织行业的数字化供应链战略分为两个层面：企业级和平台级。其各自又分为三个层次：描述性、预测性、指导性。

1. 企业级

（1）描述性。通过生产制造执行系统（MES）、企业资源管理系统（ERP）的使用，完成纺织企业生产经营过程的软件化、数字化，描述、统计生产企业的效率，找出可以推广的优点和需要改进的缺点。

例如：每天生产品质最差的机台、效率最低的工人等，进行针对性优化。为B纺织有限公司提供的MES系统发现，使用某一种原料涤纶丝的机器生产出来的布品质总是很差，便向上游聚酯涤纶工厂进行了反馈，上游针对于此进行了测试，发现这个规格的涤纶丝有生产缺陷。

这一过程一方面帮助B纺织有限公司解决了产品品质问题，另一方面通过供应链数字协同，优化了上游供应商的产品生产，实现了横跨产业链多环节的品质协同。

（2）预测性。生产IoT数据的上云，实时监测生产机器运行状况，可以记录每一次保养和维修的详细信息，通过数据比对和实时监控，进行预测性运维和园区统筹的备件库管理,从而优化机器维修资源的利用效率。

(3)指导性。基于生产经营数据的分析,开发 APS 智能派单排产系统,实现根据销售情况、产能使用情况、原料备货情况、订单收益情况的智能派单排产管理,进行整厂资源的指导性调配。

2. 平台级

(1)描述性。典型案例即为供应链金融的动态风控,通过对服务企业的生产、经营、司法、舆情动态的分析,描绘企业级、区域级、行业级的风险指数,进行数据风控。

(2)预测性。典型案例即基于供需分析的价格管理(详见本培训课程学习单元2中第六部分的案例)。

(3)指导性。典型案例即智慧供应链金融的智能获客。通过企业侧、公共侧、公开侧7个维度、66项指标的大数据分析,定位行业内安全性、成长性最优秀的企业,提供给银行等金融机构以完成低成本融资,用数据智能指导普惠金融。

学习单元2　供应链大数据战略

一、大数据的概念与特征

1. 大数据的概念

大数据是指通过 RFID 射频数据、传感器数据、社交网络交互数据及移动互联网数据等方式获得的各种类型的结构化、半结构化(或称为弱结构化)及非结构化的海量数据。大数据是高速涌现出的大量、多样化的数据。这些数据具有大量、高速、多样化、价值以及真实性的特征。大数据指越来越庞大、越来越复杂的数据集,特别是来自全新数据源的数据集,其规模之大令传统数据处理软件束手无策,却能帮助企业或个人解决以往非常棘手的业务难题。

2. 大数据的特征(见表6-3)

表6-3　大数据特征表

特征	具体体现
大量(volume)	大数据的"大"首先体现在数据量上。在大数据领域,需要处理海量低密度的非结构化数据,数据价值可能未知,例如社交媒体上的数据流、网页或 App 数据,以及设备传感器所捕获的数据,等等。在实际应用中,大数据的数据量通常高达 TB 至 PB 级别。(1 TB=1024 GB,1 PB=1024 TB)

续表

特征	具体体现
高速（velocity）	大数据的数据接收与处理速度要求高。实际应用中，某些联网的智能产品需要实时或近乎实时地运行，要求基于数据实时评估和操作，而大数据只有具备"高速"特性才能满足这些要求。例如，自动驾驶汽车必须依靠实时的数据处理能力
多样化（variety）	多样化是指可用的数据类型众多。通常来说，传统数据属于结构化数据，能够整齐地纳入关系数据库中。随着大数据的兴起，各种新的非结构化数据类型不断涌现，如文本、音频和视频等，它们需要经过额外的预处理操作才能真正提供洞察和支持性元数据。例如，对于海量的图片数据，需要通过AI识别技术为图片加上不同的标签，实现识别与后续的利用
价值（value）	大数据中的数据价值密度低，因此必须通过有效的系统分析，将数据背后的价值挖掘出来。这类似于挖矿，在采掘过程中，只有通过洗选，才能将有价值的金属从矿渣中提炼出来。同时，由于成分的多维度特性，不同的利用方法又将产生新的价值
真实性（veracity）	大数据中所包含的数据由业务系统或者个人产生，只有这些数据具有真实性，才具有了可分析利用的价值。同时，由于数据未经抽样或者模型化过滤，可以更为准确地反映真实情况

二、大数据的价值

大数据所蕴含的价值来源于它是真实世界行动的数字化表达。大数据已成为一种新兴的资本，全球各个大型技术公司均开始基于大数据工作原理，在各种大数据中通过持续分析数据提高运营效率，促进新产品研发，使用数据创造出新的商业价值。

目前，众多技术突破令数据存储和计算成本呈指数级下降。相比过去，企业能够以更低的经济投入更轻松地存储更多数据，而凭借经济、易于访问的海量大数据，企业可以轻松做出更准确、更高效的业务决策。

大数据的价值不是在于拥有了多少数据，而是有没有合适的人对数据进行挖掘和处理，因此，需要富有洞察力的大数据分析师、业务用户和管理人员在大数据环境下有针对性地提出有效问题，识别数据模式，提出合理假设并准确开展行为预测。

例如，如何通过过往的销售经验数据、天气预报等数据，预测未来一段时间内产品的销量，这就要求准确的数据获取，发现数据之间的相关性，建立分析预测模型，对结果的解释与可视化等一系列工作。这些对于人的能力结构提出了新的要求。

大数据的价值体现在社会经济生活的各个层面，一些具体的例子见表6-4。

表 6-4 大数据应用领域举例

大数据应用领域	举例
新产品开发	对于影视公司，在拍摄新的电视剧/电影时，需要考虑融入哪些元素与话题，传统上依靠编剧的才能，而在大数据时代，通过对社交媒体的大数据挖掘，寻找兴奋点和主题，并将其融入创作过程，以保障产品具有足够的吸引力和热度
预防性维护	对于机械设备，在运行过程中产生大量的数据，通过数据的分析得到产品的运行状况和故障预测，从而实现在出现问题前识别潜在问题，经济高效地安排维护工作，延长零部件和设备的正常工作时间。 例如，对于飞机的发动机，在执行完一次飞行任务后，所积累的数据量就高达 1 TB 左右
客户体验	企业能够从客户的行为角度更多地收集客户信息，并且有效地改善与客户之间的互动行为。例如，客户在拨打呼叫中心电话时，能够通过客户电话关联到客户信息以及订单信息，更好地为客户解决问题。通过客户的内容浏览偏好，向客户推荐更多其所喜好的内容，增强客户的黏性
防欺诈与风控	系统通过内嵌的数据分析模型，判断客户访问行为的风险度。例如，在某些金融类应用程序中，并不需要每次都输入密码，但是当系统发现某些环境变量的改变就开始触发身份验证的流程，在便利性和安全性之间建立了平衡
机器学习	面对海量数据时，可以通过大数据来训练机器学习模型，让训练后的模型具有更强的识别能力
运营效率提升	利用大数据对生产、客户意见、退货等数据进行分析，主动地预测未来需求，减少市场缺货以及过量供给等情况

三、大数据的机会与挑战

1. 大数据的机会

（1）增加收入、盈利能力和市场份额。随着大数据应用技术的成熟，每个组织都能拥有比以往更多的信息来帮助他们对比产品和服务，在市场中快速做出反应。进而快速响应客户需求，增加市场份额，提高利润。

（2）提高效率。对信息访问能力的提升将使企业能够分析和检查流程，判断改进空间，进而提高效率，降低成本。

（3）改善客户体验。社交媒体上的非结构化大数据提供了更多与客户接触的渠道。大数据可以实现更精准的客户分析，让企业更有效地满足客户需求。企业可以在微博、微信等不同的平台中获取消费者的消费体验。例如，消费者在某电商平台上下单购买了产品，在自己的朋友圈里发表了消费的体验，在 QQ 上和好友分享了购买链接。

（4）从信息资产中获益。信息是提升竞争力的关键。通过大数据，企业可以获得更强的洞察力，找到新的增长领域。例如，通过对海量的服装销售数据分析发现，童装的消费群体不仅仅是儿童，年轻女性也逐渐成为消费的主体。

（5）在企业和消费者之间创造更好的结果。例如，电动汽车在驾驶和停车时产生大量数据。在行驶中，司机持续地更新车辆的加速度、制动、电池电量和位置信息。这对于司机很有用，但数据对车辆生产或者运营企业同样重要，他们可以了解客户的驾驶习惯以及充电偏好，为客户提供更好的解决方案。而在车辆处于静止状态时，车辆的胎压、电池系统、安全系统的数据也会被传送给指定所有者。海量的信息对于企业决定在何处新建充电桩提供了重要的决策参考。

2. 大数据的挑战

（1）大数据体量庞大。虽然人们为数据存储开发了许多新技术，但数据量却在以每两年翻一番的速度增长。目前，各企业都在努力应对数据的快速增长，不断寻找更高效的数据存储方式。

（2）仅存储数据是不够的。数据的价值在于运用，而这又取决于数据管理。目前，获得清洁数据所需要花费的时间成本越来越高，例如，相关人员在真正开始使用数据之前，通常要耗费 50%~80% 的时间来管理和准备数据。

（3）大数据技术的更新速度快。为了应对行业的爆发式需求，越来越多的大数据处理框架和技术正在广泛应用，而技术更新迭代的速度又要求企业必须不断跟上，以实现更高的大数据管理效能。

（4）大数据面临的数据泄密风险加大。数据库暴露在互联网上，一旦漏洞出现将会对企业的运营以及声誉带来巨大的打击，并造成财务、客户等方面的严重损失，甚至面临巨额赔偿风险。

四、供应链大数据分析的应用

大数据对供应链的影响不断增强，当供应链上的数据能够被捕捉、理解和利用时，通过大数据分析而获得的知识对于供应链所产生的价值显得更为重要。随着供应链分析能力的提升，制造商、零售商和分销商现在可以知道如何更好地将产品和服务提供给消费者。

大数据的应用范围覆盖了从原料来源到产品售后的全过程。

在市场开发过程中，大数据能够协助市场部门获取消费者的需求，更为准确地获取订单和需求偏好，并且这些知识能够为企业的研发部门提供更多设计的思路，确保产品与服务设计能够响应市场的需求。例如，某手机生产企业通过建立粉丝圈层，从消费者的使用体验中得到产品的真实评价以及改善建议，消费者的建议往往比起开发人员的意见具有更强的代表性。当企业研发能够响应客户的需求并开发出相应产品，就能够生产出热门爆款产品，为企业创造更多的价值。

在物流配送领域，大数据信息可以用于车辆调度和线路规划，通过车辆搭载的传感器和通信设备，能够实时地监控全网物流的状态，并且能够将订单信息和车辆信息绑定，可使客户同步在线查询产品的状态，实现供应链的透明化。

在生产运营领域，大数据能够采集各个环节的工作状态与进度，将管理的对象聚焦到单品级，对人员的管控也更为精细化，每个员工能从业务看板中得到即时的信息反馈，从而有效地提升工作的可考核度与激励效果，降低了依靠管理者主观考核所带来的偏差。

在采购领域，通过大数据分析能够实现供应商数据的采集与评价，在优选供应商时更具有说服力，并且通过指标体系的构建约束供应商的行为。对于每一次供应商的交货可以通过大数据的信息采集，实现可视化管控，使供应商更清楚地了解自身的绩效水平。

在供应链协作领域，上下游企业能够共享真实市场所产生的大数据信息，以同步化的数据进行决策，避免信息传递延迟所带来的信息扭曲和牛鞭效应。

在已售出产品的生命周期管理中，大数据信息能够帮助企业为客户创造全生命周期价值，实现生产者延伸责任，有效支持产品在生命周期终结后的处理与回收。

五、供应链大数据应用技术

在供应链中的大数据应用主要包括五个方面：大数据采集、大数据预处理、大数据存储及管理、大数据分析及挖掘、大数据展现和应用（大数据检索、大数据可视化、大数据应用、大数据安全等）。

对于供应链管理人员，虽然不需要像大数据工程师那样精通数据分析，但是掌握必备的大数据素养是基本技能。

1. **大数据采集**

海量数据是大数据知识服务模型的根本。数据的来源主要有各种数据库、网页、传感器传送的实时数据等。

2. **大数据预处理**

大数据预处理指完成对已接收数据的抽取、辨析、清洗等操作。

抽取：因获取的数据可能具有多种结构和类型，数据抽取过程可以帮助企业将复杂的数据转化为单一的或者便于处理的构型，以达到快速分析处理的目的。

辨析与清洗：大数据并不全是有价值的，有些数据并不是企业所关心的内容，而另一些数据则是完全错误的干扰项，因此要对数据进行过滤"去噪"，从而提取出有效数据。

3. **大数据存储及管理**

要用海量存储器把采集到的数据存储起来，建立相应的数据库，并进行管理和调用，重点需要应用复杂结构化、半结构化和非结构化大数据管理与处理技术。

目前所使用的数据库技术除了传统的关系型数据库外，还包括非关系型数据库以及数据库缓存系统。其中，非关系型数据库主要指的是 NoSQL 数据库，分为键值数据库、列存数据库、图存数据库以及文档数据库等类型。

4. 大数据分析及挖掘

大数据分析技术是使用深度学习以及知识计算等工具进行内容上的分析与计算，从而实现类脑智能。例如，科大讯飞利用语音深度学习技术，能够以更高效的手段实现语音文字识别。数据挖掘就是从大量的、不完全的、有噪声的、模糊的、随机的实际应用数据中，提取隐含在其中的、人们事先不知道的、但又是潜在有用的信息和知识的过程。

5. 大数据展现和应用

大数据技术能够将隐藏于海量数据中的信息和知识挖掘出来，为人类的社会经济活动提供依据，从而提高各个领域的运行效率，大大提高整个社会经济的集约化程度。同时对于大数据需要通过有效的可视化工具进行合理的呈现，便于决策者更快地获取数据背后的知识，做出更好的决策。

六、供应链大数据战略案例

××供应链有限公司围绕企业侧、公共侧、公开侧设计了7个维度、66项指标的大数据分析系统，在供应链供需分析、价格管理和柔性制造的协同上起到了很大的作用。

1. 供需分析与价格管理

产业链条上不同环节的价格波动是不同步的，也是彼此影响的。××供应链有限公司的智慧大脑汇集纺织行业大量企业生产开机数据、原料库存数据、产品库存数据后，可以快速分析出纺织加工行业的景气度、对原料的需求情况、对下游的供给情况，以及预计的采购节点。从而借助供需市场关系的判断，研究上下游产品的价格走势，进行适当的价格管理操作。

例如，当前纺织企业开工率接近90%，开工负荷极高，而纺织企业的原料库存普遍只有10天左右，那么可以预期在10天内会有一次大规模采购，而此时数据分析发现上游的库存并不多，极有可能10天内会有一次纺织原料涨价行情。同时，分析得到纺织企业的备货周期一般为20天，而上游目前的产品库存只有15天，则会有接空单的市场预期，价格可能大幅上调。

此时，××供应链有限公司便可以帮助纺织企业开始进行应对上涨行情的价格管理，对冲价格波动风险。同时也可以为产业生态的大宗商品投资者提供决策的参考报告，实现数据对产业投资的赋能。

2. 柔性制造体系

企业开机和接单数据上线后，可以与下游订单进行智慧匹配，从而实现消费端发起的 C2M 柔性制造体系。

网络主播通过线上直播形式在线获得订单，发出服装采购的订单，包含了数量要求、品质要求、时间要求、价格等，大数据系统对供应链各环节企业的空闲产线进行分析，匹配到有产能空闲的具最高性价比的生产资源，预约生产资源，将原先离散化的生产步骤变成流程化，实现 C2M 按需的柔性制造。一方面，资源匹配按需生产，节省了占成本比重最高的仓储库存成本；另一方面，生产工期、收益都得以确认，生产企业也可以合理地调配产能，提前按照行情预测做好备货，从而最大程度利用产能，最大程度降低原料成本。

通过基于数据的 C2M 柔性制造实现供应链各环节资源的最大价值利用。

3. 仓储、备件等资源协同体系

××产业集群集聚了全国 20% 的经编纺织产能，企业分布非常密集，但由于缺乏信息系统，导致企业库存资源耗费严重。每个企业都建立了仓库，占据了宝贵的空间，而由于接单和生产进度不同，一部分企业库存空闲的同时，另一部分企业却面临着库存资源不足。

仓储数据的上线，可以极大地解决这个问题。通过园区仓库动态的热力分析，可以快速匹配最佳的库存资源调配方案，让有闲置库容的企业将库容租出去，让找不到仓库的企业快速找到成本最优、地理位置最方便的仓库。

同样，生产 IoT 数据的上云，实时监测生产机器运行状况，可以记录每一次保养和维修的详细信息，通过数据比对和实时监控，进行预测性运维和园区统筹的备件库管理，从而优化机器维修资源的利用效率。

学习单元 3 区块链技术在供应链上的应用

冷链产品已经进入到千家万户的生活，但是由于冷链过程失控导致的安全事故时有发生。行业的主要痛点在于，产品原产地难以追溯、冷链过程数据可控性差、产品销售对象不可知等。

为了解决上述问题，在冷链的供应链条上通过引入区块链技术，在产品的源头建立防伪溯源平台。与传统防伪溯源不同的是，原先的防伪溯源需要在源头建立产品的二维码，将相关信息写入对应的数据库，在供应链的不同环节进行批量化更新，消费者虽然能够通过二维码查询到产品的信息，但是却很难相信背后数据的真实性。

采用了区块链技术支撑下的防伪溯源体系后，将供应链的每一个环节都定义为一次"交易过程"，把交易的相关信息记载在区块链的区块中。由于区块链技术内在的防篡改特性，一旦数据上链，就难以进行后期修改，确保了信息的真实性。

区块链技术逐渐成为驱动供应链建立可信协作的底层技术，可信数据能够为物流、金融、溯源等不同环节提供真实有效的数据，大大降低了供应链协作的成本。

一、区块链技术的基本原理

可将区块链类比为一种分布式数据库技术，通过维护数据块的链式结构进行持续增长的、不可篡改的数据记录。区块链是分布式数据存储、点对点传输、共识机制、加密算法等计算机技术的新型应用模式。区块链是一个去中心化的冗余数据库结构，将使用密码学方法相关联产生的数据块，按照产生的顺序前后相连。每一个数据块中包含了交易信息，后一个区块指向前一个区块，而其中任何一个区块信息的微小改动都会破坏区块链的结构，由此产生了不可篡改性。

从狭义和广义两个层面来理解区块链的概念。狭义上，区块链是一种以区块为基本单位的链式数据结构，区块中利用数字摘要对之前的交易历史进行校验，适合分布式记账场景下防篡改和可扩展性的需求。广义上，区块链还指基于区块链结构实现的分布式记账技术，包括分布式共识、隐私与安全保护、点对点通信技术、网络协议、智能合约等。

区块链的基本原理理解起来并不复杂，有如下三个基本概念。

交易（transaction）：一次对账本的操作，导致账本状态的一次改变，如添加一条转账记录。

区块（block）：记录一段时间内发生的所有交易和状态结果等，是对当前账本状态的一次共识。

链（chain）：由区块按照发生顺序串联而成，是整个账本状态变化的日志记录。如果把区块链系统作为一个状态机，则每次交易意味着一次状态改变；生成的区块就是参与者对其中交易导致状态改变结果的共识。

二、区块链技术在供应链上的应用价值分析

区块链技术将大大优化现有的大数据应用，在数据流通和共享上发挥巨大作用。未来互联网、人工智能、物联网都将产生海量数据，现有中心化数据存储（计算模式）将面临巨大挑战，基于区块链技术的边缘存储（计算）有望成为未来解决方案。

区块链对数据的不可篡改和可追溯机制保证了数据的真实性和高质量，这成为大数据、深度学习、人工智能等一切数据应用的基础。最后，区块链可以在保护数据隐私的前提下实现多方协作的数据计算，有望解决"数据垄断"和"数据孤岛"问题，实现数据流通价值。

针对当前的区块链发展阶段，为了满足一般商业用户区块链开发和应用需求，众多传统云服务商开始部署自己的 BaaS（区块链即服务）解决方案。区块链与云计算的结合将有效降低企业区块链部署成本，推动区块链应用场景落地。未来区块链技术还会在慈善公益、保险、能源、物流、物联网等诸多领域发挥重要作用。

在供应链上，区块链技术目前应用于供应链溯源、供应链融资、产品验真等领域。

三、供应链上区块链技术应用案例

在新能源汽车领域，一家新生造车企业意识到，自己不能仅仅是生产汽车的生产商，而应该将自身定位为出行方案提供商，为客户提供的是定制化的出行服务。

1. 从车辆制造商升级为服务商

物联网技术日渐成熟，智能设备成为车辆的标配，海量数据随之产生，而信息的安全性面临巨大考验，同时需要满足不同国家合规性的要求。区块链企业可以帮助车企开发公有链和私有链平台，通过技术实现客户隐私保护，同时助力车企给客户提供更加优质的服务。高效的可信数据管理，对车企具有重要价值，例如，根据行驶里程了解车辆电池使用情况（加密数据的匿名性，避免针对特定客户），为电池生产企业提供重要数据，根据场景不同实现最佳电池容量配比，在成本与服务满足率之间取得平衡。真实数据能够帮助上游企业理解客户需求，调整产品相关性能，更好地赋能企业。此外，通过数据分析发现，在美国车辆服务市场，汽车以租代购比例高达46%，而中国仅仅为3.6%，随着更多新产品的出现（电动车、无人驾驶汽车等）和共享经济的影响，未来中国市场中车辆以租代购的比例会持续放大，更多车企会从提供产品升级为提供一体化服务。租赁模式的最大优势是车辆的所有权属于供应方，因此，在采集车辆以及客户行为时能够满足合规性要求，利用服务数据不断优化与迭代产品和服务。

2. 全生命周期数据管理

传统车企通过传统渠道，例如 4S 店、经销商、维保企业获取车辆的数据片段，客户的产品使用信息无法即时获取，因此无法实现有效的产品闭环管理。工业互联网时代下的车企从生产方式到流通环节，再到汽车后市场的车辆服务都将发生全新的变化，车企从原来只负责生产，到未来将提供产品全生命周期服务。区块链技术能够完成的业务如下。

（1）供应链可信数据上链。供应链上游的原材料供应、半成品加工等节点数据均可记录至数据库，后续生产、流通中任何环节发现问题，均可以做到快速溯源和追踪。

（2）服务升级。通过流通与使用环节数据的采集，企业能够更好地了解产品，做好产品升级，也能够实现故障提前预警。同时，在客户授权情况下（私有链授权）了解客户的驾驶喜好，为客户提供定制化、个性化服务。例如，购置或租赁新车时，可以根据过往数据为客户推荐更合适的车型和品牌；在二手车售卖时，从原来依靠经验和"可视"但可能并不真实的数据判断车辆价值，但区块链记载的信息将为二手车估价提供合理客观的依据；再比如购置保险时，通过可信数据可以实现从根据车辆类型和产品使用年限收费的模式，升级为根据车辆行驶里程收费；甚至在电动车辆电池回收问题上，数据将让车企在回收环节的工作变得更加便捷。

3. 供应链管理者

可靠数据让供应链变得更加稳定、透明、可靠，能够从真实需求上提供一体化解决方案。供应商不再为"更好的数据"做产品升级，而是提供"合适客户"的产品服务。在供应链下游，尤其在租赁市场，市场热力图为经销商提供产品投放准确依据，所有上链数据均可以根据不同的角色权限实现开放，减少重复性数据采集与应用，带来了合作效率的提升。

4. 减轻监管方压力

有了产品全生命周期生产可信数据，在国际流通中，是否能够把相关部门从原来复杂的报关工作中解放出来？企业也无须通过纸质文档来证明"这件产品就是这件产品""这家企业就是这家企业"。

5. 智能合约的应用

国际交易中，卖方先发货还是买方先付款，成为双方纠结的问题，因此，出现了信用证、T/T、D/A、D/P等多种支付方式，但这些方式均存在或多或少的问题。智能合约能够通过技术解决这些不信任问题，在整个汽车生命周期中，有很多应用场景，例如，二手车交易、保险购置、新能源车辆充电等。

6. 区块链服务提供商的盈利模式

除了上述在业务中为企业提供解决方案外，区块链企业可以将自己的平台免费开放，吸引更多车企加入数据记录中，盈利则以数据记载量，即区块高度收费。此外，通过区块链信息记录，为供应链上各个环节提供融资支持。

面对未来的汽车行业，将会有更多的关注人的出行需求，为用户提供更为便捷的按需出行服务。"卖服务"的方式会比"卖产品"带来更多的与客户接触的机会，也能够进一步延长价值链条，未来通过汽车实现的"微社交"也许会成为下一个市场"引爆点"。